U0855743

儿童之家案例集

国务院妇女儿童工作委员会办公室／编

中国妇女出版社

图书在版编目（CIP）数据

儿童之家案例集 / 国务院妇女儿童工作委员会办公室编. -- 北京：中国妇女出版社，2018.11
ISBN 978-7-5127-1666-7

Ⅰ.①儿… Ⅱ.①国… Ⅲ.①儿童－社会工作－案例－中国 Ⅳ.①D432.5

中国版本图书馆CIP数据核字（2018）第253621号

儿童之家案例集

作　　者：国务院妇女儿童工作委员会办公室　编
责任编辑：孔　姿
封面设计：陈　光
责任印制：王卫东
出版发行：中国妇女出版社
地　　址：北京市东城区史家胡同甲24号　　邮政编码：100010
电　　话：（010）65133160（发行部）　　65133161（邮购）
网　　址：www.womenbooks.cn
法律顾问：北京市道可特律师事务所
经　　销：各地新华书店
印　　刷：三河市祥达印刷包装有限公司
开　　本：170×240　1/16
印　　张：30.75
字　　数：435千字
版　　次：2018年11月第1版
印　　次：2019年3月第2次
书　　号：ISBN 978-7-5127-1666-7
定　　价：68.00元

版权所有·侵权必究　（如有印装错误，请与发行部联系）

前言

2011年颁布实施的《中国儿童发展纲要（2011—2020年）》（以下简称“纲要”）制定了“90%以上的城乡社区建设1所为儿童及其家庭提供游戏、娱乐、教育、卫生、社会心理支持和转介等服务的儿童之家”的目标。纲要颁布实施以来，全国各地因地制宜、多措并举，大力推进儿童之家建设。2017年，国务院妇女儿童工作委员会办公室与民政部、国家发改委、住建部、团中央、全国妇联、中国科协等部门举办全国城乡社区儿童之家建设推进会，对进一步大力推进儿童之家建设作出部署。目前，全国已建成儿童之家18万余所，城乡社区覆盖率约为28%。尽管已经取得一定成绩，但与纲要提出的目标相比，仍有较大差距，各地儿童之家建设和运行的水平与质量也存在着较为显著的地区、城乡差异。

党的十九大从决胜全面建成小康社会、进而全面建设社会主义现代化强国的高度，进一步丰富了保障和改善民生的内涵，提出了“幼有所育”“弱有所扶”的目标。大力推进城乡社区儿童之家建设，既是坚持以人民为中心的发展思想，保障儿童基本权利，满足家庭追求美好生活的需要，也契合培养担当中华民族复兴大任的时代新人的战略要求。

国务院妇女儿童工作委员会办公室与联合国儿童基金会合作，在各地推送的基础上，组织专家团队整理编写了这部儿童之家案例集。这部案例集收录了60个儿童之家案例，其中绝大多数建立运行时间在2年以上，有的已经有10年的历史。在城乡分布上，基本各占一半。在名称上，除“儿童之家”外，还有“儿童友好家园”“儿童幸福家园”“儿童快乐家园”等多种名称，反映出各地儿童之家建设运行的不同途径。在建设和运行主体和模式上，呈现出城乡社区为主，日趋多样化的特点。尽管建立运行时间有先有后，所在地方有城镇、有农村，名称、建设和运行模式也不尽相同，但无一例外的，这些儿童之家都设立在城乡社区（少数设在乡镇）并向社区儿童及其家长、社区全体成员开放并提供服务。

我们期待借助这部案例集，为各地儿童之家的建设者、实践者们，为有志于从事儿童之家建设运行的政府有关部门、企业、社会组织和个人提供借鉴和参考，特别是通过分享这些儿童之家的有效做法，回答儿童之家如何建好、管好、用好等问题，发挥儿童之家服务儿童、家长和社区的作用。我们期待通过本案例集，能够帮助更多的儿童之家提升服务质量和水平，为儿童之家的建设发展做出更大的努力和贡献。

国务院妇女儿童工作委员会办公室

二〇一八年十一月

目录

儿童服务为中心　品牌活动添色彩

——北京市顺义区旺泉街道前进花园社区儿童之家

阳光温暖，爱意浓溢。前进花园社区的年轻辣妈们、爷爷奶奶们正带着自己的宝宝在儿童之家活动室里玩耍、嬉戏。宝宝们有的调皮地蹒跚着小步伐跑来跑去，有的依偎在妈妈的怀抱里懵懂地听着妈妈讲绘本故事，还有的饶有兴致地摆弄着手里的手工作品……孩子的发问、母亲的解答、阿姨的打趣，是儿童之家最动听的声音。

前进花园社区人口有2800人（流动人口731人），18岁以下儿童482人（流动儿童120人）。针对社区流动人口较多、儿童数量庞大的现状，社区居委会积极争取街道及各级妇联的支持，于2012年创建儿童之家。

前进花园社区儿童之家本着“儿童为本，陪伴成长”的精神，为社区儿童及有关居民打造一个平等参与、互促共融的友好家园。经过几年的努力，如今的儿童之家已成为组织社区活动、促进居民交流的综合性服务平台。

工作者队伍：稳定有序、各负其责

前进花园社区儿童之家有一支稳定的工作者队伍，他们分别来自社区居委会、社区服务站以及社区“青年汇”，目前为14人，均为兼职。为确保人员的稳定性，儿童之家建立“工作小组”，设组长1名、副组长1名和组员12名。小组内部分工明确，各司其职，保障各项工作的顺利开展。正如儿童之家负责人王女士所说："儿童之家工作的灵魂在人。没有一支既有爱心，又有时间投入服务工作的人员队伍，儿童之家的活动就没办法正常开展；没有一些业务能力强、专业素养过硬的儿童工作者，儿童之家的服务就很难有高质量。我们用了三年时间，搭建了一支由社区居委会负总责、社区妇联干部负主责、社区专业机构广泛参与的工作者队伍，确保儿童之家既能按时开放，孩子们可以随时来玩；也能针对孩子们的发展需求，开展一些有价值的主题活动。"

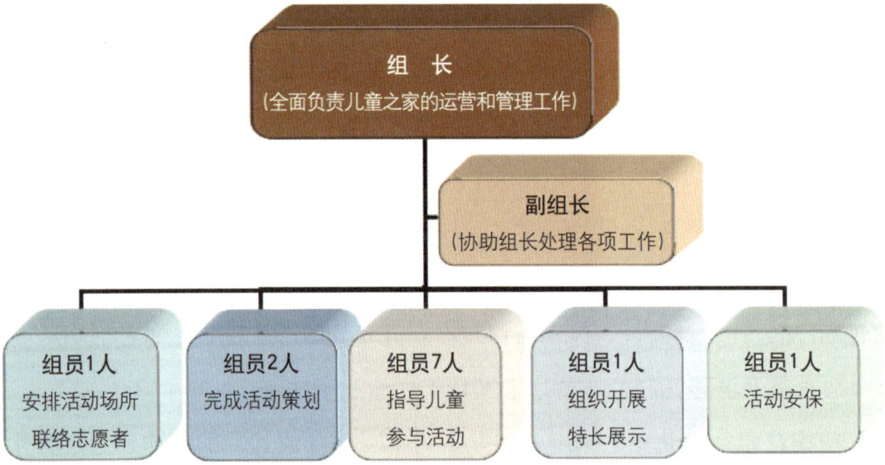

社会力量：广泛参与、互相结合

儿童之家充分整合社区志愿者资源，通过公开招募的方式，吸收了来自社区和共驻共建单位的30名志愿者，建立了社区工作者+巾帼志愿者+共驻共建单位志愿者"三结合"的队伍模式。社区妇联主席担负儿童之家的日常管理，社区工作者承担儿童之家的日常活动；巾帼志愿者组建了五老服务队（社区老党员+老教师+老医生+老工人+老干部）、三员服务队（党员+团员+少先队员），由他们协助儿童之家开展活动。

此外，顺义区的其他儿童教育机构（如启辰亲子馆、红黄蓝亲子馆、西辛幼儿园、顺义二中等）为儿童之家提供技术支持，经常联合开展各类主题活动。

活动空间：麻雀虽小、五脏俱全

儿童之家位于前进花园社区居委会办公楼内，除了两大专属活动空间外，与社区共享其他活动设施。

室内活动空间。总面积为363平方米，分为四大功能区。（1）阅读空间。面积30平方米，藏书1000余册，供儿童及家长借阅。（2）创意空间。面积60平方米，配有手工制作展示架、桌椅、空调，供儿童及家长开展手工类亲子活动。（3）疏导空间。面积15平方米，设有沙发、茶几、文件柜、饮水机，供专业工作者为儿童及家庭提供个案辅导。（4）展示空间。面积为18平方米，用于展示儿童之家及社区开展的各类活动成果，也包括各类需上墙的制度规范。

阅读空间 创意空间
展示空间 疏导空间

室外活动设施。儿童之家充分运用社区室外活动广场（总面积3100平方米）的基础设施，为儿童活动提供便利。广场地面为防滑透水砖，设有20件健身器材、22套休闲桌椅、4组乒乓球台案、1块羽毛球场。

乒乓球案健身器材

休闲桌椅

制度建设：管理制度与服务规范“双管齐下”

经过几年摸索，儿童之家建立了较为完备的管理制度和服务规范。

管理制度包括：（1）台账制度。对社区内的每个家庭建立档案，详细注明各个家庭情况和孩子的相关信息，真实记录各个家庭参与活动的情况，实现网格化管理和精细化服务。（2）信息公开制度。建立家长微信群，开设微信公众号，将活动通知、参与情况、活动效果等信息实时发送到微信群里，促进家长与家长、家长和孩子之间的交流。（3）例会制度。每月召开一次儿童之家工作会议，不定期开展工作人员技能培训和专业督导活动，增强工作人员的服务意识和业务水平，提升活动策划、组织、实施、评估能力。

服务规范有：（1）活动时间固定化。每月开展不低于4次的形式独特、内容有趣、贴近儿童生活的特色活动，并将活动时间固定，便于家长、孩子和志愿者合理安排时间，能最大限度地集合大家参与。（2）活动内容品牌化。开展丰富多彩的满足儿童身心发展需求的各项活动，搭建社区建设和交流的平台，全力打造培育特色活动品牌，促进儿童参与。

服务开展：特色活动树品牌

前进花园社区儿童之家开放时间为每天上午9—12点，下午1—6点，每周7天均开放。工作人员随时接待儿童及家长来访，妥善安排、看管儿童阅读、自由游戏等。工作人员还定期集中开展各类主题活动，统一组织儿童及家长参加相关活动。

在保证日常基本服务的基础上，儿童之家形成了多项特色活动品牌，深受儿童及家长喜爱。

◆“点亮小小心愿，爱心温暖童心”——微心愿服务

一个小心愿，温暖儿童心。儿童之家建立“微心愿服务队”，通过帮助孩子们实现“微心愿”的方式满足他们内心所想、生活所需。微心愿服务队定期面向社区内困境家庭儿童、留守儿童、白天无人看管的双职工子女等群体发放心愿卡、征集小心愿，力所能及地满足他们在学习辅导、身心健康、情感满足、视野拓展和物质需求上的各种心愿。

小彭：希望有人陪我看场电影

“希望有人陪我看场电影。”当志愿者读出小彭（化名）在心愿纸上写下的这则愿望时，内心一阵酸楚。小彭，10岁，父亲在监狱服刑，母亲一人照顾他。家庭生活十分困难，一直靠低保救济。从小到大，他没去电影院看过一场电影。得知此情况后，工作人员提前买好电影票，在他放学后约上他一起去看

电影。走进电影院的那一刻，小彭高兴得又唱又跳。后来，小彭的父亲因表现良好提前出狱。回家后，很长一段时间都没有经济来源。志愿者积极联系社区就业服务中心，为他找到了一份相对稳定的工作。

◆ “亲伴我读，爱随书走”——漂流读书包

为了方便地、有效地促进亲子阅读，儿童之家设计了一款可以自由行走、四处漂流的神奇“书包”，家长和孩子们都喜欢它。它就是“爱的漂流”读书包。工作人员将适合不同年龄阶段儿童及家长阅读的图书做成一个漂流包。漂流包每周都背着9本书和一个日记本穿梭于不同的家庭之间。它要求家长和孩子一起阅读，家长指导孩子阅读，并写下家庭阅读日记或感悟。一周之后，上一个家庭将漂流包送到下一个家庭做好交接，由下一个家庭开始阅读……如此循环往复，社区里的家庭被凝聚在一起，他们通过微信群随时关注漂流包的走向、各家阅读情况，并在群里交流心得感悟。这款“书包”既营造了浓郁的学习氛围，也促进了家庭之间的交流和融合。

◆ “友谊健身，青春飞扬”——旋风联盟乒乓球俱乐部

社区活动广场有4台乒乓球桌。一到周末，学龄阶段的儿童就会三三两两聚集起来打乒乓球。儿童之家趁此机会，催化孩子们自发组建了“旋风联盟乒乓球俱乐部”。俱乐部组织的“旋风乒乓”活动成了社区里一道亮丽的风景线。家长们也摩拳擦掌，亲自上场和孩子们一起玩乐。旋风联盟乒乓球俱乐部的成立为儿童搭建了同伴交往的新平台。孩子们自发聚集在一起，不仅锻炼了体魄，还结交了朋友。

◆ “亲子之情，血浓于水”——“哆唻咪”亲子社

儿童之家为促进亲子沟通交流，成立“哆唻咪”亲子社。亲子社每月举办四次主题活动，由启辰亲子馆、红黄绿亲子馆、西辛幼儿园、顺义二中提供技术支持。如“猜猜我有多爱你”“创意涂鸦”“DIY手绘彩扇悠享清凉”“感恩六月爱在父亲节”等。这些活动创造家长与孩子密切沟通的机会，增进了亲子关系，促进家庭和谐。

◆ “启迪兴趣，悦享童年”——儿童手工故事会

“启迪兴趣，悦享童年”是儿童手工故事会的举办理念，也是社区里重要的亲子活动和集体活动之一。志愿者老师们用夸张的语言和表情把家长和孩子们引入故事情景，再将故事情景融入手工制作中。通过阅读，打开孩子们的视野、体验角色扮演、懂得团结分享、增强合作能力等。

◆ “I meet you， and you？”——meet you交友平台

“活动室的器具那些吸引不了我，我来参加活动的原因是这里有很多和我同年龄的朋友，这种同伴关系是我缺少的。”社区的一位少年说道。meet you交友平台就是为社区青少年提供的一个交友平台。通过定期开展联谊活动，让社区青少年结交更多朋友，发展更广泛的兴趣爱好，促进青少年之间的交流沟通，建立稳固的同伴关系。例如，“遇到最美的你”青少年交友联谊会和“干冰秀”集体滑冰活动等都得到了社区中小学年龄段儿童的喜爱。

◆ “暖暖的家”——心灵驿站

儿童在生活中、学习上难免会产生疑惑和遇到困难。在儿童之家创办之初，社区就特地规划了“暖暖的家”心灵驿站这样一个可以让儿童向工作人员敞开心扉，说说心里话，讲讲麻烦事的地方。工作人员通过聊天、游戏的形

式，帮助他们解疑释惑、舒缓情绪、建立自信。

儿童之家自举办以来，取得了斐然的成绩和良好的口碑，不仅吸引了本社区的居民参加，还吸引了其他社区的居民广泛参与。来园活动的儿童累计2000多人次、440人，家长累计2700多人次、1000多人，其他社区居民累计1800多人次、900多人。儿童之家开展各类服务活动累计130多次。这些活动的举办在帮助儿童及其家庭增进亲子关系、启迪儿童智慧、提供安全保护、建立伙伴和人际关系、促进健康成长、推动家庭和谐和社区融合等方面起到了积极作用。

案例点评

前进花园社区儿童之家是立足社区、依托社区资源建立的儿童服务场所。它在为社区儿童提供保护、促进其身心健康发展的同时，也致力于在此基础上搭建一个社区服务和居民交流的平台。就整个儿童之家的管理运作和服务提供来看，它具有如下典型特征。

1.管理运作——自上而下有序推动，自下而上自发参与

社区居委会、服务站和其他服务组织（如“青年汇”）共同参与儿童之家的日常管理和服务提供。这种自上而下有序推动、合理布局的工作方式，为该儿童之家提供了良好的组织保障、充分的经费支持和务实的政策引导，使得儿童之家从基础设施建设、社区资源共享到服务活动开展都畅通无阻。另外，我们也看到，该儿童之家在运行中，特别重视社区居民的参与，从居民中发现骨干力量，建立“三结合”的志愿者队伍。志愿者参与儿童之家各项工作的过程也是团结邻里、互帮互助的过程。这便是所谓“自下而上自发参与”的重要性所在。

2.服务提供——专人专责，注重品牌建设

虽然儿童之家的工作人员基本都是兼职人员和志愿者，但他们内部分工有序、各司其职，相互配合完成不同类型的服务和活动。在开展活动时，他们对不同需求的儿童进行分类，根据不同的需求建立活动品牌，使每一类活动都能持续开展，不断惠及更多有需要的儿童。例如，“旋风联盟”乒乓球社，主要针对喜欢打乒乓球的儿童成立。但它代表的不仅仅是儿童的一项体育爱好，更是通过这项爱好将儿童组织起来，建立起他们自己的“小群体”或“自组织”。这个乒乓球社不仅是儿童运动的组织，也是儿童间情感联系的纽带，发展同辈关系的重要平台。“暖暖的家”心灵驿站主要针对在学习、生活、情感上遇到困惑的

儿童，给他们提供一个安全的、可信赖的倾诉空间，分享他们的喜怒哀乐，关注他们心灵成长的点滴。只要心灵驿站存在，儿童就能享受到相应的服务。这比单纯地开展数次促进心理健康的游戏互动或主题活动更能持续地为儿童提供支持。该儿童之家的这种服务品牌的建设意识也是值得学习和借鉴的。

邻里守望，友爱互助

——北京市朝阳区崔各庄乡京旺家园社区儿童之家

2014年8月，北京市朝阳区崔各庄乡京旺家园社区为孩子们带来了一个小惊喜。在这个由农村社区、“农转居”社区和城市社区交融的近郊地带，一所儿童乐园悄悄生根发芽……它不仅给孩子们带来快乐，为家长们提供帮助，还成为推动社区邻里互动、重构社区关系的纽带。

缘　起

北京市朝阳区崔各庄乡地处北京近郊地带。在城乡一体化建设“村改居”行动下，崔各庄乡15个行政村中6个村的村民回迁至京旺家园社区。不同地域、不同文化背景的居民会聚并集中居住，由此形成的各种问题错综复杂、纠葛叠加，对新时期社区治理提出了更大的挑战。

自2014年8月中旬起，崔各庄乡党委政府与专业社会工作服务机构——北京市近邻社会工作发展中心合作（以下简称“北京近邻”），在京旺家园社区建立“京旺家园邻里中心”。“邻里中心”主要开展市民化教育、儿童及家庭教育、社区工作者培育与支持等社区教育活动，社区扶老助残、环境营造、农耕文化传承等社区公共参与活动。

儿童之家作为“京旺家园邻里中心”社区教育工作的重要组成部分，于

2014年8月中旬与“京旺家园邻里中心”同时成立，活动场地为500平方米。

目 标

京旺家园是农转居社区，居民的家庭经济水平大幅提升，能极大满足儿童的物质需要和教育消费，但多数家庭对儿童的教养方式相对滞后，跟不上儿童成长的节奏；城市化迅速推进下的现代社区生活中，缺少集体育儿的公共空间，儿童与社区、与同伴的关系处于疏远状态，这对儿童身心发育不利，对其人格发展尤为不利；乡土文化和记忆不断丧失，邻里互助、乡情人情也日益淡薄，人的精神底色日趋苍白，而这些从更深层次上影响儿童未来的生命意义。

基于上述状况，京旺家园社区儿童之家的目标在于关注儿童背后家庭内部的亲子关系、家庭结构、家庭关系对于儿童成长的影响，通过儿童教育和家庭工作方法，协助家长了解儿童的身心发展特点，呵护儿童的天性，激发他们的想象力与创造力，培养独立性，发展团体协作能力，培育友爱互助精神，促进儿童教育回归社区、回归家庭、回归日常，为社区儿童的全面发展提供优良的教育环境。

团 队

儿童之家由“北京近邻”的专业社工负责日常管理并提供服务，共有专兼职工作人员5人。1人全面负责儿童之家的管理与服务，4人协助完成有关儿童及家庭教育、社区参与等专项特色服务。此外，儿童之家还有一支10人以上的由儿童家长及社区居民组成的志愿者队伍，协助社工开展各项服务活动。

儿童之家作为公共学习的空间

京旺家园儿童之家践行“亲子共育”的教育理念，儿童教育逐渐形成“近邻组织、志愿者带课、家长参与管理”的组织和工作方式，且由此而倡导“家庭早教”的观念也已渐渐深入人心。随着教育实践的不断深入，儿童之家已成为京旺家园社区家长集体育儿、邻里互助的公共学习空间。

◆ 亲子共学班（以家庭为单位的“入园前”教育服务）

自2014年8月开始，儿童之家针对社区里2—3岁的“入园前”儿童，开办亲子共学班，帮助他们提早适应入园后的集体生活，实现从家庭到幼儿园的顺利过渡。目前，我们已成功开办8期亲子共学班。

每一期亲子共学班都要持续3—4个月，每周一、二上课。每一期有2个班，每个班15个孩子，每个孩子由一位家长陪同上课。在专业社工的带领下由社区志愿者——家长老师“代课”。

杨奶奶讲故事

杨奶奶，今年57岁，自己的小孙子1岁。自亲子共学班开办以来，杨奶奶就是最活跃的“奶奶老师”。她给孩子们讲绘本故事，那是绘声绘色，声情并茂。孩子们十分喜爱。每次讲故事之前，杨奶奶都要反复多次练习，练熟之后，先讲给社工听，让社工提意见，然后修改完善。杨奶奶在讲绘本故事中得到孩子和家长的认可，她自己的积极性和价值感也得到提升。最后，干脆让小孙子的姥姥姥爷来照顾小孙子，自己专注于给亲子共学班的孩子们讲绘本故事。

刚开始，亲子共学班主要通过“家长老师”讲绘本故事的方式带着孩子和家长一起在集体环境里感受阅读和活动的乐趣。慢慢地，亲子共学班的活动形式不断丰富，除了绘本故事外，一些儿歌、舞蹈、游戏、手工及运动类的活动也渐渐引入。孩子们在这样的集体生活中相处得十分融洽。

渐渐地，亲子共学班在社区有了一定的影响力。家长们口口相传。从第四期开始，就出现了排队报名的现象。有些家长等了好几个月都还没有名额空缺。他们经常打电话询问是否可以增加1—2个班给即将入园的孩子们。应家长的强烈要求，儿童之家又专门开设了“快乐小班”，由家长和工作人员一起陪同孩子、组织活动，既为孩子们提供了安全的活动空间和集体生活机会，又从家长中间发展了一批妈妈志愿者作为储备力量，共建亲子共学班。

在每一期亲子共学班接近尾声时，会组织家庭式亲子故事秀表演，邀请每一期的家长和孩子都来参与。在故事秀上，孩子和家长们可以充分展示家庭内部协作表演的能力。

亲子故事秀现场，宝宝和奶奶一起讲绘本故事

每一期亲子共学班结束时，儿童之家会举行结业式，组织孩子们向老师行尊师礼，为每个家庭发放结课小证书，并在证书上贴上孩子参加活动的照片作为留念。

◆快乐组合——自闭症儿童及其家庭的暖心陪伴

每周六上午，在儿童之家的个案工作室和小组活动室里，我们都能看到有三个孩子和家长在这里跳绳、练习平衡木、做游戏、相互倾诉……

刚开始，他们连跳绳都会很吃力。渐渐地，他们能够跟家长一起完成这些活动，还能从事简单的团体协作活动。

这是儿童之家专门为社区自闭症孩子开设的成长小组，家长们和社工一起探讨如何帮助孩子实现改变，共同设计活动内容。大学生志愿者也经常参与其中。

京旺家园社区有3名自闭症儿童，年龄在7—11岁之间。为了避免标签效应，形成正向的社区联结，特为他们取名为“快乐组合”。目前，已有3名儿童在快乐组合里拥有了快乐的笑容和可喜的成长。

儿童之家的社工说：“我们没有能力做出承诺，一定能让孩子们走出困境，但我们力求在原有基础上助力孩子们取得进步，并且为家长们提供支持，建立起他们内部的支持网络，共同应对孩子们在成长中的困难。我们先引导，获得孩子的信任；然后开展适当的服务，在正常的社会生活中锻炼孩子，帮助他们慢步调地往前走。同时，家长们作为照顾者，‘快乐组合’也是给家长提供情绪释放的空间，帮助其减轻作为长期照顾者的精神压力和心理焦虑。”

◆家长课堂——家庭教育的摇篮和建构互助关系的平台

微课堂。儿童之家建立微信群，将亲子共学班的家长及社区其他关心儿童教育的家长吸纳进来，成为家庭交流和互动的平台。在微信群里，每周组织一次集中讨论和互动，反馈亲子共学班的情况，讨论家长们共同关注的核心问题。例如，在每次亲子共学班开始之前，社工组织家长们集体讨论并设计下一次课程的主题和活动。来不了亲子共学班的家长也可以及时了解到相关情况。久而久之，在这个群里，家长们都形成了一种自律，从不乱发各种广告或虚假消息，只分享关于儿童教育的有效信息。

家长工作坊——家长的智慧，彼此协同。针对亲子共学班的家长，儿童之家在每周六下午开展家长工作坊。每一期家长工作坊有8—10个家庭。根据家长们普遍反馈的问题，工作人员收集整理起来形成小案例。每次工作坊抛出一个案例，引领家长集体讨论该案例，通过头脑风暴的方式，充分发言，最后形成共识，并记录在案。然后，家长们带着这些共识去实践，检验这些集体形成的智慧能不能解决实际问题。在解决问题的过程中，家长们每天都要写日志、谈体会。

例如，某一期家长工作坊的主题是该不该让孩子玩iPad等电子产品？

有些家长说："现在的社会是信息社会，不能不让孩子玩儿，这些电子产品可以帮助孩子赶上时代潮流。"

有些家长说："确实如此。你看我现在就连电脑都不会用。那些时髦的网上购物啥的我都不会，感觉自己都被时代抛弃了。但是，你们看那些网络成瘾的青少年比比皆是，这也是让很多家长头痛的问题。如果三两岁的时候，不好好规范引导，说不定长大些了就依赖上网络了。"

另一些家长也表示赞同："所以，不能不让玩儿，但也不能任着孩子的性子玩儿。我们需要加以限制和引导。"

这下，问题的焦点就出来了。工作人员说："那咱们接下来就讨论如何掌握孩子玩iPad的度。大家充分讨论，看我们能不能形成一些好的应对策略。"

经过一个半小时的讨论，家长们达成了7条共识，各自回家去实践这些方法，并写日志，然后改进。

儿童之家作为传承优秀传统文化的空间

儿童之家重视对本土历史文化的传承，从农耕文化传统和邻里互助习俗的角度，帮助儿童及家长找寻、体验和重建对家乡、家园和邻里关系的认识。

例如，儿童之家在元宵节到来之际开展手工制作红灯笼的活动，让孩子记住传统节日的文化符号，自然而然地传承本土文化。

每年寒暑假，儿童之家组织社区7—16周岁儿童参加冬（夏）令营活动，让其深入体验社区生活，拓展其视野与眼界，当好社区小主人。通过连续的主题活动，社区儿童与祖辈、父辈建立了共同的情感和精神上的联结，使得传统文化得到了某种程度的延续。

儿童之家作为公益参与的空间

◆社区志愿者队伍建设

儿童之家组建了10人左右的"家长老师"志愿者参与到亲子共学班的课程中。每周三、四，家长老师们"分头备课"，挑选绘本，编排故事。周五则聚在一起"集体备课"，交流改进。周六、日自行排演。周一、二正式开课。

家长志愿者们“集体备课”

志愿者们到农村儿童服务机构参访、体验

儿童之家组织孩子和志愿者老师外出交流、参观和学习。他们不仅到北京市内兄弟机构参访学习，还去外地乡村幼儿园体验农村生活，交流儿童服务经验。有些志愿者说：“这辈子还从来没出过北京，连买火车票的流程都不清楚，期待啥时候再出去交流学习。”

◆社区公益行动

公益集市。儿童之家定期组织社区儿童和家长参与义卖活动，将义卖的收入捐献出来，给农民工建图书馆和提供相关服务等，在社区传播公益理念。

孩子们参与环保上街活动，清理垃圾

环保上街活动。儿童之家定期组织儿童及家长清理社区死角的垃圾，给自己一个整洁的家园。

恰恰是社区里的弱势群体成为公益行动最主动、最积极的参与者。他们平时很少有“发声”的机会，参与公益行动成为其表达自己对社区关心的一种重要方式。例如，自闭症孩子也和其他小孩一样参与环保活动，得到居民的接纳和喜爱。一位自闭症孩子参加完公益活动回家后，拿着自己参加活动的照片反复看，爱不释手。

案例点评

北京市朝阳区崔各庄乡京旺家园社区儿童之家属于典型的社区治理模式创新大潮下政府购买社会组织服务参与社区建设的重要尝试。该儿童之家在专业社会工作服务机构的孵化和带动下，通过与儿童及家庭教育相关的各类活动把孩子、家长和社区居民凝聚在一起，重塑人际互动网络，发扬邻里互助精神。

1.定位准确——扎根社区，立足现实，贴近社区居民的需求

该儿童之家在建立之初便开展了深入的社区调研，对社区儿童及其家庭、社区居民的需求展开专业评估，摸准当前该社区儿童的家庭教育、社区教育是其重要需求。围绕此需求开展各类服务活动，提升家庭教育功能，并由此培育和建构起家长和社区居民的骨干网络，从而推动社区教育参与主体的多元化和社区服务内容的持续延展。

2.特色鲜明——着力发展社区教育，变家长为“教育者”和“协作者”

该儿童之家通过组织各类活动和提供特定类型服务，让儿童、家长和社区居民充分参与其中。家长们逐渐从最初的活动参与者和学习者的角色转换为能够有效开展家庭教育的“教育者”和“协作者”的角色——真正从参与中学习，从学习中收获，从收获中凝练，从凝练中实践，在实践中协助儿童健康成长。

3.服务规范——专业社会工作者领航，志愿者有效参与

京旺家园社区儿童之家由专业社会工作服务机构——北京市近邻社会工作发展中心孵化成立，并由该机构的5名专业社工负责日常管理和服务提供。社区志愿者的有效参与，如亲子共学班的家长妈妈们的“代课”等，为儿童之家建立了一支优秀、稳定的妈妈志愿者队伍。此举提升了儿童之家服务的专业性、规范性以及志愿者的积极性。

儿童服务为基点，以孝连接千万家

——北京市顺义区北小营镇水色时光小区孝颜儿童之家

这是一所位于别墅小区的儿童之家；

这是一个将现代科技巧妙用于服务的儿童乐园；

这是一类将儿童与老人紧密结合在一起的服务形态；

这是一种以“孝”文化连接社区的精神所在。

……

缘起：从老年人服务到儿童服务的延伸

孝颜儿童之家位于水色时光小区原会馆内，由北京市顺义区孝颜社区老人服务中心创建，于2016年3月18日正式运行。

水色时光小区是一个别墅小区，环境优美、设施完善，十分宜居。小区常住人口2500人，家庭1100户。小区住户基本为中产阶级及以上群体，他们多数在城区工作，周末和节假日来此小住。长期居住在小区的多为老人和孩子。

孝颜社区老人服务中心在服务大量老年人的同时，逐渐发现社区儿童的需求。该中心的大数据平台显示，仅本小区内0—6岁的儿童就有150人，加之周边几个小区的儿童，总共不下400人。这些孩子虽家庭生活条件优越，但多数也是由祖辈或保姆照顾其日常生活、陪伴其成长学习的。别墅小区周围的配套设施也不尽完善，孩子们（特别是学龄前儿童）能够便捷地接触到的游乐设施、学习空间和活动场所并不多见。

针对此状，该中心负责人提出一个既能服务于老人养老，又能贡献于孩子成长的两全其美之法——充分整合现有场地资源、人力资源和服务资源，依托老人服务中心建立一个儿童服务场所，将老人和孩子放在同一个活动空间，说不定会产生意想不到的效果。

在顺义区妇联的建议下，该中心成立了一所儿童之家，并以“孝颜”命名，希望社区儿童甚至居民都能拥有一张充满孝颜的笑脸，充分传承“孝”文化，打造一个“孝颜村”。

环境创设：优美舒适的儿童乐园

孝颜儿童之家的活动空间由原水色时光小区会馆改建而成，与老人服务中心位于同一栋两层独立楼房内，共646平方米。活动空间宽敞明亮，设施设备实用先进，真可谓“高大上、优乐美”。据负责人介绍，该儿童之家的场地建设先后投入300余万元，设施设备购置陆续投入53万余元。儿童之家功能一应俱全，能为社区儿童提供包括游戏、娱乐、阅读、绘画、书法、舞蹈、英语学习、国学课堂以及高科技产品体验等不同类型的成长发展型服务。

1.专属活动空间

孝颜儿童之家拥有总面积为170平方米的专属活动场地，分为4大空间：儿童阅读区1处，62平方米；传统文化教室1间，41平方米；英语教室1间，39平方米；美术室1间，28平方米。

儿童阅读区

传统文化教室

英语教室

美术室

2.共享活动场地

儿童之家与老人服务中心共享活动场地，总面积约为504平方米，包括宽敞明亮的服务大厅123平方米、舞蹈室152平方米、综合厅112平方米、书法室27平方米、互联网科技大数据展示厅50平方米和高科技体验区40平方米6个功能区域。这几大功能区可用于儿童之家举办各类中小型活动以及3D打印技术和简易机器人等高科技产品体验。

服务大厅	舞蹈室
综合厅	书法室
互联网科技 大数据展示区	高科技 体验区

工作团队：不仅有爱心，还具备专业性

孝颜社区老人服务中心共有16名专职工作人员，均为大学本科及以上学历。其中，5人拥有硕士学历，多人为初级社工师或中级社工师。为了确保儿童之家运作的常态化和服务质量的稳定性，该中心为儿童之家配备3名专职工作人员，其余13名则为兼职人员。他们各司其职参与儿童之家的日常管理和活动开展，1人负责总体协调和对外联络，1人负责项目策划和课程研发，1人负责活动开展和服务评估，1人负责档案和财务管理。其余12人协助策划、实施各类活动，协助课程研发和后期推广。上述工作人员的待遇由孝颜社区老人服务中心按照该中心工作者的岗位职责和工作绩效定期发放，并承担社保，购买五险。

除了这支训练有素的工作者队伍外，孝颜儿童之家还广泛招募志愿者参与相关活动，目前有28名固定志愿者，50余名流动志愿者。

管理运行：社会组织勇挑大梁

孝颜儿童之家由北京市顺义区孝颜社区老人服务中心独立运行。该中心通过政府购买服务、基金会赞助、企业资助和爱心人士捐赠等方式获得老人和儿童服务的整体资金。然后，根据儿童之家运行所需实际费用，每年以项目制方式为其建立专项活动经费，专款专用、实报实销。以2016—2017年度经费使用状况为例，该儿童之家仅服务活动经费就达92773.97元，加之工作人员工资和设施设备添置等费用，经费总额高达数十万元。自2017年开始，顺义区妇联也给予儿童之家一定的政策、经费支持。

孝颜儿童之家所在的北小营社区居委会积极参与其日常活动、对外协调活动场地及人员、积极动员社区居民参与相关活动。

制度建设：各项规范齐上墙

孝颜儿童之家负责人说：“没有规矩不成方圆，制度先行是有序管理的前提，也是落实行为的参考依据。”为此，儿童之家制定了6项管理制度，并装裱完整，张贴于醒目之处。这些制度包括《儿童来园登记制度》《教室使用管理制度》《工作人员管理建设制度》《资产管理制度》《财务管理制度》和《安全管理制度》。

特色服务：以“孝”文化为纽带促儿童发展

孝颜儿童之家坚持每天9：00—17：00常态开放，从无间断，随时接待来园儿童和家长。在周六日和寒暑假集中开展各类主题活动，并已形成长效机制。

自举办以来，儿童之家开展各类主题活动累计128次。来园活动的儿童累计2782人次、209人，家长累计3673人次、313人。

在基本服务基础上，孝颜儿童之家形成了两大特色服务，即不同主题的课程教学和不同类型的实践活动，一些课程教学和实践活动之间还能实现有效衔接。

1.主题多样的“课程教学”

孝颜儿童之家开展的“课程教学”并非我们传统意义上所理解的那样——对文化知识的学习和训练，而是以知识或技能学习为载体的开放式学习活动。这些活动寓教于乐，要求同伴协作，既有知识性，又具趣味性。目前，孝颜儿童之家的活动课程分为礼仪弟子规、趣味英语、少儿智能教育、创意绘画、创意手工等不同主题。每一门“课程”都经

过标准化设计与开发，形成完整的“教学课件”和“多媒体课件”，不仅可以科学地、有步骤地让本地社区的孩子们受益，还被广泛用于顺义区多个儿童之家的活动开展和技术指导中，供其（特别是那些服务能力较弱的儿童之家）借鉴使用。

以礼仪弟子规课程为例，孝颜儿童之家以自小培养孩子讲文明、懂礼貌的道德素质为目标，研发出了一套适合现代儿童以及现代社会生活规范的课程。《弟子规》是为人子弟在家出外、待人接物、处事求学时，应有的礼仪规范，它特别讲求家庭教育和生活教育。首先，儿童之家将《弟子规》全文进行重新梳理、编排，以图文并茂的方式“重现”《弟子规》里的精华内容，形成了一册全新的《弟子规》教材，供教师和孩子参考学习。然后，儿童之家聘请资深教师用孩子最喜爱的游戏方式和海量的教育视频进行授课，打造全新的学习体验。通过这一系列课程教学，让孩子学礼仪、知礼仪、懂礼仪、守礼仪。如今，礼仪弟子规课程已成为孝颜儿童之家的服务品牌，深受孩子和家长喜爱。

2.类型多元的实践活动

孝颜儿童之家开展不同类型的实践活动，以丰富孩子们的生活，启迪孩子们的智慧，例如孝亲实践、趣味市集、亲子活动、形体表演、社区公益活动等。其中，孝亲实践和趣味市集以项目化的方式运作，已连续开展多次活动，对孩子、老人和社区居民的影响尤为深远。

（1）儿童孝亲实践项目。该项目是与礼仪弟子规教学课程紧密结合的实践活动，让孩子将课堂所学的“礼”“孝”精神转化为实际孝行。通过“孝亲、敬老”活动，为社区老人送去关怀和慰问，营造浓厚的“孝道”文化氛围。通过为父母长辈献上一枝花、奉上一杯茶等充满仪式感的活动以及充满温馨快乐的亲子活动，让孩子学会“识恩、知恩、报恩、施恩”，培养他们心存感恩、孝敬父母及长辈、回报社会的健康心理，在学会感恩的同时，懂得热爱父母及长辈、热爱家庭、热爱社会，从而打造出一个老少共处、家庭和谐的“孝颜村”。

（2）儿童趣味市集项目。儿童趣味市集是让孩子们通过自由交流、以物易物的方式，将自己闲置不用的书籍报刊、玩具用品、学习用具和亲手制作的手工艺品等交易互换，体验旧物利用、变废为宝的奇妙旅程。活动开始前，孩子们会为自己的店铺取名并悉心装扮它；活动过程中，孩子们要用文明礼貌用语彼此交流、沟通；活动结束时，孩子们要自行收拾好摊位。儿童趣味市集活动开展的目的是从小培养孩子的节约意识，养成勤俭节约的好习惯，并且增强他们与其他小朋友分享和沟通的意识。目前，该项目已开展十余次活动，每次活动的开展，孩子们都能顺畅交流且满载而归。

案例点评

孝颜儿童之家是一所由专业社会组织独立运作的以传承和培育“孝”文化为主旨的社区儿童综合服务机构，其在硬件条件、服务内容等方面的亮点，用当下的时髦语言可谓之“高大上”。有条件的儿童之家可适当参考借鉴。

1.环境创设出彩，硬件条件豪华

孝颜儿童之家拥有别墅小区得天独厚的自然环境和人文环境，经原商务会馆改建而成的活动空间功能完善、分区合理、设施齐全，还拥有3D打印机及简易机器人等高科技设备。某种程度上，此种硬件条件可用豪华二字来形容。

2.服务活动项目化运作，品牌效应凸显

孝颜儿童之家对服务活动进行清晰分类，形成“课程教学”和“实践活动”两大类服务。每一类服务都以项目化的方式运作，形成标准化、规范化的课程体系或活动类别，围绕活动主旨，分阶段、持续性地开展服务，并形成特色品牌，有效提升服务效果。

3.机构立意深远，以“孝”文化为纽带，打造充满笑脸的“孝颜村”

孝颜儿童之家以“孝”文化为纽带研发、实施各类服务项目，既为儿童有效补充课堂知识之外的多种知识，又提升其实践能力；既通过课程学习传承“孝文化”，又通过实践活动践行“孝礼仪”，使儿童、老人、社区居民融为一体、相亲相爱，营造出具有浓厚“孝文化”的社区氛围，使社区成为其乐融融的“孝颜村”。

以流动儿童服务为起点，以儿童社区教育为依归

——北京市东城区东四街道“协作者童缘·东四中心”

“协作者童缘”是北京市协作者社会工作发展中心旗下的一个儿童社区教育服务品牌，致力于在社区建立自然、简约、实用的综合性儿童服务空间，开展以促进儿童参与为中心的儿童社区教育服务，成为帮助孩子发展自我、融入家庭、参与社区、改变社会的协作者。

由来：萌芽于棚户区的打工者及其子弟服务

2003年，北京市协作者社会工作发展中心（以下简称“协作者”）成立，致力于为进城务工的流动人口群体提供公益服务。协作者社工关注打工者及其子女，开展游戏娱乐、课业辅导、心理疏导等服务，促进他们融入社区、适应社区生活。

一个捡来的皮球，一份自得的快乐

孩子们围在电视机前看动画片

为了给孩子及社区居民提供更好的服务，“协作者”多方争取资源，让孩子们的“家”变得更温馨、更适宜、更美好。2015年年底，北京市妇联与东城区妇联一次性投入20万元，支持“协作者”创建东城区首个儿童之家——“协作者童缘 · 东四中心”，并于2016年5月被评为市级儿童之家示范基地。它不仅为社区儿童及家庭提供专业服务，还参与相关区县儿童之家建设工作，孵化并培育若干儿童之家，为其提供技术支持和能力建设，传递社区儿童之家的社会价值，倡导社会各界关注和支持儿童之家建设。

环境：精致四合院、温馨小家园

“协作者童缘 · 东四中心”（以下简称“协作者童缘”）位于北京市东城区东四街道七条社区，地处七条胡同一座古色古香的四合院内，临近东四街道办事处。小院整洁幽静，颇有些文艺气息。四合院总面积有220平方米，分为风采展示区、院内活动区、图书阅读区、小组活动区、个案辅导室与工作人员办公区6个功能区域。每个功能区的规划、布置都由孩子们参与完成。院墙上绿植和挂画的设计与摆放，活动室窗纱的印染和制作，书架上图书的分类和归置都有孩子们的参与。因为，孩子们最知道自己想要一个什么样的家园。

室外活动区（一）	室外活动区（二）
图书阅读区	风采展示区

团队：专业社工+专业督导+本土志愿者

“协作者童缘”在相关政府部门的政策引领和资金支持下以社会组织的法人身份独立运作、自我管理。多年来，“协作者”培养了一大批优秀的本土社工（包括曾经的部分服务对象，如今也已成为社工）。其中，派驻到“协作者童缘”的3名专职工作人员均为拥有多年儿童服务经验的持证社工。他们统一按照“协作者”的员工岗位薪资标准和晋升条件领取相关待遇并获晋升机会，享受五险。

为确保服务的规范性、持续性，“协作者童缘”还邀请包括“协作者”负责人李真女士、李涛先生在内的5名具有硕士学历的资深社工担任督导，定期向社工提供行政管理、专业技能提升以及情感支持等方面的督导，确保服务的有效性和提升社工的效能感。

除专业社工、专业督导外，“协作者童缘”还培育了50余名包括社区儿童（中小学生）、家长以及地方高校、企业员工在内的志愿者。2016年，为对志愿者的贡献予以鼓励肯定，“协作者童缘”根据志愿者的服务时数、服务内容和服务效果等指标，评选出11名优秀志愿者。

服务模式：“四位一体”儿童社区教育

“协作者童缘”的负责人卢女士说：“我们相信，每个孩子都有无限的潜能，每个孩子都可以改变世界。我们是推动他们发展自我、融入家庭、参与社区、影响社会的‘协作者’。”

在此种信念下，“协作者童缘”以团结协作、助人自助为服务理念，建立起连接“自我—家庭—社区—社会”的“四位一体”儿童社区教育服务新模式。

“自我”，是指帮助儿童做到自我觉察、自我认知、自我接纳和实现自我决定，充分体现儿童的自主权和参与权，以成为“最好的自己”。

“家庭”，是指促进儿童在家庭中角色的建立，开展亲职教育实现父母职能，通过亲子互动提升亲密关系，最终实现家庭在儿童成长中的责任和功能，使儿童更好地融入家庭环境，成为“最好的家人”。

“社区”，意味着以社区为平台，提升社区认知，建立儿童与社区的伙伴关系，促进儿童社区参与，更好融入社区生活，成为“最好的邻居”。

“社会”，预示着协助儿童建立正确的社会认知、向社会表达诉求、承担社会责任、扩大社会交往，成长为“最好的公民”。

“四位一体”儿童社区教育服务模式

核心服务：基本服务常态化，特色服务专业化

在上述“四位一体”服务模式下，“协作者童缘”坚持做到基本服务常态化，特色服务专业化。

◆ 基本服务坚持做到常态开放，有序推进

在基本服务中，工作者日日在岗、时时服务。“协作者童缘”每周一至周六全天开放，平均开放时长每天8小时，随时接待儿童和家长来访、活动和交流。特别是每天一到四点半放学后，孩子们背着书包直接到此，完成课后作业、相互交流、结伴学习。以2016年度为例，“协作者童缘”提供儿童课后托管服务143次，服务儿童1534人次，由大学生志愿者、家长志愿者和企业志愿者参与辅导孩子功课。在每周二和周五开展文娱课堂，丰富儿童课余生活。

◆特色服务努力实现四位一体，专业介入

在特色服务中，“协作者童缘”紧紧围绕“自我—家庭—社区—社会”的“四位一体”儿童社区教育服务模式开展专业化探索，形成丰富多样的活动内容。以下选取部分较具代表性的活动进行简要介绍。

课后活动。为回应社区家庭子女放学后无人看管的问题，工作者在每周一至周五15：00—18：00组织儿童放学回归社区后的课业辅导，并辅助开展文娱课堂，在游戏与活动中提升社区小伙伴自我的认知与同伴的了解。

课后作业辅导

儿童自编自演情景剧

小组活动。如何让儿童成为更好的自己？“协作者童缘”结合儿童成长特点及需求，于每周六9：00—17：00开展丰富多样的小组活动，构建同伴关系和知识共享，让儿童成为更好的自己。

儿童志愿者为社区同伴开展象棋活动

安全小组活动

家庭教育。儿童成长中家庭因素至关重要。工作者每月定期开展亲职教育工作坊，提升社区家长亲职教育能力，以此更好地协助儿童促进亲密关系建立，增强亲子连接，让儿童成为最好的家人。

亲职教育活动

家长志愿者为社区儿童开展美术活动

社区活动。社区是儿童社会化的重要场域。“协作者童缘”通过开展社区活动和促进家庭联结和交往的社区工作坊，培养社区家庭的志愿服务意识与能力，让儿童成为最好的邻居。社区活动每月开展一次，寒暑假期间每周开展一次。

社会活动。为提升儿童对社会角色和公共服务的认知和体验，培育儿童公益及社会参与能力，“协作者童缘”设计开展系列增强儿童社会交往、社会认知、社会对话和社会责任的活动，让儿童成为最好的公民。

企业志愿者带领社区儿童开展活动

与不同界别人员交流对话

假期营。寒暑假是社区儿童课余时间相对充裕的时候，“协作者童缘”组织社区儿童参与助人自助的志愿服务营、跨城际交流营、乡村文化体验营以及游学服务，提升儿童在参与中的认知、表达与公益服务理念。其中，公益夏令营已连续举办十年。

第十届公益夏令营全家福

服务成效：用数据说话，儿童家长双获益

“协作者童缘”在每一系列主题活动或公益成长营结束后，都会采用问卷调查或访谈的形式了解、评估孩子和家长们在服务中的收获、对服务活动和工作者的评价、意见以及未来的服务需求。在此基础上，分析调查结果，撰写评估报告，及时调整服务方向、改进工作方法，不断满足儿童和家长“在变化中的需求”。

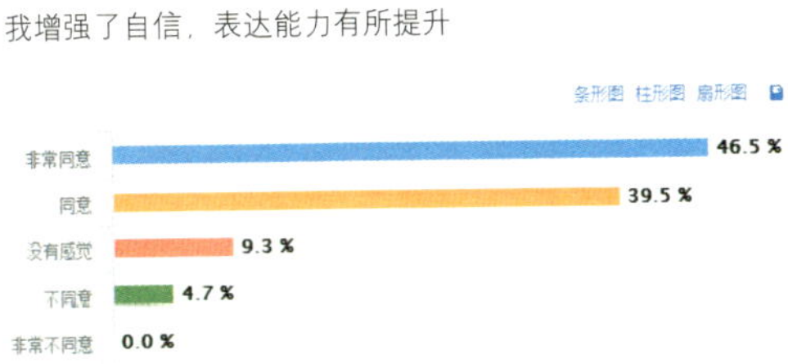

针对儿童的服务效果数据分析图

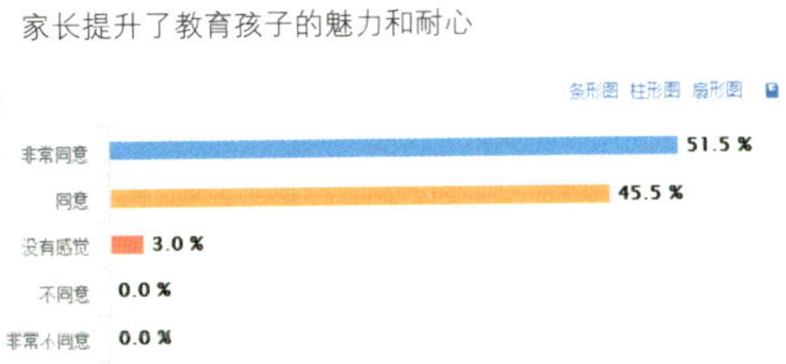

针对家长的服务效果数据分析图

模式推广：以点带面，三地联动

在多方支持下，“协作者童缘·东四中心”的服务模式得到复制推广，从北京市东城区起步，扩展至海淀区、朝阳区，分别在两地各建成一所运行模式相近的儿童之家。同时，此模式也辐射至“协作者”在南京、珠海等地开展的儿童之家建设实践中。

“协作者童缘·四季青中心”位于北京市海淀区中间建筑艺术区，由一对爱心夫妇于2015年捐赠建立，以服务周边大量的流动人口和儿童为主。

“协作者童缘·小店中心” 位于北京市朝阳区金盏乡小店村，由“协作者”的服务对象、相关企业支持成立。该地为城乡接合部社区，服务对象以流动儿童及其家庭、本地村民为主。

案例点评

协作者童缘儿童之家遵循“政府部门购买服务—社会组织承接服务”的运行轨迹，其最为独特也是可被有效借鉴效仿之处在于它的儿童社区教育服务模式。该模式从多个方面体现出其在儿童社区服务方面的生命力和影响力。

1.服务理念突出了儿童的主体位置

该儿童之家相信，每一个孩子都有无限的潜能，每一个孩子都能改变世界。工作人员之于孩子和家庭的角色不是引导者、教育者，而是协作者，通过提供适当的服务，协助孩子和家庭自我成长和增能。孩子们是服务的受益者，更是服务的主导者，他们参与儿童之家的建设，与儿童之家共同成长，在家园的环境和空间布置、担任家园的小小志愿者、和社工一起组织活动等多个方面发挥主体作用。

2.服务方式体现了工作的专业性

该儿童之家拥有一支具备十几年儿童服务工作经验的专业化团队，在助人自助理念下，建立联结“自我—家庭—社区—社会”的“四位一体”儿童社区教育服务模式。围绕此模式，工作者运用社会工作专业方法，开展从儿童的“个体我”到“社会我”的社区教育服务，帮助其成长为“最好的自己”“最好的家人”“最好的邻居”“最好的公民”。

3.服务效果实现了模式的复制推广

该儿童之家的服务收到良好效果，在社会爱心人士、相关企业，甚至服务对象的支持下，其服务模式被因地制宜地推广至多地的儿童之家建设实践中，一定程度上起到了示范效应。

有爱，有你，才有家

——天津市和平区劝业场街道新疆路社区儿童之家

“我们家来天津生活已有6年。我的孩子今年也刚好6岁。他是儿童之家艺术团里年龄最小的演员，擅长诗歌朗诵和节目主持。他特别喜欢参加儿童之家的活动，还经常参加一些公益活动，我和他爸拦都拦不住。”一位妈妈分享着她的孩子在儿童之家获得的成长，眼神里满是欣慰。

天津市和平区劝业场街道新疆路社区儿童之家由新疆路社区党委、居委会整合现有社区资源改建而成，设备设施一次性投入2万元，于2009年1月正式开园。事实上，早在“儿童之家”成立之前，这里就已经充满了小朋友的欢声笑语。

新疆路社区常住人口约900户、2100人。其中，流动家庭约100户、300人。社区居委会附近有一个农贸市场，会集了大量外来务工人员。他们每天忙于生计，很少有时间和精力照看孩子。孩子们经常在街边或者广场上嬉戏玩耍，虽然无拘无束，但存在很多安全隐患，交通事故、打群架等事件时有发生。社区发现这一情况后，希望能为孩子们建设一个安全的活动场所，并提供学习辅导、生活技能指导和社区融入等方面的服务，给他们营造家一般的生活氛围。随着面向流动儿童服务的“流动花朵”项目的启动，在社区工作人员的坚持和努力下，越来越多的小朋友来到社区，来到儿童之家，度过自己的课余时光。

场地规整，设施齐全

儿童之家位于新疆路社区云台花园小区居委会办公楼内，有专属活动场地60平方米，与社区共享电子阅览室、图书室、心理咨询室等公用资源以及室外活动广场。广场面积1500平方米，路面统一铺设防滑砖，道路两侧安装照明灯。儿童和居民在夜间也能放心活动。

儿童之家专属活动室配备了桌椅、电脑、照相机、录像机、音响、话筒、投影仪、黑板、图书柜、钢琴、桌上足球、乒乓球、篮球、五子棋、图书、文具、画本、跳绳等设备及物品，满足儿童娱乐和学习之需；添置了电暖气、电扇、微波炉、饮水机、冰箱、热水壶、暖水瓶等物品，用于满足基本生活所需；配置了打印机、文件柜、电话机、传真机、会议桌等办公设备，便于日常办公。

专兼结合，吸纳志愿者

新疆路社区儿童之家现有专职工作人员和兼职工作人员各1名，平均每周工作时间超过30小时。

随着儿童之家小朋友的增多，社区居委会不断加强巾帼志愿者服务队伍建设来协助儿童之家的日常工作。一方面，注重巾帼志愿者教育宣传，利用社区宣传栏、上门走访、入户宣传等方式，大力弘扬“奉献、友爱、互助、进步”的志愿服务精神，让更多妇女群众了解志愿服务、接受志愿服务、参与志愿服务，不断壮大巾帼志愿者服务队伍；另一方面，社区结合自身特色，以“群众的需要就是服务的方向”为宗旨，通过多渠道、多方式吸收多类型的志愿者，不断充实服务内容，并将志愿者的兴趣、需要与服务对象、项目挂钩，提高他们参加活动的积极性，鼓励他们发挥一技之长。

目前，儿童之家有舞蹈、绘画、心理咨询、儿童教育、思想道德建设、医学保健、法律咨询、维权援助等各类志愿者30余人。他们参与策划并组织实施了“童趣无限　快乐成长——暑期夏令营”“让心灵之光灿烂生辉”“读书节知识竞赛”“爱护大自然　保护小动物”“传统美德我继承”“红领巾心向党”“治安巡逻小卫士”等特色活动。活动深受儿童喜爱，增强了儿童之家的吸引力和社区的凝聚力。

制度完善，管理有序

新疆路社区儿童之家由社区党委、居委会支持运行。社区党委通过街道下拨儿童之家专项工作经费开展服务活动。社区多次开展儿童之家建设问卷调查，在充分征求居民意见、确定居民需求的基础上，对儿童之家的规划建设进行定位，着力打造融生活服务、信息服务、娱乐服务为一体的新型公共服务平台。

儿童之家成立之初，通过招募有特长的巾帼志愿者担任老师，开办了计算机、绘画、儿童集体舞队、棋类、手工制作等兴趣小组。同时，根据孩子们的兴趣爱好，开办了桌上足球、乒乓球、搭积木、做沙画、下围棋等娱乐项目。巾帼志愿者们教得认真，孩子们玩得津津有味。之后，儿童之家又继续发动志愿者、居民、中小学生捐赠图书600余册，使孩子们在“爱心书屋”里汲取知识的养分。

儿童的需求呈现出多元化、多样化特点。为了解决好困难家庭学生的生活问题，儿童之家在扶贫解困措施上一视同仁，通过助学基金会等渠道，为困难学生家庭提供帮助，并协调锦州银行和万全小学，与困难家庭学生结成了帮扶对子，定期向困难家庭学生提供资助。

为了提高居民服务的贴近度，工作人员从儿童之家的实际情况出发，制定了一系列的管理制度。如例会制度，定期召开工作会议，每季度不少于1次；学习制度，根据儿童的需求，整合各方面资源，定期组织讲座、开展培训，为儿童提供宣传教育、提升素质等服务，每季度1次；活动制度，带领儿童开展维护儿童权益、小公民道德教育、争做小小志愿者、孝老爱亲、童阅讲堂、心理互动课堂等各类活动，每月不少于1次；台账制度，社区工作职责和内容、志愿者队伍建设等。健全儿童之家工作档案、完善各类表格，包括儿童基本信息表、志愿者名册、活动登记簿，保证工作台账准确、明晰、完整。

服务多样，注重融合

新疆路社区儿童之家开放时间为周一至周五上午9点至12点和下午2点至5点，平均每周开放30小时。工作人员们意识到做好外来务工人员及其子女的关心关照，既是社区服务的一部分，也是社区和谐稳定的基础。

自开办以来，儿童之家开展游戏类活动33次、服务946人次；娱乐类活动31次、服务928人次；儿童教育指导类活动78次、服务2539人次；卫生保健指导类活动18次、服务432人次；社会心理支持类活动10次、服务140人次；家庭教育指导类活动3次、服务55人次。参与儿童之家活动的“流动花朵”以年龄段在6—12岁的孩子居多，大致占到所有儿童比例的60%。

儿童之家把抓好“流动花朵”的管理、教育工作摆上了重要议程，纳入了儿童之家的工作内容，对“流动花朵”的教育方式也有别于传统教育模式，把“多一点关心鼓励，多一点沟通交流，多一点健康行为辅导，多一点健康心理疏导”作为教育和服务的主旨，帮助孩子们建立自立、自强的信心，鼓励他们融入社区大家庭。儿童之家积极借助辖区单位的资源，共同为实现这一目标献计出力，细化了教育活动的形式和内容。一是寓教于讲，聘请辖区内的老干部、老教师、老党员、老专家、老模范，担任“流动花朵”思想道德教育辅导员，通过“五老宣讲团”的宣讲，教育孩子们珍惜幸福生活，鼓励他们立志成才。二是寓教于学，组织辖区单位和居民捐赠图书，建立了全市第一个“流动花朵爱心书屋”。通过开展“中华经典诵读”和“雷锋在我心中”实践活动，诵读古诗文、学习楷模，让孩子们得到道德传统和公德美德的教育。三是寓教于乐，组织“流动花朵”参观“天津文化中心博物馆”，开展“为五星红旗添光彩”“红领巾心向党”“我的中国梦”等形式多样的爱国主义教育活动，使“儿童之家”内容丰富多彩、有声有色。

新疆路社区儿童之家还成立了“新疆路社区儿童之家家长学校”。通过家长会的形式，对家长开展家庭教育培训，引导他们用科学的教育理念和技巧教育儿童，培养孩子养成正确的生活学习习惯。同时，注意与学校和老师保持经常性联系，及时了解孩子的发展状况，使儿童受到更多的监督、照顾与关爱，减少儿童受教育的断层与真空。让家长们懂得人文关怀，懂得营造民主、平等、和谐的家庭氛围，是教育子女的首要条件。

新疆路社区儿童之家定期组织志愿者开展各类服务活动，组织孩子们成立了小卫士巡逻队，开展“学做小交警”演讲活动、举办儿童之家心理互动课堂，为孩子们提供了倾诉、沟通、交流的空间。每逢节日孩子们与汇文中学新疆班的同学一起，到老人院和孤老户、残疾人、烈军属家中进行慰问，让孩子们在参加社会活动中懂得感恩、学会奉献。活动的开展得到了儿童的喜爱、取得了良好的效果，增强了儿童之家的吸引力和社区的凝聚力，儿童之家成为了社区小居民温馨的家园。2014年，社区儿童之家在活动方面进行了创新和延伸，成立了“童阅讲堂”，每周由志愿者组织流动花朵阅览、读书一小时，每人要写读书笔记交流心得，在暑假期间，还举办“童阅讲堂朗诵培训暑期班”，孩子们通过每次活动都从中汲取和收获新的知识，受到了社区家长和儿童的广泛好评。

案例点评

新疆路社区儿童之家自开放以来，积极开展形式独特、内容有趣、贴近儿童生活的特色活动，通过社区电子大屏、宣传栏、社区简报等方式进行宣传推广，不仅得到了社区群众的一致好评，更吸引了中央媒体、天津电视台、《天津日报》《教育报》、北方网等诸多媒体的关注，为儿童之家造出了声势、提高了影响力，取得了良好的社会效应。

新疆路社区儿童之家有丰富的教育资源，志愿者来自社会的各行各业，他们丰富的知识和经验以及参与社区活动的时间和热情，成为学校教育的重要补充。儿童之家应实现资源共享，只有学校、家庭、社区三位一体互动起来，“儿童之家”才能成为孩子快乐成长的场所。新疆路社区儿童之家与天津师范大学、南开大学达成协议，由大学生志愿者定期在儿童之家开办文化课补习班，按年级、分科目，定向为孩子们解决学习上遇到的困难和问题，通过教知识、教方法，培养孩子们良好的学习习惯。社区儿童之家在全市成立了首个社区少年军校，定期组织孩子们体验军营生活，进行军事训练，接受国防教育；通过少年军校的训练培养孩子们吃苦耐劳、艰苦奋斗、积极向上的优良品质，为今后的人生征途打下坚实的基础。

总之，新疆路社区儿童之家是以“需”为契机成立的一个温暖营地，通过不断的模式探索和内容创新，为儿童及其家庭提供了更加全方位和深层次的支持和服务。

给孩子一个如棒棒糖般甜蜜的童年

——天津市和平区南营门街道天兴里社区棒棒糖儿童之家

天兴里社区棒棒糖儿童之家位于天津市和平区昆明路和营口道交口天兴里社区居委会，是天津市首个市级儿童之家示范点。每周一至周五的下午，小朋友们都会来这里写作业、玩游戏，特别是在每周二下午，负责人刘阿姨会带领小朋友们排演话剧，特别精彩。寒暑假的时候，会有很多的志愿者在这里开展各种各样的主题活动，家长和孩子们都来参加，好不热闹。儿童之家希望在为社区儿童和家长做好日常服务的基础上凝练特色，形成孩子和家长们都喜爱的特色品牌服务。

儿童之家的由来：童年应如棒棒糖般甜蜜

或许你会问：为什么叫“棒棒糖儿童之家”？其实，这源于街道妇联主席对辖区内孩子们童年生活的观察和反思。她说：“现在的孩子学习压力特别大。家长、学校都将重要精力放在提高孩子的学习成绩和培养各种专业技能上（如钢琴、舞蹈、书法等）。从我个人的角度来看，我觉得他们真的挺可怜，童年生活太单调，课业过于繁重。所以，我们就在想，社区应该给孩子们创造一个轻松、愉悦的成长环境，丰富他们的童年生活。于是，我们就创建了儿童之家，并取名为棒棒糖儿童之家。因为小孩子对棒棒糖总有一种无法抵御的情怀，当他们不开心的时候，只要拿一根棒棒糖哄哄他们，他们就能破涕为笑。棒棒糖儿童之家的寓意是，给孩子们一个像棒棒糖一样甜蜜的童年。这个名字通俗易懂，对孩子们也有吸引力。”

2014年，儿童之家在各级妇联和天兴里社区的大力支持下诞生，并陪着孩子们走过了四个春秋。天兴里社区位于天津市的中心位置，是个寸土寸金的地方，办公用房非常紧张。但在儿童之家成立之日起，社区就专门腾出两个房间（共八十余平方米）作为专属活动场地（一间是学龄前儿童的活动区域，另一间是学龄期儿童的阅览室），并投入6万余元进行场地改建和1.6万元用于设备购置。同时，儿童之家也能与社区居民共享舞蹈室、活动室、电教室等。这样，孩子们就有了充足的活动空间。

学龄前儿童活动室

学龄期儿童阅览室

工作模式：专兼职工作者+志愿者+教育机构

在陪伴社区儿童成长的过程中，儿童之家逐步组建了一支高效的工作者队伍参与多项服务活动，并与街道辖区内的教育机构合作共建，提升服务的规范性、专业性和可持续性。

目前，儿童之家有1名专职工作者、2名兼职工作人员和若干名志愿者。专职工作者由社区妇联主席担任，兼职工作者由居委会人员担任，志愿者则来源广泛。儿童之家的运作经费主要由街道妇联和社区居委会两级分担。街道妇联定期拨给儿童之家活动经费，社区居委会为其提供活动物资。

为了确保志愿服务的有效性，儿童之家建立了规范的志愿者管理制度，包括申请—审核—认定—注册—使用—激励六个环节。志愿者自愿报名填写申请表，由家园工作者负责审核，审核通过后予以认定并登记注册，注册成功后，工作人员根据其不同背景、特长和喜好安排参与不同类型的服务活动，服务时数实行积分制，对表现突出者授予优秀志愿者荣誉称号并颁发证书。

给孩子们的礼物一："星星之旅"儿童小剧社

针对学龄前儿童，儿童之家创办了"星星之旅"儿童小剧社，将传统文化、安全教育等知识通过情景剧和话剧的形式进行编排、演练，进而内化至孩子们心中，并在节庆日举办表演活动，让家长和社区居民看到孩子们的成长。

最开始，儿童小剧社主要针对学龄前儿童开展一些简单的情景剧表演，如《安全教育三句半》《爱心小队献爱心》《金鸡冠的公鸡》等。后来，大孩子们也喜欢并参与进来，话剧的种类和形式越来越丰富，如《蜗牛的奖杯》《曹刿论战》等。一个话剧从翻译古典故事到分配角色、到背诵台词到反复排练，最后完整呈现，这个过程需要三四个月的时间。各类情景剧和话剧的排演，不仅锻炼了孩子们的角色扮演能力，还提升了其团队协作能力。负责人刘阿姨精心选择故事、编写剧本、组织排演。每周二下午，孩子们都积极参与排练。一到活动时间，小剧社里热闹非凡，孩子们讲故事、看剧本、背台词，积极参与排练，剧社已经成为孩子们离不开的家园。

负责人刘阿姨说："我们社区的事务特别繁杂，要对接各个不同部门的业务。社区经常会组织各种讲座、培训等。如果没有新意，居民们从中学不到东西，他们很快就会厌烦甚至反感。儿童之家作为社区工作的一个重要窗口和平台，如果它开展的活动也跟其他部门开展的活动相差无几，首先家长们就会反感，就会不信任，认为那是浪费孩子的时间，他们自然就不会让孩子来儿童之家。所以，我们的工作也挺有压力，既要让家长放心，又要让孩子们开心，并且从中收获知识和快乐。"

给孩子们的礼物二："金爷爷"剪报沙龙

金爷爷是个老革命，现已八十几岁，被称为社区一宝。自新中国的第一份报纸出现开始，金爷爷就开始了他的剪报生涯——收集了新中国成立以来四大主流报纸的重要信息，并装订成册（已逾2000册）。他收集的这些报纸已成重要文献资料，后来他将其无偿捐给了天津市和平区档案馆。自退休后，金爷爷就在社区当起了活雷锋。

儿童之家邀请金爷爷教给孩子们（主要是3—6年级小学生）剪报的方法、技巧，使他们从小就养成收集、整理重要文献和学习资料的习惯。孩子们在金爷爷的带领下，将自己收集的小知识进行阅读、分类、整理和留存。

同时，儿童之家动员孩子们成立"红领巾宣传队"。小队员们将剪完分好类别的报纸或者收集的有关食品安全、疾病预防、生活小窍门等知识的资料在传统节日、纪念日、活动日粘贴到社区楼门进行宣传展示，并且讲给爷爷奶奶听。

"金爷爷剪报"沙龙开展的活动，不仅培养了孩子们良好的阅读习惯、资料留存习惯，还在面向居民宣传自己的剪报成果的过程中慢慢塑造了自我价值观。

给孩子们的礼物三：快乐读书会

针对6—12岁的儿童，儿童之家在每周五组织一次读书分享会。让孩子们运用不少于半小时的时间阅读1—2篇短文，然后在工作人员的组织下，分享各自的心得体会。通过类似活动，培养孩子良好的阅读习惯，提升他们的阅读能力、分享能力。

为了使孩子们掌握科学的阅读技巧，提升阅读兴趣，儿童之家也动员家长利用空余时间陪伴孩子阅读，让家长也学习更多指导孩子阅读的技巧。为此，儿童之家聘请了著名少儿节目主持人陈岳叔叔来给孩子和家长们上了一堂生动的如何学会阅读的现场课。在课堂上，陈岳叔叔通过体验和参与互动的方式让孩子和家长们了解了阅读的重要性以及有效阅读的方法。

给孩子们的礼物四：“小天才”创作室

为了丰富孩子们的课余生活，锻炼孩子们的动手能力和创造能力，儿童之家成立了适合3—12岁儿童参与的“小天才创作室”，开展绘画、折纸、手工创作等集体活动，并形成作品集。根据作品类型，定期面向全社区开展儿童作品展。目前，儿童之家以“中国梦”为主题，成功举办了“美丽天津我的家”和“中国梦我的梦”主题画展。

给孩子们的礼物五：心愿信箱

天兴里社区有相当一部分进城务工人员，贫困家庭也不在少数。针对这些家庭的孩子，儿童之家设立了“心愿信箱”。孩子们可以将自己在日常生活、学习中遇到的困难以及想要达成的心愿写下来投放到“心愿信箱”里。儿童之家在每年的“六一儿童节”进行开箱活动，尽量满足孩子们的心愿和梦想。

同时，儿童之家组建了社区大学生志愿者队伍，为外来务工人员子女开展“义务家教”活动，使其在学习方面得到更多支持，体会到儿童之家给予他们的关爱。

给孩子们的礼物六：促进早期综合发展

2016年，儿童之家又适时增加了新的活动项目——“家庭早期教育”。该项目专门为0—3岁婴幼儿免费提供安全的活动场地、玩具、绘本及活动指导。项目整合社区内外资源，配备专兼职工作人员，邀请专业机构的早期启蒙教师现场授课，与研究机构合作开展早期服务。多方联动的服务模式为婴幼儿家庭带去更全面、更科学、更便利的早期教育指导与服务。

案例点评

天兴里社区棒棒糖儿童之家属于妇联支持、社区运作的建管模式，其立意新颖，服务扎实有特色，值得我们借鉴学习。

1.儿童之家的立意充分体现儿童视角

该儿童之家取名为“棒棒糖儿童之家”，其立意既新颖又凸显儿童视角。创办者从儿童的角度出发，设想孩子们需要一个怎样的家园，家园如何吸引孩子们的眼光。棒棒糖是童年不可缺少的甜蜜滋味，孩子们天性喜爱棒棒糖，儿童之家希望能够通过自己的服务给孩子们带来如棒棒糖般甜蜜的童年。

2.儿童之家的服务活动丰富且颇具特色

该儿童之家为社区儿童提供了丰富多彩的促进其成长发展的服务活动，并形成了特色品牌，深受社区儿童及家长的喜爱。“星星之旅儿童剧社”通过让孩子们参与到与传统文化有关的情景剧排练、演出，培养孩子们的沟通、协作、表演能力；“金爷爷剪报沙龙”充分动用社区老年志愿者资源，让老革命金爷爷定期教给孩子们剪报的方法、技巧，使他们从小就养成收集、整理重要文献和学习资料的习惯。这些活动对孩子们的交往能力、阅读能力、表达能力、协作能力的培养具有重要作用。

为每一个儿童播撒阳光，助力成长

——天津市滨海新区古林街道凯旋苑社区儿童之家

每一个孩子都是家长手心里的宝，他们就像一朵朵圆蓬蓬、毛茸茸的蒲公英，在成年自由飞翔之前，需要我们的细心陪伴与呵护……

2010年6月，在天津市滨海新区古林街道妇联的支持下，凯旋苑社区儿童之家正式成立，为社区里的每一朵“小蒲公英”拂过轻风、播撒阳光，让他们快乐地飞起来。

功能齐全的硬件设施

凯旋苑社区儿童之家设址于凯旋苑社区服务中心，由该社区居委会负责日常运行管理。为满足社区儿童的活动需求，凯旋苑社区充分整合现有场地资源和硬件设施，先后投入约20万元对其进行改建，使其效能最大化——既能满足社区居民的多项需求，又能贴近儿童的特定需要。

凯旋苑社区有居民1268户、3800人。其中，流动家庭66户，流动人口429人。18岁以下儿童720人。儿童之家的服务几乎涵盖了社区内所有儿童及家庭。

儿童之家的活动区域分为室内和室外两部分。室内区域包括阅览区、活动区、休息区等。室外活动区域为三楼空中花园，场地宽阔平整，设有各类运动器材，适合开展较大规模的室外集体活动。

活动区	阅览区
室外活动场地	休息区

经验丰富的工作者队伍

儿童之家工作者队伍由1名负责人、7名工作人员及20名志愿者构成。

负责人由凯旋苑社区居委会主任兼任，工作人员由该社区居委会委员兼任。他们均具备大专及以上学历，拥有丰富的基层工作经验，在儿童之家兼职的最短工作年限也有两年，最长的高达六年。由于他们均为兼职人员，只享受各自在居委会的岗位薪金，不享受儿童之家任何额外的补助或津贴。

志愿者则来源于社区党员、辖区小学和幼儿园教师以及热心居民。他们主要参与儿童之家各项活动的准备和主持等工作，部分有特长的志愿者还参与儿童书法、绘画以及舞蹈的教授。志愿者不享受任何报酬，但儿童之家较重视对其进行精神鼓励。他们组织的活动得到滨海新区领导的指导与观摩，多次在滨海新区电视台展播以及在滨海时报刊登。

渠道广泛的社会支持系统

据天津市滨海新区妇联相关负责人介绍，滨海新区共有二百七十多个社区，按照平均每年建立五十个社区儿童之家的速度，目前70%以上的社区已建立儿童之家。每个儿童之家的建设，妇联都会按照每年2000—3000元不等的标准提供经费支持。凯旋苑社区儿童之家是当地妇联较早支持建立的示范点之一。妇联对其进行业务指导和督导培训，并提供一定的经费支持。

儿童之家获得社会力量的广泛支持，包括企业赞助和个人捐助等。如儿童之家曾获滨海新区大港鹏坤化工有限公司、恒安标准人寿大港分公司的资助；还得到其他组织和个人通过“爱心超市”和“爱心米袋”方式进行的捐赠。

完备高效的运行管理制度

儿童之家制定了完善的管理运行制度，包括儿童来园登记制度、“网格化”服务管理制度、工作人员管理制度、资产与财务管理制度、安全管理制度、活动参与要求与注意事项等。

儿童来园登记制度。工作人员严格执行该制度，对每位来园儿童进行登记，并分批次存档。

“网格化”服务管理制度。经过摸索研究，儿童之家形成了“塔罗式”网格化工作模式。首先，将社区划分为六个片区，每个片区都有5名信息员。信息员的作用就是找出片区内适合做儿童教育与服务工作的居民，上报并动员其加入志愿者队伍。其次，利用“在职党员”志愿者服务社区的机会，儿童之家成功吸纳了一批幼儿园、中小学的教师党员进志愿者队伍，策划开展各类服务活动。通过工作人员和志愿者的共同努力形成了比较完善的网格化管理格局。

工作人员管理制度。根据制度要求，严格把控工作人员作息时间、工作内容以及工作任务完成情况等。

志愿者管理制度。包括志愿者登记制度、服务管理制度、培训制度等。

资产与财务管理制度。专款专用，单独建账，财务公开透明。

安全管理制度。建立儿童之家安全管理责任制，将安全责任落实到人头，确保来园活动的儿童及家长的人身安全、活动安全、财物安全。

活动参与要求与注意事项。规定了活动场地的使用和维护要求，建立了家长参与亲子活动的规范，明确了活动策划、实施与评估的操作流程。

规范多样的特色服务

自儿童之家举办以来，开展各类服务活动累计80次。来园活动的儿童累计600余人次、200余人，家长累计560余人次、300余人，其他社区居民累计1000人次、500余人。

儿童之家的服务范围除社区内的普通儿童及其家庭外，特别关注放学后无人照顾的儿童、孤儿、残疾儿童、流动儿童、贫困儿童以及特殊家庭儿童等。

◆“早教乐园”，关注儿童早期教育

凯旋苑社区2—3岁的儿童大多由老人看护。爷爷奶奶对孙子女呵护备注、疼爱有加。但这种隔代照顾模式也存在一定的弊端。例如，老人们普遍溺爱孩子，不能正确对待孩子的各项需求并做出适当要求；在孩子教育方面观念陈旧、方法失当。由于各种原因，未能及时进入幼儿园的孩子也越来越多。

为此，儿童之家建立“早教乐园”，开展了诸如“宝宝课堂”“成功母亲大讲堂”“蒲公英行动”等一系列早期教育及亲子活动，防止出现教育“空档”。

上述早教活动既可以让孩子们不出小区就近学习，又对孩子的早期发展起到了关键作用。同时，也避免家长们将孩子托付给各类无资质的私人早教园所，出现安全隐患和产生不必要的经济开销。

针对儿童早期教育的亲子活动现场

孩子和家长一起辨认小植物

◆ “四点小课堂少儿托管站”和假期“快乐营地”，解除家长后顾之忧

凯旋苑社区居民80%左右是上班族。他们面临的最突出问题就是下午四点放学后，家长还未下班，孩子无人照看。有些孩子离校后，到处疯跑闲逛，极易发生安全事故。特别是在寒暑假，家长们更是无暇顾及孩子。

鉴于这种情况，儿童之家创设了“四点小课堂少儿托管站”。每到下午四点以后，孩子们可以到托管站，由志愿者（菊花妈妈）负责照看并辅导其功课和作业。志愿者们还设立了书法组、绘画组、阅读组、手工学习小组等，充分运用放学后的这段时间拓展孩子们的兴趣爱好，把孩子们牢牢地吸引到儿童之家。

儿童之家在寒暑假开展“快乐营地”系列活动，不仅为孩子们创造了安全玩耍、快乐学习和参与各项活动的条件，还大大拓展了孩子们的视野，锻炼了他们的能力。

春节期间孩子们看望社区老人

孩子们参加暑假快乐营地舞蹈活动

◆ "道德讲堂"，加强传统文化教育

儿童之家十分重视对孩子的传统文化教育，善于运用中华传统文化来熏陶教育孩子，使其树立正确的人生观和价值观，建立积极的生活和学习态度，成为正直、善良、诚信的人。

儿童之家的志愿者们自发地帮助孩子们学习传统文化。其中，退休教师刘某义务为社区内24个孩子解决午餐并教授其传统文化知识，将传统文化这棵大树根植于孩子心中。

◆ "家庭教育"，助你成为合格家长

儿童之家利用市民学校开展家庭教育指导与支持活动，主要包括亲职教育和亲子教育两类。通过诸如"道德讲堂""宝宝才艺大比拼"和"亲子运动会""亲子读书吧"等寓教于乐的方式来改善家长的教育观念和育儿技能，促进家庭和谐。通过不间断的家庭教育活动，社区家长受教育率达到了95%左右，儿童参与活动率达80%以上。

儿童之家为社区家长建立了家庭教育QQ平台、空中课堂、微信群、微信公众平台以及短信平台等。家长可以通过这些交流平台接收儿童之家发出的有关家庭教育的知识和信息，互相探讨孩子的教育问题。

儿童之家成立了“儿童之家家长委员会”，共10人。他们均为社区内有一定号召力并热心家庭教育工作的儿童家长，在儿童之家运行中承担活动组织、秩序维持等工作。通过参与儿童之家的建设，他们也更新了自身的家庭教育观念，提升了家庭教育能力，成为社区家长的典范。

家长和孩子们一起参与亲子活动

家长和孩子一起参与亲子活动

◆ 自然教育，让孩子成为环保小能手

儿童之家通过一系列自然教育活动，培养孩子们亲近自然、热爱自然和保护自然环境的意识与行动。

在每年的学雷锋日和植树节到来之际，儿童之家都会组织开展以“我为家乡增添一抹绿色”为主题的学雷锋环保行动，组织社区志愿者和小朋友一起为社区内的树木浇水、为小草清理身边的垃圾。

儿童之家组织儿童成立“环保小卫士”小分队，定期开展保护社区环境、清扫社区垃圾的活动。在社区保洁员的带领下，孩子们有的拿着扫把卖力清扫路面垃圾，有的低头用夹子细心夹起沟缝里的垃圾。一个个干劲十足，俨然一副“环保小卫士”的派头。

孩子们为社区内的树木浇水

“环保小卫士”活动合影

◆“特需儿童关爱与帮扶”，让爱洒向每一个角落

多年来，儿童之家秉承“让爱的阳光照亮每一户家庭，不让凯旋苑社区有一处死角”的救助原则，竭尽所能整合各类社会资源，帮助每一个困难家庭，不抛弃不放弃。

对小李一家的帮扶

小李（化名），单亲母亲，患有严重的风湿性心脏病，带着4个孩子，其中一个男孩患有血液病。家庭经济条件十分困难，孩子们吃饭和上学都是问题。

一天，小李找到社区居委会徐主任（儿童之家负责人），哭着说想把双胞胎女儿送给好心人养。听到此事，徐主任非常难过，当时她也边流泪边真诚地表示，社区先利用“爱心米袋”对其进行救助，每月捐赠200元的生活必需品。的大女儿没钱交学费，她就联络到鹏坤化工公司为其一次性捐助了5000元。

经过徐主任的四处奔走呼吁，2016年3月，恒安标准人寿保险公司一次性捐助1万元给小李，承诺以后每月再捐助1000元，直至3个孩子九年义务教育完成。自此，孩子的学费问题得到了有效解决。

儿童之家展开对自闭症儿童关爱和圆梦女孩的行动，对社区内的自闭症儿童开展专项服务，对因家庭经济困难而无法上学的儿童提供资金援助。

对龙龙的个案帮扶

2014年春节期间，不到1岁的龙龙（化名）父母意外双亡。自此，龙龙由姥姥、姥爷抚养。由于同时失去女儿、女婿，姥姥、姥爷受到很大打击，终日以泪洗面，家庭气氛沉闷，根本无法正常照顾龙龙的生活。在这种环境下，龙龙性格变得内向孤僻。

得知情况后，儿童之家开展了针对性个案服务。首先，组织志愿者上门家访，对姥姥、姥爷进行开导，帮助其走出悲伤，并交给他们正确引导龙龙的方法。让他们定时带龙龙去亲子早教乐园，让龙龙多和同龄孩子接触。同时，儿童之家还邀请有多年育儿经验的凯旋苑幼儿园专业幼教老师对龙龙进行专业教育引导。除了每周带孩子参加早教乐园的学习活动外，工作人员和志愿者还经常入户走访，和龙龙交流，给他带去各种小玩具。

通过两年多坚持不懈的努力，龙龙的性格逐渐变得开朗，也能融入小朋友的群体中。目前，龙龙已正常进入幼儿园。

此外，儿童之家还发起倡议，为社区贫困家庭以及边远山区（如四川阿坝州等地）的孩子们开展募捐活动。几年来，通过“爱心超市”“爱心米袋”等慈善活动，募捐衣物5000余件，筹划善款30余万元。救助古林街辖区贫困家庭100余户，救助贫困学生20余名。累计资金20多万元。

案例点评

凯旋苑社区儿童之家采取的是社区居委会运作、社会力量广泛参与的模式，在制度建设、服务提供及社会资源整合等方面有着独到之处。

1.制度建设完备，保障了儿童之家运作的规范性

该儿童之家共建立了包括“网格化”服务管理制度、资产与财务管理制度、安全管理制度、工作人员管理建设制度、志愿者管理制度、儿童来园登记制度、活动参与要求与注意事项七大项制度和规定，从基本规范、服务提供、人员培养等不同维度保障了儿童之家运作的规范性。

2.服务类型多元，惠及不同需求层次的儿童及家庭

该儿童之家根据不同类型儿童及其家庭的需求，提供多元化的服务与帮扶，惠及众多儿童和家庭，广受好评。针对学龄前儿童，建立“早教乐园”，为其提供早教服务。针对学龄儿童，成立“四点小课堂”，为他们提供课后作业辅导，并建立兴趣小组，丰富课余生活。针对家长，开办“家长课堂”，开展家庭教育。针对所有儿童及其家长，创办“道德讲堂”，弘扬与传播传统文化；设立“快乐营地”项目，在寒暑假期间组织孩子和家长们参与各类主题活动、公益活动和自然教育活动。针对有特殊需要的儿童及其家庭，连接各类社会资源，为其提供全面细致的关爱和帮扶。

3.资源整合有效，吸引多种社会力量的参与

该儿童之家具有较强的资源整合能力，能够有效地将社会力量与社区儿童及家庭的需求对接，帮助那些因疾病、经济困难而影响正常学习、生活的儿童及家庭。据前文可知，社区儿童之家链接了多个爱心企

业、幼儿园以及多位爱心人士，通过助学、帮困等方式为20余名贫困学生和100余户贫困家庭提供入学资金、生活用品等帮助。对社会资源的有效整合，扩展了儿童之家的服务范围，提升了儿童之家的社会影响力，使其逐渐成为社区公益慈善活动的重要窗口。每一所儿童之家，都应因地制宜地做好不同程度的资源整合工作。这既是儿童之家可持续发展的重要保障，也是提升服务质量的有效途径。

儿童乐园，社区纽带

——河北省石家庄市长安区长丰街道谈安社区儿童友好家园

谈安社区是石家庄市保障性住房小区，共有11栋楼，居民3700户、10294人，多数家庭都是低收入家庭。孩子的健康成长发展、家庭功能的建设完善是居民们最关心的问题。

糖糖的遭遇

糖糖，今年两岁，看起来聪明、可爱。糖糖的妈妈是一位家庭妇女，高中文化，主要职责就是照顾糖糖和全家大小的一日三餐。有一天，妈妈带着糖糖去菜市场买菜，卖菜阿姨亲切地逗糖糖笑，还递给她一个大大的西红柿。结果，阿姨的手伸过来的那一刻，糖糖哇哇地大哭起来。妈妈见状，很尴尬，赶紧解释说糖糖平时不出门、怕生。自此，妈妈开始留意糖糖跟周围人的互动，发现除了爷爷奶奶、爸爸和小姑，糖糖几乎很少有机会接触其他小朋友和居民，逐渐变得胆小、怕生。妈妈觉得应该让糖糖与人多交流，自己也应该更好地陪伴和教育糖糖。可妈妈对早期教育完全没概念，想寻求专业早教机构的帮助，又苦于拮据的家庭经济条件。年轻的糖糖妈整日眉头紧锁，苦闷不已……

在社区家长的期待中，2015年7月，谈安社区儿童友好家园在河北省各级妇联的支持下应运而生，并于当年10月正式开园，每天来家园活动的家长和儿童络绎不绝。

规划选址“有门道”

作为社区居民的贴心伙伴，一个宽敞、显眼、贴近居民生活、方便儿童出入的活动空间成为家园选址的重要标准。经过实地考察，谈安社区儿童友好家园最终落脚在谈安社区居委会一楼南侧临街的活动室。这样，即便是幼小儿童和肢体不便的社区居民也可以不用爬楼梯，轻松地进入家园。活动室门口还有一块大大的平地广场。

家园的活动区域实行动静分区，通过别具匠心的布置，看上去活泼、温馨。孩子们都爱来玩，觉得像家一样温暖。家园活动室面积50多平方米，分为三个功能区：0—3岁儿童活动区，铺设了环保爬行垫，购置了安全性能高的玩具，营造了多彩的活动氛围，为儿童做好启蒙引导；3—6岁儿童活动区，配置了图书和一些手工制作玩具，主要开展儿童行为习惯培养、知识培训与技能指导等放松性质的活动；6岁以上儿童活动区，供小学生们完成课外作业，主要开展儿童生活指导、青春期生理及心理健康教育等沟通交流性质的活动。

儿童活动区	儿童阅览区
公共宣传栏	门口小广场

经费、人员“有保障”

谈安社区儿童友好家园在开办过程中得到了市、区、街道三级政府的大力支持，运作经费得以解决。工作人员包括专职工作者1人，兼职工作者2人（他们是社会服务机构的专业社工）。此外，大学生志愿者、退休教师、热心家长等也积极参与到家园的服务中来。家园坚持每天准时开园，做到每周不少于30个小时的开放时间。社区还对家园实行了社区支部书记定期督查、其他干部假日轮流职守的工作机制，充分保障开园时间，随时接待儿童和居民来访。

专业服务“重流程”

为了提升服务效果，谈安社区儿童友好家园引进了专业社工来策划和组织各类主题活动。每次活动都要严格遵循服务的一般流程，从计划到宣传到实施再到评估的每一个环节都不能忽视。

例如，感恩节活动。家园首先制订了详细的“活动计划”，设计了给父母写一封信、制作一张感恩卡片等具体环节。接着，拟定“活动通知”和“活动内容介绍”在社区里广泛宣传。在活动开展时，每个参与活动的人先签到，然后领取活动资料。活动结束后，收集家长和孩子们的活动感想，工作人员撰写活动总结。

制订计划	宣传准备	服务开展	服务评估
活动计划书	活动通知 活动内容介绍	签到表	服务对象感想 活动总结

家园主题活动开展流程图

宣传倡导“有窍门”

谈安社区儿童友好家园除了通过家园的宣传栏以及到社区挨家挨户发放宣传材料进行宣传倡导之外，还建立了家长微信群，通过微信群发布活动信息，宣传儿童优先、儿童参与的理念。而家园的绝活儿则是开创了“最美家庭评选”和“宝宝专栏秀”两项重要的宣传途径。家园定期组织最美家庭评选活动，将评选出的家庭故事做成喷绘，放在社区宣传栏展示。张奶奶患脑梗十多年，儿媳李女士辞掉工作，无怨无悔地照顾婆婆，不怕脏、不怕累，数十年如一日。女孩丽丽（化名）患有脑瘫，她的父亲一边工作一边为女儿寻医问药，母亲则专门在家照顾她。一家人同甘共苦十三个春秋，不离不弃。这些家庭故事的推出，社区居民主动关心慰问，逐渐形成相互关怀的邻里氛围。

主题活动“助成长”

◆ 亲子活动场面欢

亲子阅读

亲子活动

“加油，宝贝！”这是给孩子最有力量的支持。孩子和家长们围成一个圈，在社工的带领下，协调配合完成“虫儿飞”“我最棒”“玩偶接力”等活动。孩子们的小手挥来舞去，家长们的大手应接不暇。“家园”里传来一片欢声笑语。

“宝贝们，你们知道金鱼吗？金鱼长什么样呀？”社工旁边围着一群孩子，家长们也陪同在身边。孩子们的小眼睛滴溜溜地转，踊跃地举起小手说金鱼的样子。待宝贝们津津有味说完后，社工顺势说：“今天，我们要一起来阅读一个关于渔夫和金鱼的故事。大家要乖乖的，跟我一起阅读哦，读完后，每个小朋友再把故事讲给爸爸妈妈听哦……”这是亲子阅读会的现场，每次都有小朋友嚷着要将绘本上的故事讲给爸爸妈妈听。在社工的引导下，孩子们渐渐养成阅读的习惯，他们在读绘本、讲故事的过程中，思维能力和表达能力也得到锻炼。

比赛啦！绘画填涂大比拼开始啦。每个家庭组成一支队伍，在规定时间内，家长和孩子根据自己的理解用不同色彩的笔填涂一个既定的动物图案。瞧，贝贝虽然年纪小，她也毫不逊色哦，俨然一个未来的小画家呢。

亲子共绘欢乐多

我是未来小画家

厨房里不时传出来一阵阵香味。孩子们和家长们戴着口罩进进出出，忙得不亦乐乎。他们在做什么呢？原来是在制作一道道美食啊。孩子们围在家长身边，和家长们一起动手制作寿司、三明治和甜甜圈。一个个小身影活蹦乱跳地

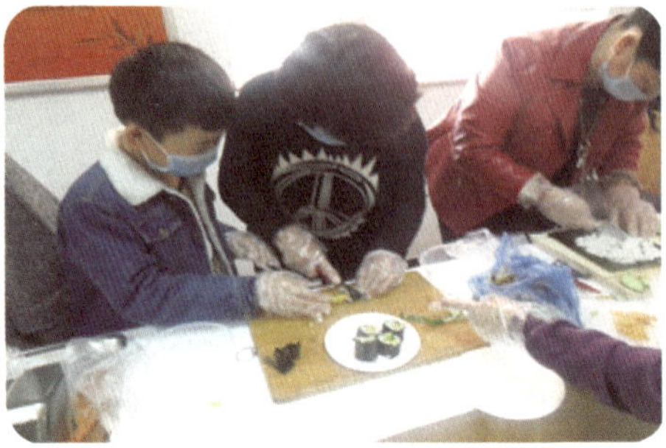

亲子厨房现场

来回忙活。还是自己动手做出的食物最可口啊！有的家长生怕孩子做不好，耽误学习……其实，这样的体验对孩子来说也是种成长。

◆ 亲职教育收获大

家园邀请幼儿园老师为社区家长做“科学的幼教理念及方法”讲座，围绕如何科学正确地指导孩子培养良好的生活习惯、如何巧妙引导孩子改掉不良习惯、如何培养孩子的独立意识等方面开办系列讲座。家长们踊跃参加，收获多多。调查问卷统计显示，参与一段时间的早期教育后，家长普遍更加重视亲子关系的培养，更加关注宝宝的感受。所有父母均表示空闲时间一定会多陪陪孩子；超九成家长认为学到的亲子交流游戏、育儿知识对自己很有用处。

◆ 节日教育入人心

——党日纪念活动。家园举办“童心向党”主题表演活动，孩子和家长们对着庄严的国旗和党旗高亢地唱响国歌，向国旗、党旗敬礼，进行诗歌朗诵和古谣演唱。萌萌说：“我长大了要当一名保家卫国的战士，像奥特曼一样强大。”孩子爱党爱国的情怀或许就能在这样一次次的精神洗礼中逐渐养成。

为祖国母亲送祝福活动

——国庆节活动。孩子们聚在家园低头趴在桌上聚精会神地写写画画。他们这是要在国庆节来临之际为祖国母亲“挂”出生日礼物呢。他们在图片上画上自己喜欢的图画，写上生日祝福，然后进行展示，献给祖国母亲。

——母亲节活动。在母亲节到来之际，家园在居委会举办“感恩母亲”慰问活动。年轻的妈妈们带着孩子一大早就到居委会和面、剁馅儿、包饺子，给社区里的特困家庭、独居以及空巢老人送去问候。唐妈妈带着3岁的女儿也加入包饺子的人群中，宝宝脸上、身上都沾上了面粉，粉嫩的小脸上始终带着笑容，跑前跑后地忙乎着。82岁的崔奶奶激动地说：“我的儿女工作十分忙碌，都在外地呢，没有时间为我祝贺节日。今天到社区来过母亲节，我非常感动。这是我这辈子吃得最香的饺子。”

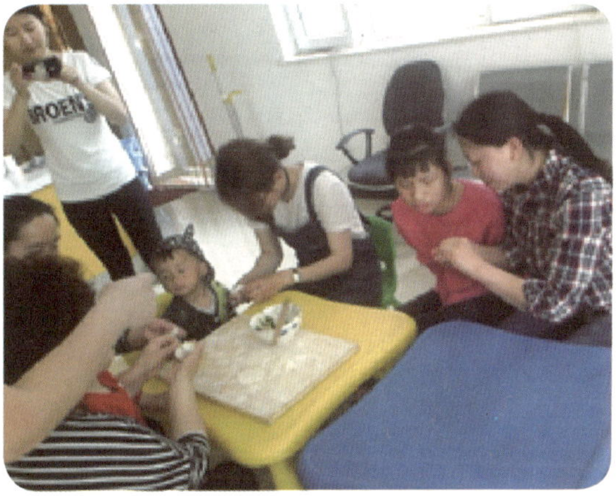

母亲节包饺子活动现场

案例点评

1.家园选址合理，环境氛围较好

家园位于社区公共服务的“集中地”，毗邻社区居委会和未成年人救助保护中心。谈安社区居委会南侧一层临街处的一间活动室是其专属活动空间，位置显眼、交通便利，方便社区内不同人群出入和体验有关服务。家园门前还有一个平地广场，可组织室外活动并方便居民逗留观看。这是一个较为理想的设址环境，既考虑到不同年龄段儿童的生理发育状况，又兼顾社区不同类型居民的服务需求。

2.家园定位准确，重点服务低收入家庭

谈安社区儿童友好家园位于保障性住房社区，社区多为低收入群体。对年轻父母来说，孩子的早期教育和家庭教育问题是其普遍关注并苦恼的问题；少量家庭功能孱弱，也急需获得外力支持。“家园”厘清自己可以做什么。然后将焦点对准社区儿童早期教育、家庭教育，并积极推动发展，为家庭减轻压力，为孩子提供助力。

3.家园服务开展较具规范性，体现一定专业水平

家园严格遵循开展服务活动的规范流程，做到每一个环节都能“有规划、有行动、有记录”。通过这个规范流程，细化每一个节点的工作内容，使服务开展能够保持稳定的节奏、明晰的方向，并在一定程度上体现出专业水准。

书香浸芬芳，儿童乐成长

——河北省石家庄市长安区跃进街道书香尊园社区儿童友好家园

放学后去哪里？参加亲子活动、儿童游戏去哪里？遇到学习困难和心理行为问题找谁去？……请到书香尊园社区儿童友好家园来。

它是孩子的乐园，家长的朋友，社区居民的伙伴。浓浓书香气，熠熠芬芳传，这是书香尊园社区的底蕴，也是儿童友好家园的情怀——让社区每一个孩子在书香四溢、关怀绵延的社区环境下茁壮成长。

儿童友好家园大门

书香尊园社区于2011年9月成立，社区有书香华苑、冀兴尊园、依水苑、瑞禾园4个小区，共有居民楼46栋，总户数3860户、9100人，其中妇女3105人，儿童1608人。社区内有未来强者幼儿园、行知小学等教育机构，在园幼儿310名、在校生699名。

2011年10月，书香尊园社区被确定为国务院妇女儿童工作委员会办公室与联合国儿童基金会共同实施的“建立以社区为基础的儿童保护服务体系与网络”项目的试点社区。自此，一个集为社区儿童提供学习、娱乐、交友为一体的专属空间——“儿童友好家园”在社区居委会生根发芽。

完善的硬件设施

目前，社区儿童友好家园拥有一个60平方米的专属活动室、一个20平方米的阅览室，并且与社区居民共享社区里的其他公共设施，如书法室、电教室等。现在，家园已经拥有书籍900余册，玩具50多种、360余件，文体器材17种、185件。这些为家园的服务开展提供了基本保障。

活动室一角

家园里开心的孩子们

健全的运行机制

书香尊园社区儿童友好家园拥有一支“四位一体”的工作者队伍，包括社区儿童保护办公室、儿童和家长委员会、监督委员会、社区志愿服务队四个团队。

由专职社工、社区居委会干部和民警等16人组成的社区儿童保护办公室负责处置侵害儿童权益的事件并制订干预计划；由社区大龄儿童、家长等9人组成的儿童和家长委员会，分别代言各自群体表达诉求；由社区老党员、老干部及儿童家长共5人组成的监督委员会，对家园的日常管理和服务活动效果进行监察评估，确保家园的有序运行，保证家园的服务质量；志愿者队伍由大学生和社区爱心人士组成，与“家园”工作互为补充、协调联动。

完备的管理制度

俗话说：没有规矩，不成方圆。制度先行是书香尊园社区儿童友好家园顺利运转的重要保障。目前，家园已经建立了《儿童友好家园日常管理制度》《儿童入园登记制度》《儿童友好家园设备管理制度》《图书借阅登记制度》《个案服务登记制度》《儿童成长档案建立与管理制度》等多项管理制度，有效地保障了家园的日常运行和活动开展。

全面的儿童服务

五年来，家园共接待来园儿童2万余人次，举办大型主题活动56次，参与活动儿童及家长4500多人次。活动情况被报刊、网络等媒体报道51次，为全市“儿童友好家园”的建设提供了借鉴经验。

◆基线调研知需求

为掌握社区儿童及家庭的需求，了解特需儿童状况，书香尊园社区儿童友好家园采取入户调查、办事随访、园校追踪等多种方式展开了全面调研。家园工作人员的足迹遍及社区里的每一个角落，共收回有效问卷950余份，为1287名儿童建立电子信息档案。基于档案资料，家园进一步分析和总结了社区儿童及其家庭的一般需求和特殊需求，以便家园根据不同类型需求，策划开展不同形式和内容的服务活动。

◆日常开放保运行

书香尊园社区儿童友好家园自开办以来，坚持每日开放，对工作人员实行了错时上下班制度，针对孩子们放学后、周末以及寒暑假来园较多的实际情况，灵活调整开闭园时间，收到了良好的效果。

儿童友好家园开园时间一览表

开放时间	具体时间段
周一至周五	上午9：00—11：30，下午4：00—7：30
周六、日	上午9：30— 11：30，下午 3：30— 7：30
暑期（7月1日—8月31日）	上午9：30—11：30，下午3：30—7：30
寒假（1月10日—2月10日）	上午9：30—11：30，下午3：30—7：30
备注：全年11个法定节假日不开园	

◆主题活动促质量

“每到主题活动开展日，孩子们早早地就在家园里等候，有时还和家长们一起来参加，社区居民也乐此不疲。”一位工作人员说。家园按照“每月一次主题活动”的原则，策划、组织包括亲子互动、家庭教育、安全教育、卫生保健、个案辅导等在内的多项主题活动和个别化服务。

——亲子活动

2012年7月1日，书香尊园社区南广场上早早地就聚集了30余名儿童及家长。因为今天，书香尊园社区儿童友好家园要组织开园以来的首次暑期亲子活动。活动一开始，家长和孩子们便一起积极投入“星球障碍赛”“过河拆桥”“扭扭车赛”“毛毛虫爬行赛”，以及“自由体验项目：愤怒的小鸟和宝贝投篮”等活动中，场面十分热闹温馨。

——爱国教育

2013年8月21日，书香尊园社区儿童友好家园开展了历时10多天的“我的梦 中国梦”主题演讲、手工作品展览及爱国歌曲展演等活动。此次活动通过向社区儿童征集以“爱国、爱家、爱学校、爱家园”为主题的绘画、手工、诗歌、作文等作品，并组织演讲和展演，激发孩子们的爱国主义情感和社会公民的责任感，也丰富了孩子们的暑期文化生活。

2014年3月24—28日，家园又组织了近30名社区儿童参观刚刚落成的河北英烈纪念园，缅怀在抗日战争中和解放战争中牺牲的河北籍英烈。孩子们在英烈园广场的烈士纪念碑前肃立默哀，献上亲手制作的小白花。在展厅内，跟随工作人员的讲解，战争年代在战场上抛头颅洒热血的沙飞、田汉、安娥、马本斋等先烈的感人形象一一呈现在孩子们的眼前，活动的开展为孩子们进行了一次完美生动的爱国教育和道德教育。

“缅怀先烈 · 感恩和平”清明扫墓主题活动

——梦想必须有，才艺也要秀

2012年8月23日，孩子们未来的大梦想在这里悄悄萌芽，他们正在进行“大人物儿童社会职业体验”。在这里，孩子们的社会意识、公民意识进一步萌发生长，为他们将来成为“大人物”打下基础。参观体验结束后，孩子们图文并茂地描绘了自己未来的职业理想，说出了自己的奋斗誓言。

2014年5月9日，“跳蚤市场——物品互换活动”开始了。孩子们热火朝天地将家中闲置的图书、玩具、手工艺品等都拿出来，晒给大家看，积极地向其他的小伙伴们推荐自己的物品。在欢声笑语中，孩子们感受着幸福和快乐，体会着物尽其用的魅力。大家相约以后还要继续交换物品，传承节俭、环保的新风尚。

“跳蚤市场”物品交换活动

2014年7月20—24日，以石家庄电视台“民生大集进社区”为契机，家园组织了30名社区儿童及家长，举办了“展才艺秀卖场”活动。首先孩子们进行儿童才艺表演，随后在民生大集的市场上与商家、观众互动交流，评选出3名“售货小达人”，还在现场向围观居民发放儿童保护的宣传折页、小扇子、《儿童心理指导手册》等各种宣传资料500余份。

——安全课堂

在全国消防日即将来临之际，儿童友好家园联合行知小学，于2012年11月8日举行了一场消防知识讲座及疏散演练。苗教官通过近年来的典型火灾案例和触目惊心的事故资料，向大家讲解了预防火灾的重要性，现场分析了火灾发生到发展的过程，重点传授了“三分钟灭火”和“七分钟逃生”的要诀。苗教官还向大家介绍了几种常见的灭火器使用方法。通过活动，孩子们深刻认识到火灾的无情以及防火安全的重要性。

“珍爱生命·远离火灾”消防安全演练活动

2012年7月16日，孩子们聚精会神地听民警王叔叔讲有关自我保护的知识，并通过现场问答、情景模拟等形式与王叔叔互动。

2013年9月17日，在“全国爱牙日”到来前夕，来自美东齿科的医生，给社区儿童及家长开展了爱牙护牙知识的专题讲座。同时，医生还现场开展了牙齿健康检查、补牙、窝沟封闭等义诊活动。

“健康牙齿·美丽人生”爱牙日活动

◆个案服务助成长

书香尊园社区儿童友好家园为有特殊需要的儿童及其家庭提供个案服务，运用个案社会工作的方法帮助他们走出困境，建立良好的行为习惯，恢复个人和家庭的功能。迄今，家园已完成20个个案服务。

关于明明的个案服务记录

一、个案陈述

明明（化名），5岁，女，是个有名的机灵鬼。她活泼好动、嘴甜，和陌生人“自来熟”，但和同龄伙伴的相处并不融洽。在开展活动时，老师发现明明的自制力很差，特别表现在回答问题时没有一点耐心，举手后一定得请她回答，否则她就要闹情绪，在座位上吵闹。如果老师用小贴画表扬了别的小朋友，她就会小声嘟囔：“这有什么了不起，我才不要呢！”但从她的眼神可以看出其实非常想要得到奖励。小朋友们都不喜欢她，她在集体中感到很孤单。

通过与明明及家长的交流和数次家访，我们了解到明明在上托儿所时常常哭着回家告诉爸爸妈妈，有小朋友打她。然而爸爸告诉她，谁要是打你，你就打他/她，这叫“人不犯我，我不犯人”，属于“正当防卫”。由于爸爸妈妈平时工作忙，又没有老人在身边，明明就常常一个人玩。爸爸妈妈心疼明明，常常给她买很多玩具。明明一会儿玩这个玩具，一会儿玩那个玩具，显得做事很没有耐心，而且非常想和别人交流，“逮”上个人能聊上半天。

二、问题分析

通过个案评估，我们发现明明的问题表现在以下方面：

1.缺乏亲情慰藉，家庭教育失当。

2.自我认知和行为习惯有所偏差，较难融入同辈群体。

3.情感孤单，缺乏来自多方面的情感支持。

三、介入策略

1.做好家长工作，养成良好的家庭教育氛围

造成明明经常打人的主要原因是受家长所谓的“正当防卫”的影响，因此，我们首先和家长进行了交流，建立正确的教育观，家长也接受了我们的意见。在明明没有耐心的问题上，我们提出了一些建议，如让家长尽可能多地抽出时间陪孩子一起画画，并耐心地涂色，初步培养其耐心。

2.和孩子“约法三章”

针对明明在活动中缺乏自制力的问题，我们和她做了一个小小的约定，告诉她老师的问题如果会回答可以举手，但不是每个问题都要请你回答，如果实在忍不住一定要回答这个问题，请你举左手，但是每一次活动举左手的次数不能超过三次，如果没有请你就抢着回答，就算违反了规定，不能得到小贴画。明明听了，很高兴也很得意，觉得自己受到了极大的重视，因为我们只和她一个人做了这样的约定。

3.请小朋友帮忙

对于明明比较突出的打人的问题，我们请小朋友自己商量解决的办法，有几个能力比较强、口语表达比较好的小朋友表示自己愿意和明明一起玩，让他们自己制定游戏规则，如在活动中被别人不小心碰到了，也绝不能去打别人！如果违反规定，就不欢迎他做游戏伙伴了。

四、干预效果

通过“家园”、幼儿老师、家长两个月的努力，明明的情况有所好转，自制力有了明显的提高。有了小伙伴的监督，有了游戏的伙伴，明明的坏习惯也在不知不觉中得到了改变。

看得见的成长变化

小孟（化名）今年10岁，是个聪明、文静的孩子，但她胆小、腼腆、不爱讲话。妈妈为了培养锻炼她，带她到“家园”来要求当志愿者。她经常在放学后以及休息日来“家园”帮忙打扫卫生、整理玩具、看书、写作业、参加主题活动。渐渐地，和孩子们接触多了，小孟也变得勇敢、活跃。

多多（化名）每次来“家园”，走的时候总想把玩具拿回家；小吴和小周爱打闹、不守秩序，把活动室墙面弄坏了，我们循循善诱地帮助他们认识到错误的行为并养成良好的行为习惯。多多玩完玩具会将其放回原来位置再回家，小吴和小周也懂得遵守秩序，偶尔打闹影响到其他小朋友后会主动说对不起。

桃桃（化名），性格内向，通过多次参与主题活动的策划和组织，锻炼了能力，提升了自信，后被选为河北省第16届少儿代表。

九岁的小白（化名）刚来“家园”时是一个任性、爱哭的小姑娘。在参加才艺展示活动时，发现她的嗓音特别好，尤其喜欢京剧。我们就主动与她妈妈沟通，找专业老师辅导。2016年6月，她参加了全国第18届少儿京剧大赛，获得河北赛区银奖。

案例点评

书香尊园社区儿童友好家园秉承“儿童优先”的原则努力推动社区层面儿童保护服务体系的发展。它在日常管理运作、主题活动开展以及个案服务等方面都较具特色。

1.日常管理运作规范有序

家园无论是从设施设备的投入、运行机制的创新还是管理制度的建设都能较为有效地满足多项服务开展的要求。设施设备的投入包括场地建设和物资配备都能较好满足儿童开展活动和阅读的需要。在运行机制上，“家园”开创性地建起一支“四位一体”有效联动的工作队伍，涵盖了儿童、家长、社区工作者、民警、社区居民和老人、大学生在内的不同群体，共同建构了一个由熟人关系组成的工作者网络。“家园”的八项管理制度也客观上为各项工作提供了依据、指明了方向并保障其可行性。

2.主题活动内容丰富、收效甚佳

家园除了在日常开放中提供一些游戏活动和课业辅导等服务外，紧紧抓住社区儿童周六、日和寒暑假的时间，集中精力开展各类大型主题活动，涉及亲子互动、道德教育、安全教育、卫生保健、成长发展等不同主题，且收效甚好。

3.个案服务体现出个性化的关爱情怀

家园针对社区里那些需要提供特别关怀和服务的儿童及其家庭开展个案服务，追踪全过程，致力于推动儿童及其家庭的成长与改变。就其工作理念和方法而言，能较好地体现个案服务的个别化、全过程性和一定程度的专业性。“家园”的服务是针对社区全体儿童及家庭的，集体活动能较好地培养儿童的团结协作精神、沟通交往能力和社会责任感，而个案服务则能较好地弥补个别儿童及家庭的特定需求，体现出差别化、个性化的关爱情怀和激发儿童及家长实现改变的内在动机。

儿童保护人人做，儿童参与家家欢

——河北省石家庄市新华区北苑街道钟南路社区儿童友好家园

这是一个充满着儿童保护氛围的儿童乐园。在这里随处可见倡导儿童权利、儿童保护的宣传栏、张贴画，宣传栏前不时会有行人驻足细看；在这里孩子们快乐地游戏、自由地交往、自发地参与公共活动与社区事务；在这里，家长们可以放心地让孩子走出屋子、走进社区，和小伙伴们一起愉快地玩耍和嬉戏。“家园”如同一个磁场深深地吸引着孩子们、家长们、社区居民们……这里就是钟南路社区。

钟南路社区儿童友好家园室外宣传栏

而钟南路社区儿童友好家园在这里发挥了巨大的作用。让每一位社区成员能知晓儿童权益、尊重儿童权益、保护儿童权益是钟南路社区儿童友好家园一直努力的目标，让社区每一个儿童有一段五彩的童年体验是钟南路社区儿童友好家园正在做的事情。

家园的由来：先后易址，只为更好地服务社区

钟南路社区儿童友好家园位于河北省石家庄市新华区钟南路社区服务中心一楼。2011年8月，国务院妇女儿童工作委员会办公室和联合国儿童基金会在石家庄市共同实施了“建立以社区为基础的儿童保护服务体系与网络”的儿童保护项目，建立儿童友好家园，当时家园设在了新华区妇女儿童活动中心。但是由于该中心距离社区比较远，孩子们不易于获得服务，为更好地落实该项目以社区为基础的儿童保护与服务之精神，在石家庄市妇联的统筹安排下，2013年8月家园从新华区妇女儿童活动中心迁至钟南路社区服务中心，从此在这里落地生根。由此，活动中心更亲密地接触到社区儿童和居民，与他们朝夕相伴，共经风雨。

钟南路社区儿童友好家园室外活动空间

“家园”掠影：我们的家园又大又温馨

这是一个温馨、宽敞的家园。孩子们既可以在室内阅读、活动，又可以在室外尽情地玩耍，荡秋千、跳沙坑、玩滑梯、打乒乓球、打篮球……钟南路社

区在支持家园改建场地和增设设备设施方面已经投入了5万多元。

钟南路社区儿童友好家园外墙橱窗

钟南路社区儿童友好家园儿童室外活动场地情况

家园的“老师们”：陪伴在孩子身边的好朋友

家园的“老师们”来自不同的工作领域，各自拥有不同的专业特长和工作经验，他们都有一颗爱人之心，在家园里成了孩子们的良师益友。“老师们”有的是专职工作者（1人），有的是兼职工作者（4人），还有大学生志愿者

（3—4人）。只有专职工作者每月领取800元津贴，其余人则是义务工作。

家园由专职工作者担任“园长”的职务，全面负责儿童友好家园的各项工作。兼职工作人员包括社区居委会和服务站的工作人员以及社会服务机构的专业社工，他们按照专业特长和工作经验进行分工合作，共同完成日常管理和服务活动的策划、组织、开展与评估。志愿者们则协助工作人员策划、开展各类服务活动。

家园的运行经费：涓涓细流，潺潺不息

家园在“建立以社区为基础的儿童保护服务体系与网络”项目结束后，实现了可持续发展。目前，家园的水电暖等开销由社区承担；家园的日常运行、活动开展等费用定期向社区进行申请，从社区活动经费中列支。社区在经费上支持保证了家园能够实现可持续发展。例如，2015年第一季度、第二季度和第三季度，社区根据家园的运行情况和实际工作需要，分别投入了10400元硬件设备购置和活动经费，第四季度投入14200元活动经费。

家园的制度建设：保障服务有效开展的前提

规范的制度可以有效地提高家园的服务质量。一直以来，家园都致力于从实际工作中探索出有效的管理制度。目前，家园已经建立了十大项的工作制度，并在实际运行管理中严格执行相关制度，如开放时间、管理以及工作职责、儿童和家长入园规范等。

开放时间制度：以前项目要求开放时间每周达到40小时，所以安排的时间与社区上班时间一致。项目结束后，家园开放时间调整为：每周周二到周六，上午8：30—11：30；夏天下午3：00—6：00、冬天下午2：30—5：30。

儿童友好家园管理制度列表

序号	名称	序号	名称
1	家园安全管理制度	2	家园图书借阅制度
3	家园档案管理制度	4	家园入园须知
5	家园家长入园行为规范	6	家园工作守则
7	家园工作人员值班制度	8	家园儿童行为规范
9	家园设备物品管理制度	10	工作人员职责分工

家园的宣传：将信息送达社区的每一个角落

家园的宣传也是不遗余力。家园将社区服务中心的外墙涂上醒目的彩绘图画，用来吸引儿童及家长的注意力；将制作的展牌悬挂在社区的各个主要路口，用于宣传儿童保护的理念；通过各楼院长发布活动信息，动员儿童及家长参与；定期组织大型活动引起社区居民的关注；等等。目前，社区内80%以上的儿童和家长都知晓了家园，并积极地参与到各项活动中。

家园的服务：搭建起社区儿童参与的平台

经过六年探索，家园已经形成了一些比较具有特色的活动和服务品牌，得到了社区儿童及家长的喜欢。

◆家庭教育树新风，新型家长渐养成

一位家长说："以前，我总以为黄荆条下出好人，孩子在他未成年之前就应该听父母的话。所以，我对孩子的教育非常严格，孩子也挺怕我的。青春期到来后，孩子开始变得叛逆，我对待他的方法也简单粗暴，骂他、罚他做家务是常有的事，越是这样，孩子与我越疏远，我很苦恼。但是在参加了几期家庭教育讲座，听了专业人士分享的育儿经验后，我很受启发，知道从孩子的角度考虑问题，体会他的感受很重要，换一个角度看问题，解决问题的办法自然也就更多些。"

家园围绕社区家长的困惑，定期邀请专业人士为其提供免费的家庭教育培训，让家长树立正确的育儿观，从儿童的视角来看待问题，学习与孩子沟通的技巧。

◆主题活动添乐趣，社区参与我最行

一位孩子说："我特别喜欢这些活动，因为很多活动我都参与了策划，当我的想法能被社工老师听取的时候，就特别有成就感。"

另一位孩子说："我最喜欢运动类和比赛类的活动，每次我都可以当裁判，能找到一种当将军的感觉，哈哈。"

还有孩子说："爷爷奶奶叫我'活动组织小能手'。我是家园的志愿者，也是儿童委员会的成员。在暑期才艺展活动里，我和其他几个小朋友一起负责现场事务，调试音响、拍摄图片、现场信息联络等都有我们参与其中。这锻炼了我的协调组织能力。在学校，我也被选为班干部。"

家园通过趣味运动会、儿童才艺展等主题活动，让孩子们充分参与到活动的策划、组织、协调和管理的过程中。他们不仅是活动参与者，更是活动的组织者和动员者，由此培养他们的参与感和责任感，将儿童参与的理念付诸到行动实践中。

在“六一联欢会”上，小朋友月玥（化名）临时现场报名参与活动，家园没有拒绝，给她机会，鼓励她大胆参与。活动主持人也由工作人员改为学生。他们落落大方，活泼灵气，自编串词，机智应对现场变化，给居民们留下了深刻的印象。

2016年4月，家园让7岁的丫丫（化名）主持亲子运动会。她稚嫩好听的童音以及为运动员们加油鼓劲儿的热情一下子就烘托起了运动会的气氛。家长们也是纷纷称赞。第一次当主持人的经历给了丫丫很大的信心，表示以后有机会还要当主持人。

机场路小学六年级的学生们自发组成了学雷锋小分队，放学后来到社区里，开展“红领巾进社区”的义务劳动。一位社区工作人员说：“当学生们来到社区时，我们感到很惊讶，以前类似的活动都是由老师带队或家园组织，没想到孩子们自发地来到社区搞活动。这也从另一个方面说明了家园开展的活动拉近了社区与孩子的距离，也培育出了孩子们的公德。”

◆安全教育强意识，自我保护动起来

寒暑假时间家园会邀请社区民警来开设安全知识课堂，讲解烟花爆竹燃放注意事项、日常生活安全防范须知、消防安全知识等内容，并让孩子们亲自动手学习如何使用灭火器等，不断提升儿童的安全防范意识和能力。

家园还举办了“如何提高未成年人的自我保护意识”为主题的手抄报活动，共征集作品356件，从中评选出优秀作品并在社区中进行展示。孩子们通过文字、绘图等方式呈现了关于他们对安全防范问题的认识和理解。同时，展示活动也让更多的孩子和家长了解到安全保护意识和防范能力的重要性，加强了对安全问题的重视。

◆公益活动巧增能，温暖送进居民家

在春节来临之际家园举办了“赏书法、送祝福、倡安全、迎新春”的公益活动。首先，邀请社区书法老师为孩子们现场展示书法才艺，孩子们在老师的指导下自己动手写春联，感受中国传统书法艺术；然后孩子们将写好的春联送给社区里的孤寡老人、空巢老人和老党员、老八路们，给老人们送去新春祝福。孩子们的到来给老人们带来了欢愉，一声声“奶奶好”“爷爷好”的称呼让老人脸上堆满了笑容。

每年3月的植树节，家园也会组织五、六年级的孩子们参加“我为省会添绿意，我伴小树共成长”的植树活动。孩子们在没有家长陪同的情况下，亲自动手栽下一棵棵小树苗，为其松土、紧土、浇水。一个孩子的妈妈后来说：“我家孩子回去后可高兴了，说自己做了一件很有意义的事。还说感觉肚子饿了，吃饭可香了。以后这样的活动我得鼓励孩子多参加！”

◆家园的自主管理：儿童委员会和家长委员会

社区儿童友好家园还在经常来家园参加活动的儿童和家长中推动成立了儿童委员会和家长委员会。

儿童委员会由孩子们民主推荐、选举产生，共5人（全是二至五年级的小学生，具备组织、动员社区儿童参与活动的基本素质和能力）。家园尊重儿童委员会及社区儿童们的意愿，征求他们对活动的意见、建议以及有关家园建设的想法。这对于完善家园建设和提升服务水平具有很重要的意义。

家长委员会也是5人，他们都具有一定的组织能力和号召能力。家长委员会的主要职责是掌握“家园”上一季度的活动开展情况，与“家园”共同策划下一季度活动方案，协助“家园”组织儿童参与活动。

钟南路社区儿童友好家园自成立以来，一直秉持着提升社区居民儿童权益意识的理念，在开展儿童服务工作中注重倡导儿童权利、启迪居民对儿童权益的认识，并促进儿童参与。家园的努力得到了儿童和家长们的强烈认同和欢迎，现在家园已经成为社区里一道亮丽的风景和名片。

案例点评

钟南路社区儿童友好家园是一个以社区为基础的儿童保护服务平台。历经六载悉心探索，它逐渐形成自己的运作风格和特色，其在运作模式、服务手法等方面有值得借鉴之处。

1. “三位一体”的运行格局保障了儿童友好家园服务的专业性、有效性和可持续性

从钟南路社区儿童友好家园的工作人员情况可以得知，其运行团队采取的是“三位一体”的运行格局，即主管单位工作人员+社会服务机构专业社工+大学生和社区志愿者三类不同角色的分工合作。钟南路社区居委会作为“家园”的主管单位，为其提供场地设施、经费支持、人员协调和业务督导等多方面的保障。社会服务机构的专业社工在活动的策划、实施、评估等方面引入专业视角和方法，提升了服务质量，并对某些特殊的个案进行跟进，做好个案管理和支持服务。大学生志愿者和社区志愿者利用业余时间参与家园的多项工作，既解决了家园人手不足的问题，又使自身得到锻炼，实现了自我价值。三者的通力合作保障了家园服务的专业性、有效性和可持续性。

2.着力推动儿童参与的服务手法体现了儿童友好家园的精神

《联合国儿童权利公约》指出，儿童享有生存权、发展权、受保护权和参与权。参与权是儿童的四项基本权利之一。如何有效保障儿童参与权的实现一直是我国儿童工作中的一大难点，也是极易被忽视的方面。该家园在组织儿童参与各项活动时，特别重视变“被动参与”为“主动参与”，用“我要参与”代替“要你参与”。例如，“家园”开展的许多活动在策划、组织、实施阶段都有儿童及家长的参与，工作人员充分听取他们的意见及建议，开展一些儿童和家长都喜欢的主题

活动。儿童委员会和家长委员会的建立更是凸显了“家园”工作的民主参与、民主协商的机制和氛围，使得儿童和家长对“家园”和社区产生强烈的认同感和归属感，从而成为社区儿童保护工作的重要自组织力量。

桃花朵朵开

——山西省太原市迎泽区老军营桃南二社区儿童之家

“人之初，性本善。性相近，习相远。苟不教，性乃迁。教之道，贵以专……”桃南二社区国学班开课啦，孩子们正在津津有味地上着课。

桃南二社区儿童之家的一名家长自发组织儿童举办了“国学班”，利用每周三和周六下午的时间，由家长朋友邀请国学老师在社区儿童之家进行国学学习，社区主任李建芳女士表示此项活动受到了广大儿童家长的热捧，也取得了很好的成果，通过社区这一平台，“国学班”的儿童先人一步学到了博大精深的国学文化。

老军营桃南二社区儿童之家国学班正在进行“诵经典”活动

桃花盛开时

老军营桃南二社区儿童之家位于桃南二社区内，坐落在桃园南路上，附近有成熟的居民区，临近汾河公园，环境舒适安全，为社区儿童搭建了一个让家长放心的活动平台。社区儿童之家在各级妇联的支持和指导下创设，整合社区原有“阳光五点钟”——读书俱乐部资源改建。老军营桃南二社区儿童之家于2013年10月正式开园。桃南二社区儿童之家的主管单位为桃南二社区党总支，儿童之家的活动开展完全依托社区，社区两委和社工同时兼任儿童之家工作人员，并且把社区日常工作穿插在儿童之家工作中，让儿童之家的活动更加立体，更加丰满，吸引越来越多的儿童参与其中。

老军营桃南二社区儿童之家室内缩影

桃南二社区儿童之家室内总面积是56平方米，共一个功能区，用来让儿童读书学习和开展活动。该功能区中间为一个大型会议桌，周边三面为书架，书架上陈列各类图书供儿童参阅。儿童之家从早上八点半开放，到中午十二点，下午从三点开放到六点结束。平均每周开放40小时，儿童之家的开放时间基本与社区的工作时间同步。桃南二社区儿童之家举办以来运行有序，中间没有任何波动影响其运行。

为更好地发挥儿童之家的作用，社区创新建设读书俱乐部、社区大讲堂、阳光五点钟三个活动，真正让桃南二社区“儿童之家”成了孩子们的快乐大本营。

桃子成熟时

◆读书俱乐部

读书学习演讲活动。儿童之家每年的寒暑假都要进行“读书魂”为主题的读书演讲活动。每周会开展“乐舟读书会”，让孩子们走进社区学讲国学，提升对祖国文化的认识，增加民族自豪感。组织孩子们开展“读好书谈感受”活动，有的孩子说，爱看侦探类的书，会学习自救。有的说爱看历史书籍，体会国家博大精深的文化。还有的说爱看百科类的书籍，增长知识，还有的说，读书能使人快乐。

各类宣传活动。发挥辖区内相关单位资源优势，宣传儿童优先、尊重儿童的理念及相关政策法规，广泛开展法律知识、安全知识、灾害自救、紧急救护等教育活动及相关实践，引导未成年人树立法律意识、安全意识、团队意识和环保意识，提高生活自理、自我保护、紧急避险和社会生活等方面的能力。开展“安全在身边做好自身防护”为主题的安全教育，由省消防总队、省交通管理局提供车辆，走近消防基地，实地体验火灾现场带来的危害和如何实现自救。

老军营桃南二社区儿童之家开展“安全在身边做好自身防护”主题安全教育

◆社区大讲堂

道德实践活动。组织社区儿童开展革命传统、文明礼貌、敬老爱亲、节能减排等道德实践活动，倡导社会新风，开展志愿服务，让未成年人在实践中陶冶情操、提升素养。 邀请老革命宋福才对孩子们进行主题革命传统教育。还邀请杨义等6位离休干部在“七一”来临之际走进社区，用他们亲身经历的革命生涯为孩子们讲授今天的幸福生活来之不易。

老军营桃南二社区儿童之家开展社区大讲堂系列活动

家庭教育实践活动。以“双合格”活动为载体开展家庭教育工作，通过宣传、讲座、咨询等活动，传播科学家教知识和方法。为营造学以致用、互学互助的氛围，社区邀请了本社区家庭成员参加知识竞赛、文体比赛、座谈会。

社区在社区广场举行祖孙三代文化游园活动，以家庭为单位，通过让祖孙三代人同台表演，同场比赛、同时娱乐，拉近彼此之间的距离；举办老少同谋社区发展座谈会、亲子课堂、家庭教育等家庭成员共同参加，互动学习，敞开心扉，让社区家庭成员直观地了解成员间的学习生活，携手共同学习。

◆ 阳光五点钟

阳光五点钟是学校、社会、社区教育的有效延伸和拓展。

老军营桃南二社区儿童之家“阳光五点钟”系列活动

“我们一起写作业活动”。为了解决家长们的后顾之忧，社区妇联从紧缺的办公场地中腾出一间50平方米的活动室，给辖区孩子们提供一个看书、写作业的场所，深受孩子、家长和学校的好评。

“走进基地体验活动”。组织孩子们走进太原博物院，参加博物院的“我是小小解说员”的体验活动，进一步了解三晋文化，学习三晋文化。结合城乡清洁工程，开展了“我眼中的城乡清洁工程”活动，春节刚过走上街头清扫开门炮，走进饭店、居民家中宣传光盘行动，组织读书演讲活动，我是小小表演家等活动，使孩子们的非智力因素在潜移默化中得到提高。

“积极开展结对帮困活动”。我们通过“社会助学、社区助学、爱心助学”的形式，对社区贫困学生进行帮扶。区妇联每年慰问辖区的贫困家庭，共慰问帮扶6户家庭。大学生志愿者走进社区，同农民工孩子开展“同在蓝天下共享幸福生活”为主题的读书活动，帮困助学活动的大力开展，进一步激发了学生学习的潜能，促进他们德智体的全面发展。

桃子丰收时

桃南二社区儿童之家自举办以来来园活动的儿童累计为472人次，家长累计168人次，其他社区居民累计88人次，儿童之家开展各类活动累计238次。经社区统计，社区儿童之家重点服务的儿童主要是辖区8岁到16岁之间的儿童。

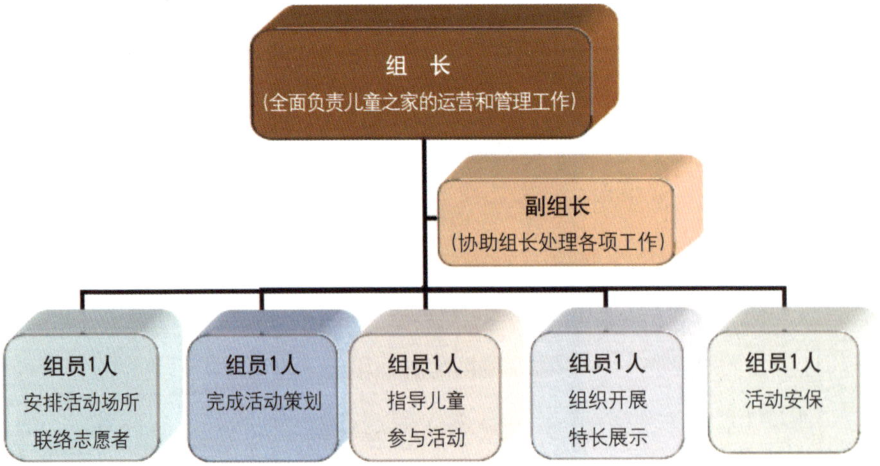

前来参加活动的孩子小远（化名）说："社区儿童之家就像我自己家一样，我在家里很开心，可以找到我喜欢读的书，学习到在学校学不到的知识。"李主任说道："社区儿童之家运行以来，受到了广大家长朋友的支持和认可，同时也受到了上级妇联部门的持续关注和指导帮助。"

案例点评

老军营桃南二社区儿童之家在各级妇联的支持和指导下创设，社区儿童之家的主管单位为桃南二社区党总支，社区有专门负责儿童之家的同志负责家园事务。街道妇联经常深入社区儿童之家督导和支持儿童之家具体工作的开展，对于社区儿童之家内的困难儿童和家庭进行摸底登记以便在合适的时机上报迎泽区妇联给予适当的救助，并且经常组织儿童之家工作人员进行集体学习，确保社区儿童之家活动能够切实开展到位。

1.深入基层，管理规范

桃南二社区儿童之家所在的桃南二社区居委会在社区儿童之家的具体运作过程中起着举足轻重的作用，社区儿童之家的活动开展完全依托社区，社区两委和社工同时兼任儿童之家工作人员，并且把社区日常工作穿插在儿童之家工作中，让儿童之家的活动更加立体，更加丰满，吸引越来越多的儿童参与其中，比如，2016年6月5日，社区掀起在辖区范围内宣传消防安全的热潮，儿童之家利用这一契机，让十三名儿童和十名志愿者参与进来，同社区工作人员一起走上街头，在各个大小门面房进行了一次广泛的消防安全宣传活动，活动收到了很好的效果。

2.设备完善，服务多元

桃南二社区儿童之家室内有图书、饮水机、跳绳、毽子、篮球、乒乓球、羽毛球等体育用品。社区儿童之家开办以来，受到各级妇联的指导和帮助，太原市妇联为社区儿童之家添置价值5000元的体育活动器材，迎泽区妇联为我社区儿童之家购置5000元的图书、饮水机、空调扇等。为更好地发挥儿童之家的作用，社区创新读书俱乐部、社区大讲堂、阳光五点钟三个活动载体，真正让桃南二社区“儿童之家”成了孩子们的快乐大本营。

3.社区融合，优化建设

桃南二社区儿童之家在社区中主要通过开展活动、邀请媒体进行宣传以及工作人员亲自深入各个居民院落进行宣传等方法来加强儿童之家的服务建设。几年来，经过广泛宣传，收到了很好的效果，前来儿童之家入园的儿童日益增多，吸引了越来越多的儿童及家长主动找到社区要求登记。就在去年的暑期，一位来自杏花岭区的家长，主动来到社区要求把她的孩子登记在儿童之家活动名单中，她是慕名而来，在报纸上看到社区儿童之家活动开展得不错，特意来咨询，希望自己的孩子可以参与进来。

成长在蓝天下共享民族特色家庭温暖

——内蒙古自治区呼伦贝尔市鄂温克旗巴彦托海镇赛克社区儿童友好家园

“天苍苍，野茫茫，风吹草低现牛羊”是人们对北方草原的第一印象。在内蒙古呼伦贝尔市鄂温克旗巴彦托海镇赛克社区里，有一个专属于当地孩子们的小天地——儿童友好家园，她是当地政府和社区为孩子们建设的一片“专属蓝天”。

家园建设

鄂温克旗赛克社区儿童友好家园遵循全面参与、儿童优先、普惠性和公益性的原则，以社区为基础，为巴彦托海镇的学生，特别是牧民子女、贫困儿童、留守儿童、流动儿童及其家庭提供游戏、娱乐、教育、卫生与社会心理支持等一体化服务，为当地儿童的茁壮成长提供了健康、快乐、平等、和谐的大环境。赛克社区儿童友好家园成立于2013年11月，是鄂温克族自治旗首家区级“儿童友好家园”，活动空间约为300平方米。家园建设初期，内蒙古自治区妇联为其投入5万元资金购置基本的设施设备。

赛克社区儿童友好家园，位于社区办公楼内。办公楼一层是社区一站式服务大厅及乒乓球、台球活动室。沿着楼梯上二层，可以看到走廊两侧充满童趣的墙面，沿着走廊往里就能看到儿童友好家园黄色的标牌。打开家园大门，映入眼帘的是摆放在正中间的一组长条桌，配以白色的椅子，干净整洁。在家园活动室的左侧是两个摆放着各种科教用具及玩具的书架，墙面上粘贴着由孩子们制作的样式繁多的手工艺品。家园活动室的右侧，铺设爬行垫并安装了带有篮筐的小滑梯。每到周末，孩子们都喜欢来这里游戏玩耍。

家园关爱

“作为儿童友好家园的工作人员，我亲身参与了家园为孩子们提供的周末特色班服务。每到周六上午，刚走到二楼，就能听到孩子们的嬉闹声。在音乐绘画室，我们为孩子们支起了不少画架，有好几个孩子在这里画油画。他们身边有工作人员和家长进行指导，一会儿涮涮笔，一会儿蘸颜料往纸上涂色。除了油画，还有一些孩子在宣纸上作画，画一些具有民族特色的作品来传承我们鄂温克旗独特的民族文化。我们举办这个特色班的初衷是为了凸显民族特色，希望培养一批热爱民族文化的青少年，促进鄂温克民族优秀传统文化的进一步传播与发扬。这个特色班是最受家长和孩子们欢迎的活动之一。”家园工作人员说道。

在音乐绘画室的对面是电子阅览室，放置了8台电脑、一个放满适龄孩子图书的大书架、还配有舒适的儿童椅，供孩子们看书使用。人们常说“书山有路勤为径，学海无涯苦作舟”，“读书破万卷，下笔如有神”。古时读书仅限于纸制书籍，如今除了纸制书籍，人们还可以便捷地通过互联网读书。在家

“书香鄂温克”全旗少年儿童读书分享会上，小朋友们以演讲的形式推荐自己读过的好书，分享自己阅读的感想和体会，传播了乐观、积极、向上的精神力量和读书观。

园，孩子们可以免费使用电脑上网。每个孩子用电脑做了什么，使用多长时间，工作人员都会进行登记。这就是具有现代特色的读书新方式，上网与手捧书相结合，使读书变得不再那么枯燥无味了。

家园里，针对小朋友而设的功能还有不少，家长和小孩们都很喜欢这里。除了上述的音乐绘画室、电子阅览室，家园还开设了科普活动室、亲子活动室、心理亲情室。同时，为增强家庭教育的实效性，旗妇联依托家园成立了鄂温克旗家庭教育辅导站和未成年人心理咨询室，使家庭教育活动的开展有了特色阵地。此外，家园还创建了家庭教育讲师队伍，吸纳有相应知识水平的退休老领导、老教师及有相关资质的社会志愿者加入“家庭教育讲师团”。讲师团以志愿服务的形式向青少年、儿童和婴幼儿家长以及家庭教育工作者进行指导培训，讲解科学的家庭教育方式方法、婚姻家庭相关法律咨询服务等；传播正确的家庭教育理念，普及科学的家庭教育知识和方法，形成了统揽0—18岁年龄段未成年人的家庭教育网络。

在自治区妇联项目配套之外，旗妇联还自筹10万元资金充实家园的5个独立功能室。在这里，孩子们可以开展各种活动，丰富他们的课余生活。

洋洋（化名）今年上小学三年级。妈妈常女士只要有空，就会带洋洋来家园。常女士说：“家里只有她一个孩子，每天除了写作业就是看电视，也没人陪她玩。”洋洋来了这里，可以看书、画画，还认识了许多同年级的小伙伴，性格也变得开朗了许多。

心理亲情室一角

工作人员王姐，已在家园工作三年。她的工作主要是帮助整理玩具，打扫园区的卫生，登记来访儿童的详细信息。她说她很喜欢和小朋友相处，小朋友还会和她说许多有趣的事，看着小朋友和家长那么开心，自己累一点儿也不算什么。

孩子们在儿童友好家园画画

去年，家园举办了“我的新年梦想”少儿现场绘画比赛和“如何给孩子幸福”“幼小衔接与习惯养成”“做智慧父母”等主题活动和专题讲座。其中，“教子有方”情景剧表演，补充了家长的家庭教育知识，增进了家长与子女的沟通，推动家庭教育工作主动顺应新形势下未成年人思想道德建设的需要。

家园举办情景剧表演活动

家园活动

家园的开放时间是每周二至周日上午8：30—11：00，下午13：30—16：30。

为加强家园各项工作的领导和部署，家园成立了民族特色班工作领导小组，由旗少年宫副主任主管特色班教育教学工作，其他教师分别承担各自所教特色班工作，由旗少年宫专业部根据特色班情况进行统筹规划、指导和考核，确保各项工作落到实处。家园根据少儿兴趣开设了民族舞蹈、电子钢琴、蒙授美术、汉授美术、民族手工、蒙授书法、汉授书法、鄂温克语绘画八个特色班。每到周末有近100名少年儿童参加免费培训。今后，家园将立足需求，以孩子为中心，开展多种益于孩子们身心健康的活动，力争成为居民满意、家长放心、孩子喜欢、独具特色的儿童家园。

案例点评

赛克社区儿童友好家园旨在为儿童及其家庭提供以社区为基础的游戏、娱乐、教育、卫生与社会心理支持等一体化服务，促进社区儿童在健康、快乐、平等、和谐的环境里茁壮成长。

1.健全组织网络，加强制度建设

作为鄂温克旗首家区级“儿童友好家园”，当地旗委、政府高度重视家园工作，在硬件投入方面做到资金充裕、设施完备，在软件配套方面做到资源丰富、人员到位。

在项目配套之外，旗妇联自筹10万元资金充实了家园硬件设施，开设亲子活动、音乐绘画等5个独立功能室，建立《心理亲情室管理制度》《亲子活动室管理制度》等各室制度，建立家园安全评估指标体系，成立家长和儿童组成的监督小组，负责对家园工作的监督，规范对专兼职工作人员的管理工作，这些努力共同构成了科学规范的家园管理模式。

2.抓好基础工作，建设家庭教育网络

为增强社区家庭教育实效，旗妇联依托家园成立了鄂温克旗家庭教育辅导站和未成年人心理咨询室，使家庭教育活动开展有了特色阵地，形成了统揽0—18岁年龄段未成年人的家庭教育网络。这不仅为旗妇联的工作提供了阵地，也进一步提升了家园工作的专业性和服务的多元化。

3.整合特色资源，传播民族文化

鄂温克旗作为我国三个少数民族自治旗之一，拥有自己独特的民族文化。当地的传统文化传承与社会经济发展出现了脱节现象。为使更多当地儿童继承和发扬民族特色文化，家园因地制宜，设立了社区少年儿童培训基地，利用周末时间开展儿童兴趣培训与指导，致力于本民族的特色教育教学，从儿童入手传承民族文化。

大山里的家园，儿童快乐的源泉

——辽宁省鞍山市岫岩县新甸镇乐全村妇女儿童之家

下午3：30，放学铃声响起，鞍山市岫岩县新甸镇中心小学一年级的小颖（化名）找到邻居家的哥哥："哥哥，我们一起去妇女儿童之家写作业吧？""好啊，一起看书、写作业去！"说着，俩人欢快地来到妇女儿童之家找徐老师报到。

因为父母常年在外打工，小颖平时由爷爷奶奶照顾，升入中心小学一年级以后，由于没人接送，儿童之家的徐老师就安排同村的邻居家哥哥每天负责接送小颖，来到家园之后小颖和其他小朋友一起在这里学习、玩耍。儿童之家的出现，为很多乐全村的小朋友们带来不一样的成长环境。

家园由来与基本情况

乐全村位于辽宁省鞍山市岫岩县新甸镇的大山深处，村里青壮年大多外出打工，很多留守在家的孩子得不到悉心照料。为解决这一现实问题，在辽宁省妇联牵头下，在市县妇联、乡镇政府、新甸镇老年志愿者协会等单位的大力支持下，乐全村于2014年在村委会大院内修建了乐全村妇女儿童之家。乐全村妇女儿童之家场地建设投入12万元，设备一次性投入1万元，于同年4月正式开园。家园总面积762平方米，其中室内面积162平方米，有电子琴室、阅览室、美术室和乒乓球室；室外面积600平方米，有篮球、羽毛球等活动场地。

乐全村妇女儿童之家外景

乐全村妇女儿童之家现有2名工作人员，均为幼师专业毕业，负责家园日常管理、艺术教学等工作。为确保长期有效地开展服务，儿童之家进一步整合了乐全村村委会、新甸镇老年志愿者协会等资源；携手退休教师徐老师、李老师等人员以志愿形式参与家园的日常工作，志愿者的加入进一步增强了儿童之家的团队力量。

徐老师曾经是中心小学的一名教师，退休以后，她主动申请成为儿童之家的志愿者，每天看护放学后无人照看的孩子们。徐老师说："这些孩子们本应该在父母的身边享受着亲情关爱，如今他们远离父母，过早地开始了独立的学习生活，我要尽自己的力量去帮助孩子们健康快乐地成长！"在工作人员和志愿者的共同努力下，儿童之家周一至周五课后对孩子们开放，周六周日全天开放，每周服务时长30小时以上。

家园的服务与活动

课后照料服务是儿童之家的基础性服务。村里的孩子们可以在放学后和假期到儿童之家，由家园的工作人员进行照看并组织开展活动。在前期积累的基础上，儿童之家根据村庄的现实情况，开展了丰富多彩的活动，如阅览室读书活动、美术活动、电子琴活动和球类活动等。

孩子们在家园学习电子琴

1.假期书法班

暑假对于乐全村多数孩子而言，是相对迷茫的。特别父母不在身边的孩子，除了看电视和疯玩，不知道漫长的暑假应该如何度过。针对这一情况，儿童之家组织了周边30多名儿童，聘请退休老教师给孩子们免费开展书法培训。参加书法班活动的孩子最小的还在上幼儿班，最大的在上小学四年级，老师从如何握笔、提笔、书写，都手把手地教授，更多的孩子把退休老教师称作“爷爷”。

为了使孩子能和父母更好地互动，儿童之家邀请家长们一起参加孩子们的书法班结业典礼暨颁奖仪式。家园辅导班的老师肯定了孩子们的学习态度，分别评选出了优秀生、良好生、进步生，并给每位小朋友发放了奖状，让孩子们体验到了付出与收获的快乐。“下个暑假我们还来啊！”孩子们天真烂漫的笑脸和笑声感染着在场所有的人。通过两个月的少儿书法入门学习，孩子们既学到了书法的入门知识和技巧，也结交了很多的好朋友，更主要的是让孩子们在整个暑期有了“期望”，有了快乐的“劲头”。

暑期书法班练习

参加室外游戏

2.留守孩子专项服务

留守儿童的教育问题是我国农村地区普遍面临的一大难题，乐全村也有不少父母外出打工，自己和爷爷奶奶留守在家的孩子们。为此儿童之家一方面经常性地组织留守儿童参与家园的文体娱乐活动，和家园的孩子们一起互动、交流，从而充实他们的课后生活；另一方面每学期组织留守儿童给在外打工的父母写封信，汇报自己在学校及家中的学习生活情况，并向父母倾诉自己的情感。

与此同时，儿童之家的工作人员也从感情上陪伴村里的留守孩子。村里5岁的小朋友小禹（化名），现就读幼儿园大班，父母都是船员，常年不在家。儿童之家的“爱心妈妈”张老师，经常给小禹带去妈妈般的温暖。衣服小了，张老师会给他买一件新的换上；放学饿了，张老师会带些好吃的放在儿童之家留给他；发现小禹总是偷偷地看哥哥姐姐学琴，张老师就手把手地教他。小禹早已将张老师看成自己的妈妈，一声“张妈妈”就是对张老师最好的回报。

3.多元化服务

除了在直接照顾、培养孩子等“硬”的方面下功夫，儿童之家在“软”的方面也十分重视。家园非常关注孩子们的身心健康发展，尤其是留守儿童，为此设立了心理健康咨询室，由1名专门的工作人员负责，对儿童显性和隐性的心理压力进行疏导，为成长过程中的孩子们排忧解难，帮助他们走过人生发展的关键时期。在日常的工作中，家园也会有意识地开展生存教育、道德教育、安全教育、法制教育等内容，帮助孩子们从小树立正确的意识，从而茁壮成长。

除了照看和教育好孩子，家庭和社区环境对于孩子的成长同样十分重要，为此儿童之家针对大人开办了家长学校。家园依托各学校办好家长学校，对家长开展家庭教育培训，引导他们正确教育儿童，不要溺爱孩子，当孩子做错了事要及时管教，一般情况下，不要满足孩子正常需要之外的要求，以养成孩子自我克制的习惯；提醒家长注意与学校和老师保持经常性联系，及时了解孩子的发展状况，使儿童受到更多的监督、照顾与关爱，减少儿童受教育的断层与真空。

家园的管理制度

为确保家园工作长期平稳开展，乐全村妇女儿童之家在工作中逐渐摸索、制定了一系列适合自身的管理制度，涵盖家园日常管理、扶贫帮困、志愿者服务等多个方面。

1.儿童之家日常管理制度

（1）建立儿童跟踪管理档案。儿童之家对儿童登记备案，分类区别对待，进行有针对性的教育和管理，随时了解留守流动儿童的学习情况、生活状况和思想动态等，有针对性地对他们进行帮助和引导。

（2）儿童之家非常注重与各学校和家长加强联络，充分利用假期或春节家长回家的时机，召开儿童家长会，与家长交流，确保对儿童的教育产生合力效应。

（3）儿童之家重视儿童的身心健康，开通家长（监护人）热线，经常与家长（监护人）联系，了解孩子在家的情况，以便及时帮助辖区儿童。

（4）工作有创新。儿童之家结合工作特点，创造性地开展儿童工作及相关活动，真正发挥作用。

（5）活动有记录。儿童之家活动有记录、有信息、有图片，并同时向上级妇联反馈。

2.儿童之家志愿者服务制度

（1）建立一支爱心志愿者服务队伍，登记造册，落实服务项目。

（2）志愿服务要充分体现服务特色，努力在儿童和家庭所需、志愿者所能的结合点上做好便捷周到的服务。

（3）以生活贫困、单亲、孤残儿童及家庭等为重点服务对象，开展经常性的扶贫助困活动。

（4）以权益维护、生活安全、心理健康等为重点，经常性地组织开展普法宣传教育活动。

3.儿童之家扶贫帮困制度

（1）经常深入贫困、留守、流动、孤残儿童家庭，走访调查，关心困境儿童需求，及时解决问题和困难。

（2）以贫困、留守、流动、孤残儿童及家庭作为重点帮扶对象，开展结对帮扶活动。

（3）协调各方面力量，争取助学资金，帮助困境儿童缓解上学难问题。

（4）对重点帮扶对象登记造册，并联系结对帮扶者，建立健全相关扶贫帮困档案。

4.儿童之家表彰制度

（1）结合实际，拓展儿童工作领域，完善工作机制，创新工作方法，丰富活动载体，促进整体工作进步。

（2）开展工作评比活动，做到年初有计划、半年有检查、年终有总结，档案齐全完整、装订规范。

（3）表彰奖励优秀儿童工作者和优秀志愿者，推动儿童之家不断发展，提高服务儿童水平。

案例点评

乐全村儿童之家是一所典型的农村儿童之家。在有限的条件下，在现实的需求前，乐全村儿童之家借助多方力量，在实际工作中按照儿童优先、因地制宜等原则积极探索，为其他农村儿童之家积累了举办和工作经验。

1.儿童优先，需求导向

儿童优先是开展儿童之家工作最重要的原则之一，乐全村儿童之家创办的初衷便是解决由于父母外出打工等原因导致的儿童得不到悉心照料这一现实问题，以儿童的需求为工作的出发点和落脚点，这是乐全村儿童之家能够取得当前成绩的重要原因。

2.因地制宜，灵活变通

农村地区开展儿童之家工作客观上会存在一定的困难，如场地缺乏、人员不足等。乐全村儿童之家直接把家园建在村委会大院，一方面解决了场地问题，另一方面其实也为村委联系村民提供了便利。在人员方面，乐全村儿童之家灵活调动乡镇志愿者、退休老教师等资源为儿童提供服务。此外家园也积极运用当地学校平台，与儿童家长建立联系，灵活的工作方式有助于工作的顺利开展。

3.健全制度，规范工作

工作一时做好可以靠热情，但要一直做好就需要制度做保障。乐全村儿童之家建立日常管理制度、志愿者服务制度、表彰制度为日常服务提供了依据和激励；此外扶贫帮困制度的建立很好地将家园工作与精准扶贫大局工作紧密结合，有助于儿童之家发挥更积极更广泛的作用。

携手亲子共成长

——吉林省敦化市渤海街道红旗社区儿童之家

“抱稳啦，孩子……”

“爸爸加油！爸爸加油……”

这是2016年6月1日由吉林省敦化市红旗社区儿童之家联合当地幼儿园，组织社区家长和孩子们共同开展的“亲子趣味运动会”上的一幕。自2013年正式开园以来，红旗社区儿童之家每年都会组织一些亲子互动活动。亲子系列活动也是红旗社区儿童之家的一大特色。

依托辖区现有资源，多方共建儿童之家

1.红旗社区儿童之家的由来

2009年，敦化市政府为解决社区缺少办公用房问题，在红旗社区棚户区改造过程中新建了占地面积5400平方米，建筑面积7800平方米的社区办公用房及居民活动场馆。活动场馆于2011年正式开馆，以五大球类和健身场地为主，包括篮球场、排球场、网球场、羽毛球场、乒乓球场和健身房。

2012年春节，在社区工作人员走访入户过程中，不少社区居民提出希望社区能够提供妇女和儿童的活动场所。走访结束后，社区经讨论初步形成了增设“妇女之家”和“儿童之家”的方案并上报街道党工委。在市妇联及街道党工委的支持下，红旗社区儿童之家正式成立并下设图书阅览室、刀画培训中心和16点阳光驿站；同年，在市妇联的指导下，红旗社区儿童之家成功申报为敦化市第一个省级儿童之家建设试点单位，并争取到省政府援建的总价值2万元的学习娱乐设备，这些设备进一步补充了红旗社区儿童之家的设施设备。

至此，红旗社区儿童之家初步完成了硬件设施建设，并由社区工作人员和志愿者共同运营。

2.依托周边，共享资源

在2013年正式投入运行的初期，红旗社区儿童之家主要依靠图书阅览室、刀画培训中心和16点阳光驿站开展对应的服务活动。但这几项服务并不能完全满足社区儿童的需要，在这种情况下社区着手利用周边丰富的场馆资源，将儿童所需的乒乓球、羽毛球、篮球等场馆分时段，以“无偿、低偿和有偿”三种不同的方式经营，其中以无偿的方式提供给儿童之家使用。

3.持续投入，逐年加强

“巧妇难为无米之炊”，红旗社区一边通过变通的方式维持儿童之家的运行，一边积极联系上级部门、为儿童之家建设争取更多的专项资金。

2013年6月，在社区办公及场馆用地的基础上，儿童之家在街道的支持下投资12万元建成占地面积100平方米的“亲子乐园”，针对3—10周岁儿童身心发展特点，设置娱乐、学习、休息、等候四个活动区域。

亲子乐园一角

孩子们在亲子乐园玩耍

2014年7月，儿童之家针对0—6岁婴幼儿增设了敦化市第一家室内婴幼儿游泳馆，同年增设了儿童武术馆、跆拳道馆、青少年篮球、羽毛球、乒乓球培训基地、少儿舞蹈班及青少年绿色网吧。2015年，市科协与街道共同投资30余万元组建社区科技馆，为街区中小学提供了科普教育实践基地。在敦化市政府各部门的支持和帮助下，儿童之家巧妙整合或借用上述资源，服务功能不断完善和发展，得到了家长和居民的一致认可和好评。

室内婴幼儿游泳馆	青少年绿色网吧
跆拳道培训	篮球培训

至此，红旗社区儿童之家室内活动总面积达到3240平方米，分为三个楼层。一楼内设100平方米的亲子乐园，120平方米的青少年科技馆，200平方米的乒乓球基地，2000平方米的篮球基地，300平方米的羽毛球基地；二楼设有40平方米的绿色网吧，40平方米的图书室，200平方米的舞蹈室；三楼设有120平方米的武术馆和120平方米的跆拳道馆。其中亲子乐园、青少年科技馆、绿色网吧、武术馆和跆拳道馆专门用于儿童之家工作。

志愿者为儿童之家服务添砖加瓦

红旗社区儿童之家共有35名志愿者，经常参与志愿活动的有15名，主要由高校大学生、热心家长和社区志愿者组成。大学生志愿者们除了为孩子们进行课程辅导外，还开展趣味教学活动（包括舞蹈、美术、手工等）并协助举办各类主题活动（如六一趣味运动会、歌咏比赛等）。社区志愿者把现代信息技术与传统服务方式相结合，服务于留守、孤残、贫困等弱势儿童，做到有呼必应、有问必答、有难必帮，为儿童之家的持续发展提供了有力保障。

除上述志愿者外，社区工作人员、在职党员及各行专业人员也加入家园的工作当中。如心理咨询师林老师、幼教张老师、主持人王先生、敖东书院邹老师等。这些爱心人士的参与让儿童之家的活动内容更加丰富多彩，也更有助于对特殊儿童的专项帮助。在儿童之家每年举办的系列活动中，都能看这些爱心人士的身影。

开展多彩活动，丰富儿童生活

除了开展作业辅导、兴趣培养以及各类娱乐、体育活动外，儿童之家每年会举办面向儿童和家长的系列亲子活动。

1.“书香飘万家，亲子共成长”读书活动

为激发儿童阅读兴趣，营造亲子阅读氛围，同时让家长充分认识早期阅读的重要性，儿童之家每年在“世界读书日”来临之际，都会联合辖区双语幼儿园共同开展“书香飘万家，亲子共成长”读书活动。

活动上，志愿者老师向家长讲解亲子阅读的好处：“念书给孩子们听，就好像和孩子手牵手到故事国去旅行，共同分享一段充满温暖语言的快乐时光……”从而鼓励家长通过亲子阅读的方式，及时了解孩子的心理动态，进行有益的正面引导，让孩子深切体验到父爱母爱的温暖。

亲子阅读活动

家长陪孩子读书

亲子阅读是家长与孩子共同参与的互动阅读活动。亲子共读不仅让孩子享受了阅读的快乐，最重要的是进一步加深了孩子和父母的情感交流。父母也在亲子阅读中更加了解和读懂孩子的内心世界，实现亲子共同成长。活动中，家长们拿起工作人员和志愿者准备好的图书，与孩子一起进入美妙的亲子阅读时光。活动之余，家长们还可以就孩子的教育与受邀前来的专业老师进行交流探讨。

2.依托节日，开展活动

（1）“庆六一”亲子趣味运动会

儿童之家组织辖区家长和孩子们共同开展“温馨家园·感恩父母”庆六一和谐邻里亲子趣味运动会。近80名可爱的小朋友及他们的父母，一起体验了这次丰富有趣的社区亲子活动。

活动中孩子们为家长表演了三句半、舞蹈、心算等精彩节目，随后亲子互动背人比赛和拔河比赛将活动推向了高潮。操场上处处洋溢着家长和孩子们的欢声笑语，他们不断地加油喝彩、助威鼓劲。在快乐的气氛中，家长与孩子们充分体验到了亲子活动所带来的温馨与快乐，孩子们在活动中也得到了锻炼和成长，从而建立起相互尊重、相互信赖的家庭关系。

亲子联谊会表演

亲子互动比赛

儿童之家通过举办亲子活动，在增强亲子之间的亲密关系、加强社区与居民之间沟通的同时，更重要的是为孩子与孩子、家长与孩子、邻里之间的相互交流、相互学习搭建了一个平台。

（2）“我为母亲送祝福”活动

为了让孩子们了解母亲为自己成长所付出的艰辛，理解母亲对自己的期望，懂得如何去感恩，去付出爱、回报爱，儿童之家每年都会组织辖区内的中、小学生及幼儿园的孩子们开展“我为母亲送祝福”主题活动。

孩子们在留言板上用便签写下祝福母亲的话语。还有小朋友用画笔为妈妈画出漂亮的旗袍；并把自己亲手画的旗袍作为母亲节礼物送给妈妈，对妈妈说：“妈妈，我爱您！”

母亲节祝福留言板

我给妈妈送玫瑰

3.关爱留守儿童圆梦微心愿活动

为了更好地在生活和学习上关注留守儿童的成长，儿童之家结合在职党员进社区活动，每年都会做一期“点亮留守儿童微心愿”活动。爱心人士和在职党员用他们的爱心为对接的贫困留守儿童送去书包、文具、书籍等礼物，共同表达对留守儿童的关爱。

在此基础上，每年的活动都会有所创新，例如：2016年，儿童之家联系九洲影城为留守儿童免费播放电影。“圆梦微心愿”活动不仅是一次捐助活动，更是一次爱的接力。留守儿童的父母为了生计在外打拼，与孩子们相处的时间甚少，缺少与孩子们的情感交流。与同龄的有父母陪伴在身边的孩子相比，留守儿童容易产生孤独、自卑的心理，无论是生活还是学习，都需要大家的鼓励和关心，希望更多的人关注和关爱这些孩子，给他们带去更多的温暖，儿童之家和社区工作者会定期上门关心关爱这些留守儿童，让孩子们更加健康快乐地成长。

健全制度规范，确保家园更好运行

得益于社区完备的硬件设施基础、热心的志愿者队伍和丰富多彩的系列活动，红旗社区儿童之家从举办至今始终保持着高效运转的状态。在这背后，健全的管理制度和管理理念发挥着不可替代的作用：

儿童之家管理制度	电子阅览室管理制度
图书借阅登记表	绿色网吧管理制度

此外，儿童之家坚持儿童导向、社区融合和共同参与的管理理念，成立“红旗社区儿童之家家长委员会”和“红旗社区儿童之家儿童委员会”，在儿童之家运行中承担协助管理、志愿服务、监督建议等作用。

儿童之家还通过开展宣传、招募志愿者等活动，促进儿童之家与社区居民的融合。通过志愿者招募，社区居民积极参与到志愿服务活动中来；具有儿童教学、心理学、体育项目教练和儿童康复训练经验的老师，以及社区党员、个体工商业主组成爱心服务队，最大限度地满足了儿童的发展需求，让更多的儿童能在“家”中博览知识、锻炼身体，为儿童工作的深入开展营造了更加有力的社区氛围。

案例点评

红旗社区儿童之家创建源于社区居民的需求，起步发展也具有得天独厚的硬件优势。

1.完备的硬件设施，确保儿童之家高质量运行

强大的硬件设备是确保儿童之家更好运作的物质基础。自2013年开馆以来，红旗社区儿童之家在多方支持下，陆续增添了亲子乐园、婴幼儿游泳馆、儿童武术馆、跆拳道馆、青少年绿色网吧、社区科技馆等专门或共享的场地。这些场地资源将儿童之家的服务从课后照料、作业辅导和体育运动这几个相对局限的方面，拓展到了儿童生活、娱乐兴趣所需的方方面面，对于满足儿童多方面的发展需求起到了重要作用。

2.加强制度建设与社区融合，促进儿童之家稳步发展

红旗社区儿童之家设有专门的领导小组和管理制度，辅以周边场地的管理使用制度，提升了儿童之家的规范性和可控性。此外，成立了“儿童之家家长委员会”，这有助于家园与家长、儿童的沟通，确保提供的服务是家长和孩子们真正所需的。

儿童之家的建设是为了更好地服务社区儿童，使孩子们在一个健康、快乐、向上的社区环境中成长，因而实现与社区的融合尤为关键。红旗社区儿童之家有意识地把儿童之家的工作与社区工作相互融合，不论是社区场馆的共享，还是以活动为载体、在社区进行宣传和志愿者招募，都能看到这种努力。

愿你们在此健康快乐成长

——吉林省辽源市西安区裕明社区儿童之家

"孩子，今天看到社区挂的横幅，说给你们小朋友的礼物——儿童之家已经建好了，明天我们一起过去看看吧？"

"嗯，那明天放学后，爸爸你带我过去吧。"

（第二天下午，儿童之家）

"孩子，我们该回家吃饭啦！"

"马上……马上就来……"

"要是你喜欢的话，以后放学可以先到儿童之家找这里的叔叔阿姨和小朋友们一起玩，爸爸下班后来接你回家吃饭，好不好？"

"好！"

儿童之家外观

儿童之家内景

这是小宇（化名）与儿童之家结缘的故事。自2013年5月裕明社区建立"西安区儿童之家"以来，有20多位像小宇这样的小朋友会固定来这里学习、玩耍。除此之外，还有70名小朋友会时常参与儿童之家举办的各类活动，西安区儿童之家成为当地小朋友名副其实的快乐家园。

西安区留守儿童之家的由来

裕明社区是吉林省辽源市西安区县级直管的村级单位，远离城市中心，辖区范围内鲜有儿童教育与服务类机构。随着经济的发展，加之外出务工人员越来越多，留守儿童的数量也日益增多。当地中小学校放学时间普遍比家长下班时间早，不能接孩子放学、辅导孩子功课，成为许多家长心中一个现实又头疼的问题。一个为孩子们服务的公益性的儿童托管机构成为众多家长心中的期冀。

基于这种情况，2013年社区负责人与区妇联进行沟通协作，本着方便居民、保证孩子安全的考虑，根据社区现有的实际情况，决定整合东山三栋楼的老社区办公场所等资源，并报请省妇儿工委批准，一次性投入20万元启动资金建成社区儿童之家。社区通过张贴宣传标语、校园广播、宣传单等形式宣传“儿童之家”，大力营造关注、关心、关爱留守儿童的社会氛围，让更多的孩子和家庭了解、熟悉儿童之家。随着儿童之家的推广和完善，在辖区居民的要求下，儿童之家将服务范围由原来的7—13岁年龄段逐步扩展为0—18周岁年龄段。

齐全的硬件设施，确保多样化服务

西安区儿童之家面积总计近400平方米，分布于三个楼层。一楼是活动区，孩子们可以在这里跳舞、进行体育运动和球类运动；二楼是学习区和心理辅导区；三楼是课外作业辅导及工作人员办公区。儿童之家内部各类设施设备应有尽有，有桌椅、板凳、书柜、书架、电脑、相机等，还有其他的学习用具及游戏用品。

儿童之家学习区　儿童之家游戏区

孩子们在学习绘画　与家长一起使用电脑

西安区儿童之家举办以来运行稳定，因大部分儿童处于学龄期，儿童之家在春秋季节每周三下午和周六全天开放，在寒暑假期间每周二、四、六全天开放，平均每周开放时长为30小时。自开始举办以来，儿童之家累计服务儿童200余人，开展各类服务活动累计1185次。

成立专门队伍，提供专业服务

除了为孩子们提供课后托管、学习娱乐等服务以外，儿童之家根据早期的走访调查工作和一些活动的开展，发现部分孩子在学习、情感等方面存在一些问题，需要专门的服务，为此，儿童之家专门成立了“心理健康疏导队”和“爱心家教服务队”。

心理健康疏导队：孩子们来自不同的家庭，不同的家庭环境导致孩子们存在不同的心理，家庭教育的缺失、爱的缺失，让一些孩子从小就有自卑、自闭的心理，为此，儿童之家成立了心理健康疏导队。马莲（化名）是一名志愿者，因为已经退休，所以空闲时间比较多，加之也喜欢与小朋友们沟通，她经常来儿童之家照料这里的小朋友们，定期与留守儿童谈话谈心。在与孩子们的交流中她注重通过兴趣培养来引导孩子战胜困难，为他们疏导一些生活中遇到的不顺心事，开导他们的心理，树立正确的人生观。儿童之家的一个小朋友胆小、自卑、不合群，害怕参加集体活动，表达能力也较差。马莲与他进行了情感沟通，以真诚的态度与他谈心，抓住他的闪光点。通过长期的心理疏导，最终使这名小朋友克服了心理障碍。

爱心家教服务队：教育是儿童成长的关键，儿童之家格外重视孩子的教育问题，并建立了爱心家教服务队。李佳（化名）是一名刚刚走出大学校门的志愿者，因为恰好是师范专业毕业，拥有专业的教学特长，经常来到儿童之家义务帮助小朋友们开展课后辅导，督促小朋友们努力学习。她耐心细致的辅导，使很多孩子掌握了正确的学习方法，成绩有较大提高。

建立完善机制，确保家园高效运转

为确保家园的有效运转，儿童之家建立了完善的工作协调机制，以此实现与上级单位、儿童及家长、志愿者的良性互动。

1.社区主导运行，多方全力支持

西安区儿童之家采取分级管理、分工协作的方式开展工作，由区妇儿工委、区妇联及裕明社区共同负责。裕明社区负责全面的组织协调，区妇联负责提供技术及资金支持，区妇儿工委负责项目协调及督导工作。

在这一机制下，裕明社区建立儿童之家工作领导小组，总体负责儿童之家全部的日常事务，包括工作人员的选聘、志愿者的招募与管理、家园的管理与宣传工作等。区妇联通过经费和人员支持来帮助儿童之家协调解决实际问题和困难，定期对儿童之家日常运作进行审查和督导，并对工作人员和志愿者进行相关业务培训。目前，已开展过的培训有安全知识培训12次、儿童指导教育的方式方法12次、儿童心理辅导6次。区妇儿工委则建立项目的管理和协调机制，承担项目组织、管理、协调、督导等工作。

关工委也以自身的实际行动为儿童之家提供帮助。作为曾经做过一线老师的关工委副主席刘红，考虑到有必要也有义务把更多的关注投向留守儿童，给予他们更多的关爱。经过长期的观察，一名叫小星（化名）的孩子进入刘红的视线，这个孩子特别内向、敏感。小星父母外出打工，跟爷爷奶奶一起生活，是一个典型的留守儿童。刘红通过观察发现小星存在亲情缺失、生活贫困等问题。针对这些问题，刘红用爱心换取信任、用书籍打开内心、帮助孩子树立自信、与儿童之家合作努力等方式最终帮助小星回到正常的、健康快乐的生活学习状态。

2.建立健全家长委员会、儿童委员会机制

儿童之家以联系学校、发放宣传单、悬挂条幅等多种形式进行自我宣传，使社区所有的儿童都知道有一个有爱的学习场所、活动场所。还有一些家长带着三四岁的孩子来到儿童之家，在这里做游戏，看一些益智的书籍。在完成前期的推广和宣传后，儿童之家开始尝试建立与家长、儿童的沟通互动机制，即“家长委员会”和“儿童委员会”。

家长委员会：委员人数13人。家长委员会的成员构成考虑性别、职业、学历等因素，具有较为全面的代表性。家长委员会对家园的日常管理和运行有参与和建议的权利和义务。儿童之家工作领导小组、运行团队在开展各项工作时充分吸取家长委员会的意见和建议，同时与包括家长委员会成员在内的社区儿

童家长建立良好的沟通关系，为家园的运行创造良好的环境。通过建立家长委员会引导更多家长参与到儿童之家的日常工作中来。家长通过提供孩子的详细信息、提出工作建议及期望等方式，帮助儿童之家制订具体详细的教育工作计划和工作方案，以此共同促进儿童之家的进步。

儿童委员会：委员人数13人。儿童代表尽量避免与家长代表来自相同的家庭。儿童代表的构成考虑性别、年龄等因素，保证男女比例平衡，年龄分布均匀。儿童委员会对家园的日常管理、运行有参与和建议的权利和义务。儿童之家工作领导小组、日常运行团队在开展有关工作、计划安排活动的过程中充分吸取儿童委员会的意见和建议，让儿童全面参与家园的运行，让儿童之家真正成为孩子们的家园。

3.招募志愿者参与家园日常工作

为解决工作人员不足及专业性不强的问题，裕明社区公开招募儿童之家志愿者，以社区和儿童的需求为目标制订服务计划，确定了以儿童之家为交互平台的服务供需对接机制，志愿者利用双休日、节假日及日常业余时间，参与服务工作，每年参与次数达100多次。

组织孩子们参与义务劳动

引导孩子们懂得感恩

志愿者来到儿童之家为孩子们进行美德少年、好爸好妈典型事迹讲授，引导儿童、少年和家长学习身边榜样。志愿者与困难留守儿童进行结对帮扶，对他们开展学习辅导、心理疏导、情感交流和安全教育，同时为他们送去学习用品、文体用品等。此外，志愿者们积极组织引导小朋友们参与各项活动，如通过开展“斑马线上的文明”主题活动，向广大市民宣传文明交通意识，形成文明出行的良好风尚；通过亲子书信、游戏互动等活动引导儿童从小养成从善、感恩、孝顺的良好品德。

案例点评

裕明社区儿童之家为适龄儿童提供了自由活动的场所并开展了丰富多彩的服务活动，给家长和孩子们提供了学习教育的指导，为留守和贫困儿童提供了力所能及的特定服务。

1.因需而建，引导家长儿童参与家园管理

社区建立儿童之家的一个主要原因，便是满足众多家庭的实际需求，这在客观上有助于家长和儿童主动亲近儿童之家。在前期工作的基础上，儿童之家通过建立家长委员会、儿童委员会实现与家长、儿童的沟通，将受众的需求更好地转化为服务目标；并且通过这种互动机制，进一步调动了小朋友及其家长参与儿童之家的热情和积极性。

2.厘清管理机制，多方共同建设

各级妇儿工委、妇联、关工委都与社区儿童之家有着紧密联系，各个上级单位共同出力是好事，但也需要厘清各自职责。西安区儿童之家明确以社区为主管单位，省市级的妇联和妇儿工委主要提供物质和政策支持，区妇儿工委为儿童之家的项目化运作提供支撑，区妇联为儿童之家提供资金、人员、培训、督导等，关工委则通过“五老志愿者”等为儿童之家事业添砖加瓦。

关爱儿童心理 陪伴健康成长

——黑龙江省伊春市友好区友好街道先锋社区儿童之家

“孩子牵动着多个家庭的幸福与安定。随着社会的发展进步，对于先锋社区辖区内的儿童，吃饱穿暖已经不是问题，学校教育与特长培训也不是问题。当前开展儿童工作的重点应该是儿童心灵的成长，特别是单亲家庭的儿童、留守儿童的心灵成长……儿童时期留下的心理阴影会影响人的一生。关爱儿童的心理成长，就是呵护了儿童的心理健康。经过这番思考，儿童之家从孩子的心灵入手，以陪伴儿童心灵健康成长为目标，围绕这个目标开展具体工作……”先锋社区儿童之家负责人林女士说。

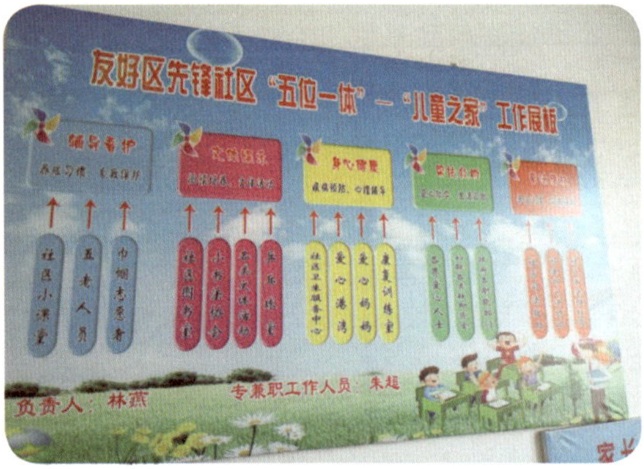

先锋社区儿童之家“五位一体”工作模式

为此，儿童之家制定了以儿童身心健康为核心的“五位一体”的工作模式。“五位一体”具体指辅导看护、文体娱乐、身心健康、帮扶救助和普法维权五个方面。这五个方面构成了儿童之家主要的工作内容。

依托社区资源，建立儿童之家

先锋社区位于伊春市友好区中心位置，辖区面积4.2平方公里。社区常住人口9765人、4190户，流动人口165人、71户。社区18岁以下儿童数为648人，其中14岁以下儿童374人，留守儿童23人。

2011年10月，先锋社区对社区服务中心进行改建，同时得到市、区妇联的支持，成立了儿童之家。儿童之家场地建设投入1.5万元，设备设施一次性投入2.1万元。室内总面积136平方米，分6个功能区。二楼设有儿童乐园56平方米，是专门为学龄前儿童准备的活动场所，备有电视、电脑、电子琴、五子棋、中国象棋、跳棋、沙盘等设施。三楼设有心理咨询室，面积为18平方米，另有“四点半课堂”及儿童学习室2间各18平方米。还有图书室一间，26平方米，备有60套学习桌椅，一台电视，两台电脑，一套多媒体教学设备。

儿童之家于2011年11月正式开园。家园最初主要是提供“四点半课堂”服务，覆盖辖区6—12岁儿童145名。后来逐渐发展多种服务，至今学龄前儿童也实现了全覆盖。

多方参与，确保服务质量

儿童之家的各项服务主要由社区工作人员和各类志愿者提供。社区现有专职工作人员两名，全部为大专以上学历的公职人员，他们均在儿童之家工作多年，每周工作时间30小时以上。社区的两名专职工作人员为社区工作人员编制，由政府发放工资。

此外，经常性参与儿童之家工作的志愿者有28名。他们的主要来源为居民代表（网格长）、“五老”志愿者及部分在职职工。这些志愿者主要参与儿童之家的教育教学与日常儿童管理与监护工作。志愿者的服务深受广大居民的信任与爱戴。志愿者们自身也认为这是一项极有意义的工作，可以在孩子们的身上感受到一种蓬勃向上的朝气与对未来的美好希冀，因而具有很强的自觉自主性。

先锋社区儿童之家举办以来运行平稳。家园的整体开放时间为周二至周日早8时至11时，13时至16时，周一关闭进行大扫除及消毒，每周开放时间36小时。另外两间“四点半课堂”则是周一至周五15时至17时30分开放使用，周六、日及寒暑假在上午8时至11时、13时至17时开放，平均周开放时间为26小时。儿童之家自举办以来，来园活动的儿童累计2万余人次、家长累计1500余人次，开展各类主题活动累计50余次。

活动多样，寓教于乐

“先锋社区少年儿童书法小协会”参加比赛

儿童之家的服务多种多样，除课后辅导、照料托管外，组织开展了一系列积极向上的主题活动，满足不同年龄段儿童的需求。

一是组建了“先锋社区少年儿童书法小协会”。儿童之家聘请国家书法家协会会员、伊春市书法家协会副会长董先生为书法小协会的指导老师。通过成立儿童书法小协会的形式，调动社区儿童对传统书法的兴趣和积极性。通过这种培养，小协会成员的书法作品多次在省、市参展并获奖。

二是成立“小小艺术团”。艺术团的成立丰富了孩子们的课余生活，也培养了他们的能力。几年来，儿童之家组织艺术团的孩子们参加市、区级各类演出20余次。

“小小艺术团”参加区级文艺演出

三是借助“邻居节”，设计青少年活动日。儿童之家重点开展了听、看、写、谈、乐五个方面的活动。听：听离休老干部讲述抗日战争的故事，听关工委讲师讲“弘扬民族精神，立志报效祖国”民族精神报告会、革命传统教育会，听有关于老房子的历史由来、变迁和故事，听交通民警讲自我安全防范知识、消防战士讲火灾逃生术，增强青少年的自豪感和责任感。看：通过参观各类展览、实地观看友好城区建设，感受祖国的发展变化，观精湛的消防装备和整洁有序的军营，激发小朋友热爱家乡、建设家乡的热情。写：围绕“社区建设发展我知道”的感想和故事，写一篇读后感，创作一份书法作品等。谈：与社区内的爷爷奶奶谈论青少年儿童如何弘扬尊老爱幼的优良传统、少先队员行五指礼的正确含义，谈书法、绘画的技巧等。乐：通过活动寓教于乐。如2015

争当“环保小卫士”活动

年的“邻居节”，家园在青少年活动日中设计了“小小美食节——你我都来露一手”的主题活动，组织辖区青少年做自己最拿手的美味佳肴呈现给社区的爷爷、奶奶们。此项活动不但促进了孩子们的成就感，而且培养了他们从小热爱劳动、尊敬老人的品德素质。2016年的“邻居节”则设计了“敬老和谐敲门日”主题活动，10名社工与50名少先队员，分为十个小分队，对社区内的十户空巢、孤寡高龄老人进行了敲门慰问活动。小朋友们敲开门，为老人们献上鲜花并集体向老人敬礼问好，给老人们表演各自拿手的小节目。此外，孩子们还通过争当“爱心小使者”“环保小卫士”和“宣传小干事”等活动，积极参与到社会活动中，既接受了教育，也增长了才干。

联合社区家长，共促心灵成长

儿童心灵的健康成长需要父母、社区、社会共同为孩子营造一个良好的环境。为此，先锋社区儿童之家联合社区的家长们，共同促进孩子们的心灵成长。

1.提供“三结合”与“分段式”家庭教育指导，培训好孩子的第一任老师

家长，特别是父母，是孩子的第一任老师。父母的心理健康、社会认知以及教育理念会直接影响到孩子的健康成长。望子成龙、望女成凤，家长最容

易犯的错误就是以“爱”的名义把自己未实现的或者是自己所期望的目标强加给孩子。此外，还有一些家长依然沿用着“棍棒底下出孝子”的理念来教育孩子。

社区儿童之家针对以上现实，以“家长学校”为阵地，开展对家长的培训工作。家园制定了“三结合”“分段式”的家长学校教学模式。“三结合”即专业讲授与观看视频相结合、课堂讨论与经验交流相结合、家长作业与室内外活动相结合的教育活动模式。“分段式”就是根据各学龄阶段儿童的心理、生理特点设计教学内容，使活动更具有针对性、指导性、科学性。如针对0—6岁的孩子家长，儿童之家邀请保健院的医生为家长讲解“优生优育、新生儿护理、母乳喂养”等方面的知识；针对6—14岁的孩子家长，邀请交通、科协、消防等部门的人员为家长和孩子讲解诸如如何做好孩子交通安全教育与防火、防汛等灾害的自护与自救知识等；针对14—18岁孩子的家长，邀请具有丰富心理学知识的教师举办“青春期心理知识讲座”等。几年来，先锋社区儿童之家共安排118期讲座与座谈，辅导总课时达200多小时。

2.社区共同发力，创造更好的成长环境

一是全力筑造“知心港湾”，让社区儿童之家真正成为儿童的心灵家园。“知心港湾”每月举办一次心理讲座，让广大家长对不同阶段儿童的心理发展特征充分了解，并掌握与孩子沟通的正确方法与技巧。“知心港湾”在开展团体培训的同时，根据儿童情况开展个案咨询，利用情景模拟、意向谈话、沙盘游戏等方法对具有一定心理障碍和心理阴影的孩子进行心理干预，利用心理学方法来纠正其不良行为习惯与社会认知。近两年，家园已完成32例个案辅导，转诊1例。

二是培训工作人员和家长，更好地服务儿童成长。家园培训工作人员和志愿者转变观念，摒弃掉传统的“说教”式教育方法，以陪伴和积极沟通的方法与儿童交往和交流，使其成为儿童成长过程中的陪伴者、倾听者、协作者和使能

者。同时，也培训青春期孩子的家长以朋友的身份与孩子沟通与交流。

三是注重影响教育儿童、增强亲子关系。家园每半年开展一次“感恩教育”活动，旨在从儿童角度施加影响，以促进良好的亲子关系。2016年母亲节，家园在社区广场组织大型演讲活动，吸引了近300名儿童和家长前来聆听。在演讲者的激励和现场氛围感染下，孩子们纷纷道出：“妈妈，您辛苦了。”看到孩子眼含泪水与母亲紧紧拥抱在一起的场景，所有的工作人员和围观群众也为之感动。

四是重视关爱帮扶困境儿童。对于社区里的单亲儿童、留守儿童，家园根据其面临的特定问题，选择志愿者作为“爱心妈妈”，由她们及时与孩子交往沟通并为孩子解决一些实际问题。例如，“爱心妈妈”去学校参加家长会，在生活和学习中给予孩子陪伴等。

“爱心妈妈”志愿者与孩子们互动

案例点评

先锋社区儿童之家成立于2011年，是一家相对成熟且具有示范性的儿童之家。它依托社区而建，积极动员社区志愿者和周边资源，围绕“五位一体”服务格局开展服务活动，确保了服务类型的多样化和服务质量的有效性。

1.立足需求，关注儿童心灵成长

儿童之家根据社区儿童及家庭的实际情况，明确地将“确保儿童的身心健康成长”作为主要目标，确定了“五位一体”的服务模式。这种立足现实需求，明晰工作重心的思路，不搞平均主义、不贪多求大的服务精神，值得提倡。

2.多元服务，满足儿童及家长需求

针对儿童，儿童之家通过引入师资创建了少儿书法协会、小小艺术团、邻居节活动，以儿童自组织的方式稳定地为儿童提供书法、艺术训练，丰富其课业生活，提升个人素养，培养诸多才艺；创办“知心港湾”，为儿童建造心灵家园；选聘志愿者“爱心妈妈”，为困境儿童送去关怀。针对家长，儿童之家通过“三结合”“分段式”家庭教育支持，提升家庭教育功能。诸多服务，同时满足了儿童及其家长多样化的需求。

3.内外结合，共创儿童健康成长环境

儿童的健康成长需要多方的共同努力。家长是孩子的第一任老师，社区是孩子成长的主要环境。通过开办“家长学校”和营造“社区环境”两种方式将这种认知贯穿于儿童之家工作的始终，引导家长和社区共同努力。这是难能可贵、也值得其他儿童之家学习借鉴的地方。

儿童健康成长的乐园

——上海市嘉定工业区越华社区儿童之家

儿童之家的创办

2012年1月，在嘉定工业区妇联的支持下，越华社区儿童之家正式成立，其设址于社区居委会办公场所内，由居委会负责日常运营管理。为了满足社区儿童的活动需求，在区妇联、计生办及相关部门的支持下，社区对其改建，使之既能满足儿童的特定需求，又能回应其他人群的部分需要。

活动室（一）	活动室（二）
阅览室	会议室

越华社区现有居民1214户，实际住户1146户。其中，0—18岁儿童有393人（0—3岁儿童69人，外来人口21人）。儿童之家的服务几乎涵盖了社区所有的儿童及家庭。儿童之家的活动区域分室内和室外两部分。室内区域包括阅览室、活动室和会议室等。室外区域为办公楼外的广场，场地宽阔平坦，适合开展较大规模的集体活动。

工作者队伍

越华社区儿童之家工作者队伍由1名负责人，6名工作人员及10名志愿者构成。负责人由居委会主任兼任，工作人员由居委会委员兼任。他们均有大专及以上学历，工作经验丰富。由于工作人员均为兼职人员，只享受各自在居委会的岗位薪金，不享受儿童之家的任何额外补助或津贴。志愿者则由社区党员、社区幼儿园和小学教师及热心社会公益的社区居民构成。他们主要参与儿童之家的各项活动的准备和主持工作。部分有特长的志愿者还参与儿童的书法、剪纸、绘画及舞蹈的教授。志愿者都是运用自己的业余时间参与相关工作，不享受任何报酬。

此外，儿童之家获得了社会力量的广泛支持，区妇联对其进行业务指导和监督培训，并提供一定的经费支持。此外，社区内的幼儿园定期派遣老师为社区幼儿送教。

借力“网格化”服务管理模式

越华社区儿童之家制定了较为完善的管理运行制度，最为典型的是借助社区“网格化”服务管理模式，确保服务的针对性和有效性。

首先，把社区分为11个片区，每个片区指定3名信息员。信息员的作用就是找出片区内适合做儿童教育和服务工作的居民并动员加入志愿者队伍。其次，借助在职党员志愿者为社区服务的机会进行动员，邀请一些在学校等有教育工作经验的在职党员参加到志愿者队伍中来，开展各类服务活动。通过工作人员和志愿者的共同努力形成了比较完善的“网格化”服务管理格局。

特色多样的服务活动

越华社区儿童之家成立以来，累计开展各项服务活动70余次，来园活动儿童累计700余人次，家长600余人次，其他居民累计1000余人次。儿童之家的服务范围除社区内的普通儿童及其家庭外，特别关注社区内放学后无人照顾的儿童、残疾儿童、流动儿童、贫困儿童以及特殊家庭的儿童等。

1.亲子苑，关注幼儿早教

儿童之家开办“亲子苑”，普及儿童早期教育，让早教观念渗透到每一个适龄儿童家庭，使家长对早期教育有更多的认识并落实到日常的行动上。每周四上午，家园定时开放婴幼儿活动室开展科学育儿指导工作，接待社区0—3岁婴幼儿及其家长，邀请朱桥幼儿园教师来园开展早教指导活动。每年6月，家园组织0—3岁儿童家庭参与工业区“活力宝宝”大赛，0—1岁的爬行比赛，1—2岁的行走独木桥、钻山洞，2—3岁的推三轮车装玩偶……形式丰富多样，宝宝乐在其中。“亲子苑”帮助家长掌握0—3岁早期教育的科学教养方式，提高年轻家长的育儿经验，使他们更乐于积极参与其中。

2.童趣手工坊，开发奇思妙想

儿童之家开办“童趣手工坊”，为社区青少年搭建一个手工学习平台。每年由社区志愿者主持开展各类兴趣活动，剪纸、黏土、发饰等各类手工的开展，吸引着社区青少年的踊跃参与。

此类活动的开展不仅让孩子感知了自然、亲近了生活，还培养和提高了孩子们的动手能力，在感受美、创造美的同时树立绿色环保意识，将脑袋里的奇思妙想以及创意运用到手中，让他们在活动中感受到创造的乐趣。

3.亲子DIY系列，大手牵小手

儿童之家非常重视家庭发展，利用各类资源，让社区家庭踊跃参与，大手牵小手，一起体验动手的乐趣。

插花、裱蛋糕、手绘棒球帽、多肉拼盘，经过专业老师的讲解后，家长和孩子们一起完成任务。正所谓“在沟通中成长，在实践中进步”。孩子们在活动中不仅提高了动手能力又增进了亲子关系，让家长在繁忙的工作之余体验到和孩子共同成长的乐趣。

与奶奶学织毛衣	春联送祝福
亲子DIY	制作多肉拼盘

4.暑期围棋乐，围棋乐暑期

围棋作为中国传统文化瑰宝，儿童之家在暑期这个特别时段，通过组建围棋兴趣小组，让孩子静下心来，坐得住凳子。下围棋的好处很多，处处体现出高雅、和谐与美感。儿童下围棋，可以锻炼大脑、开发智力、增加竞争意识、培养更加丰富的生活情趣。暑期围棋班邀请了“丹朱围棋”的董老师作为指导老师，为把该门课上得更好，董老师认真制订教学计划，精心备好课，上好课。

通过教学，孩子们对围棋文化的理解和围棋对局实战技巧得到进一步提高。此外，在教学中老师始终把学生德育放在首位，学生尊敬老师，同学间做到互学互爱，期待着来年暑期的来临。

5.亲子加油站，你的情绪我在乎

“亲子加油站”是家园面向社区内3—6岁宝宝家庭的民生服务项目，内容包括父母微课堂、亲子游戏和幼儿兴趣培养。儿童之家希望依托“亲子加油站”的服务形式帮助年轻的爸爸妈妈们了解3—6岁幼儿的关键期教育、心理特点、营养需求等知识，从而帮助宝宝更好地健康成长。

自亲子加油站成立以来，越来越多的家长认识到家庭教育的重要性，表现出浓厚的学习热情。家长们渴望得到科学的符合儿童心理发展的育儿知识和经验，以便更好地服务于家庭，帮助宝宝快乐健康地成长。

案例点评

越华社区儿童之家成立于2012年1月，由妇联和社区共同创办。儿童之家着眼于儿童需求，善于挖掘、整合资源，建立了一套有特色的工作方法和体系。

1.从儿童需求出发，明晰重点服务人群

越华社区儿童之家的服务范围除社区内的普通儿童及其家庭外，特别关注社区内放学后无人照顾的儿童、残疾儿童、流动儿童、贫困儿童以及特殊家庭的儿童等。针对不同儿童的特点及需求，开展不同的服务活动。

2.挖掘、整合资源，提升服务的创新性

为确保项目实施并可持续，提升儿童公共服务水平，越华儿童之家积极发掘社会资源，联合社区、社会组织以及志愿服务的力量。依托儿童之家平台作用，结合儿童身心特点积极策划，服务内容涵盖了教育、安全、娱乐等多方面，同时针对不同年龄儿童及其家庭特点，围绕学龄前和学龄期两种年龄层次需求开展多项活动，着力提升儿童自我参与、发展和保护能力。

社社联动，社家互动

——江苏省苏州市昆山市周市镇华城美地社区妇女儿童之家

江苏省苏州市昆山市周市镇华城美地社区妇女儿童之家坚持“家庭和谐、邻里和睦、社区和美”的服务理念，以儿童成长促进家庭成长，以家庭成长带动社区成长，培育社区互助、发展居民自治组织，通过为辖区内的儿童及其家庭的基本刚需提供服务，建设具有共同价值观、相互信任、守望相助、环境优美、安全稳定的社区。

在昆山市妇联和周市镇党委政府的大力支持下，周市镇华城美地社区妇女儿童之家（以下简称“妇儿之家”）于2014年6月正式启用，成为妇联创优工作环境、推动职能转型、创新社会治理的示范平台。妇儿之家位于昆山市长江北路（224省道）888号，龙之天地小区华城美地社区居委会内，交通便利、设施齐全。2015年开始，妇儿之家引进“億未来社区儿童运动馆”“阅读推广人”“公益小天使”等社会公益品牌，逐步形成以儿童服务为基础，带动妇女家庭参与，从而达到社区和谐发展的社会治理创新新模式。

妇儿之家基本情况

华城美地社区下辖华城美地、龙之天地、珑沐湾三个商住小区，共有居民3760户、9300多人。其中，18周岁以下儿童约2100人，户籍人口1352人。居民主要由工薪阶层组成，占总人口85%以上。妇儿之家总建筑面积1500平方米，总投资约200万元，分为亲子活动室、艺术殿堂、悦来书屋、科学工坊等6个活动室，以及儿童喜爱的攀岩区、安全演示区、健康乐园3大游戏区。另外，家长学校、电子阅览室、舞蹈室、心理咨询室等也是配套的重要活动阵地和场所，主要是为妇女儿童提供宣传教育、增知增技、权益维护、素质提升等服务。

悦来书屋	艺术殿堂
科学工坊	亲子活动室
素养教室	心灵花园
悦读空间	儿童攀岩区

儿童盆栽活动

妇儿之家积极探索参与社会治理创新的新思路，首先成立了妇儿之家领导小组。领导小组由妇联主席负责，妇女专干配合落实。同时，妇儿之家注重抓队伍建设，把一批文化水平高、年轻肯干、热心发展妇儿事业的优秀妇女人才吸纳进来，壮大组织队伍；并从严管理，依托各类学习平台，定期举办培训学习活动，为更好的服务基层夯实基础。妇儿之家还重视培育建设楼道长队伍、志愿者队伍，鼓励妇女儿童在社区各类公益活动中展示自我，以增强自身信心，提升自身幸福感。

绘本读书活动

自正式运作以来，妇儿之家联合社会组织，开展了儿童运动健康课程、阅读示范课程、家庭亲子课堂、公益放学吧、女性职业技能培训课程、老年大学等各类公益活动500余场次，为婴幼儿、青少年及社区家庭提供服务，受益家庭达749户，服务儿童覆盖率达75%，服务人次达到16952人次，日均接待41人次。截至2016年，共有6个公益创投项目和1个昆山市党组织为民服务项目在社区落地。该妇儿之家先后被评为苏州市示范妇女儿童之家、苏州市关心下一代工作先进集体和昆山市儿童福利和未成年人社会保护示范基地。

自治化、社会化的管理模式

妇儿之家为了保证自身建设发展和服务开展的有序性、稳定性，成立之初就开始探索积极有效的管理模式。

一是社社联动，强化制度建设。妇儿之家积极与社会组织对接联动，采用社会化运作模式，积极申报市民政局、妇联等部门公益创投项目和党组织为民服务项目，引入启元青少年服务中心等社会组织参与共建，配备全职人员1人，兼职人员2人，志愿者45人。妇儿之家制定入馆须知、开放时间表、课程表、安全制度和突发事件应急处理办法等相关制度；对固定资产严格登记管理；采用会员制进行日常活动管理，对参与活动家庭实施一户一卡制度，入馆严格进行刷卡登记；建立出入登记制度，进馆需消毒、测体温等，充分保证儿童的安全健康。

二是常态开馆，促进自我管理。妇儿之家实行周二至周六全天开放模式，保证每天9：00—16：00向居民开放。每周开放时长达40小时以上，至少开展5场以上主题活动。妇儿之家成立家庭亲子俱乐部，建立定期例会制度，选举任命家庭委员会成员（1名轮值主席和6名常任委员）参与具体事务，由家长自己负责中心的卫生清洁、活动开展、内部管理等，逐步实现家庭和家长自我管理。

亲子活动

三是积分管理，倡导奉献服务。社区注重激发居民自身的活力，积极推动社区自组织队伍建设。妇儿之家引入公益积分兑换制，将志愿者与服务对象（社区邻里、父母和祖辈）共同纳入爱心积分刷卡兑换体系。服务对象参与志愿爱心志愿服务获得爱心积分，接受妇儿之家的公益服务和兑换礼物消耗爱心积分，通过积分制引导和促进服务对象积极参与公益志愿服务，成为会员与志愿者。此种方式吸引了一大批志愿者参与到妇儿之家的活动中来，形成各种类型的社区志愿者队伍，分工负责儿童运动馆、公益四点半课堂、故事妈妈讲故事、创意亲子手工坊等各类服务项目。

整合资源，提升服务质量

一是进一步扩大服务覆盖面。在年龄层次方面，妇儿之家从原来的以服务0—6岁年龄段的儿童及家庭为主，扩大至0—18岁年龄段的儿童及家庭；服务范围从原来的亲子家庭服务延伸至建设儿童友好社区，并致力于提供多样化的社区服务。妇儿之家注重发挥儿童和未成年人的特殊优势，通过公益小天使、健康小专员、文明小雏鹰等活动，让儿童参与到社区综合管理工作和社会文明提升工程当中。妇儿之家充分发挥了区域妇儿之家的阵地作用，在满足本社区居民服务需求的同时，辐射周边社区，每次活动有10%左右周边社区居民参与。妇儿之家的功能进一步深化延伸，定期开展社工服务培训和人才交流沙龙，由单纯地开展服务活动的空间，转变成为人才培养中心、服务输出基地和居民交流园地。

二是进一步加强服务专业性。妇儿之家共有专业社工1名，育婴师3名，专业老师2名。华城美地社区的居民主要以新昆山人为主，老人也主要以带孩子为主，大多年龄在50—60岁之间。在设计活动时，妇儿之家根据社区的实际情况，注重家长和儿童的素质和家庭教育水平的提升，尽量设计能让所有居民都能参与其中的活动。针对社区儿童，开设了运动健康课程和绘本阅读课程；针对青少年，有创意工坊、亲子游戏；针对社区家庭，有轰趴生日会、友邻节；

针对社区老年人，有老年健康养生课程、柔力球课程等。同时，妇儿之家进一步提升活动设计和活动组织的专业化程度，邀请专业社工、心理咨询师、技能培训专家、健康养生专家、资深志愿者等专业人士，举办专业性较强的讲座和培训班，在提供专业性服务的同时，还注重对社区居民领袖、骨干的具体指导和培养。

三是进一步整合社会资源。在项目设计和日常管理中，妇儿之家充分运用社会工作的理念，改变原来社区服务主要由社区工作者主导的旧模式，着力打造“社区工作者+社会组织+志愿者”的管理模式。两年来，妇儿之家引进了硅湖学院专业团队、昆山市启元公益服务中心、昆山市阳光家庭互助中心、尉城公益发展中心等12家社会组织，采用科学、系统、完善的体验教材，培养儿童5种能力，打造温馨亲子乐园。其一，通过“向幸福出发”亲子小组活动，建立良好的亲子沟通桥梁；其二，通过“缤纷夏日故事会”活动，建立起属于儿童自己的思想空间；其三，通过开办绘画、手工辅导站，让孩子体验自由表现和创造的快乐；其四，通过“中国梦”主题征文活动，加强青少年爱国主义教育，培养孩子从小树立爱党、爱国的信念；其五，通过开办各类知识讲座，提高少年儿童安全防范意识。在首届周市镇公益服务助力计划中，有2个项目落地妇儿之家。其中，“隔代养育教育指导”系列活动分为两个阶段，为期8周，活动旨在让祖辈和父母各自找好定位，走出“隔代亲”教育误区，预计惠及160户家庭。“绿阅——阅来书屋点灯人计划”为期6个月，活动旨在激发社区居民参与公益、践行公益的兴趣，将“社区图书馆”变成大家参与、大家管理的图书馆，带动居民自我管理，预计惠及140户家庭。同时，妇儿之家充分融合辖区内小学、幼儿园，教育培训机构，健康服务企业，周市康复医院等政府和社会的有效资源，不断提升服务能力，形成高质量可持续的服务模式。

案例点评

江苏省苏州市昆山市周市镇华城美地社区妇女儿童之家注重社社联动、社家互动，在凝聚社会力量促进妇女儿童利益最大化方面取得了很大的成效。其模式充分地动员了社区力量，整合了社会资源，探索了社区发展的新模式，实现了较好的服务效果。

1.硬件设施完备，功能分区合理

家园总建筑面积1500平方米，总投资约200万元，内部设施包括六个活动室和三大游戏区，并配套有家长学校、电子阅览室、舞蹈室、心理咨询室等。这些设施条件为活动的开展提供了重要保障。

2.全力搭建社会、社区、家庭、公益组织的综合服务平台

家园积极引导社区居民和儿童融入社区，形成自我管理，充分体现了儿童参与理念；它将妇儿之家的服务融入社区建设和社会治理创新的实践中，形成多方协同的服务格局；它通过公益创投和党组织为民服务项目，向社会组织购买服务，进行了有益的社会化运营尝试。

3.探索积分管理创新制度

家园所实行的积分制倡导用劳动和奉献换取社会服务的回报，形成了志愿服务的良性循环。

4.注重发挥专业力量的优势，不断提升服务质量

家园注重专业社工、育婴师、心理咨询师等人才的引进和培养，确保了服务质量的不断提升和服务格局的不断优化。

四社联动，精细化服务，助推儿童社区融入

——江苏省苏州市昆山市采莲社区儿童快乐家园

昆山是一个外来人口聚集的城市，社会服务体系如何与青少年群体的多元化需求进行对接是昆山市各个社区当前迫切需要解决的问题。在江苏省苏州市昆山市采莲社区，我们可以看到社会组织的蓬勃发展、儿童公益活动的火热开展、新老昆山人子女的快乐笑容，社会治理创新在这里有了新的成果。

采莲社区总面积约0.15平方公里，下辖4个小区，散住楼5幢，户籍人口3287余人，流动人口940余人。2016年7月7日，昆山市柏庐街道投入资金50万元，租用昆山市前进西路148号银河大厦二楼闲置办公用房，在采莲社区五彩益家项目中，规划建设了建筑面积600平方米的采莲社区儿童快乐家园，使之成为昆山中心城区最大的全年龄段儿童服务平台。现在，儿童快乐家园同时也是国家火炬计划（昆山）机器人产业基地社区科普教育平台、南京工业大学公益慈善管理学院实践合作基地、江苏师范大学社会工作专业实习实训基地。

儿童快乐家园在运作之初，便坚持精心做好顶层设计的理念，坚持实施“四社联动”发展战略，以社区参与、社会组织发展、社会企业引入和社工队伍建设四个方面为着力点，逐步形成“互联互动、互学互补”的工作格局，致力于提供综合性服务，实现儿童服务的精细化，提升社区治理水平。

科学规划，强化基础设施建设

原柏庐街道于2014年委托江苏省社工机构编撰了《社会组织培育发展规划（2015—2018）》，明确了今后一段时期内儿童青少年工作的发展目标与方向。

2015年9月，儿童快乐家园项目启动筹建。前期，由昆山市妇联、街道办事处牵头，邀请专业支持型社会组织开展调研，了解辖区及周边需求，对日后服务进行精准定位，还邀请专业室内设计队伍，结合场地情况以及儿童的特点与需求进行装饰布局，设置了图书多媒体阅读室、儿童运动馆、机器人之家、多功能培训室、向日葵咖啡休闲驿站、书画室、少年模拟法庭等服务功能区域，为社区儿童提供了充足的活动场地，并购置了丰富的设施设备。家园保证周一到周五全天开放，开放时间为8：30—17：00，周六、周日的开放时间由具体的活动时间而定。

图书多媒体阅读室

图书多媒体阅读室：面积为50平方米，配有图书3000册、计算机16台，用于定期开展亲子读书会活动。

儿童运动馆：面积为60平方米，铺设了安全地垫，配备了胶皮球、塑胶摇摇马、海洋球、跷跷板等儿童室内游乐设施。家园还引入社会组织，针对0—3周岁儿童的发育特点设计了运动课程。

多功能活动室：面积为60平方米，是开展各类活动的重要场地。主要活动有用汉字讲文化、儿童社会理财课程、欢乐鼓、魔方俱乐部、儿童社会组织沙龙及培训。

向日葵咖啡休闲驿站：面积为15平方米，针对困境儿童开展职业体验，帮助他们通过系列活动学习相关职业技能，接触社会。平常也作为家长休憩、社会组织公务洽谈交流的场所。

书画室：面积为45平方米，针对社区书画类自组织开展日常服务，为社区学龄儿童开设儿童绘画、书法培训。

哈米机器人之家：面积为30平方米，家园与企业、学校合作，引入STEM教育理念，开展贴近儿童的机器人活动课程，促进机器人教育融入社区。

机器人之家

综合会议室：面积为100平方米，用于开展大型室内活动，如社工沙龙、公益伙伴日、少年模拟法庭、家长课堂及各类培训等。

向日葵之家：面积为25平方米，由昆山市琼花爱心助困服务中心与昆山挚爱公益服务社两家专业社会组织负责，为昆山市孤困儿童打造精神家园。

纪妈妈青少年关爱中心：面积为30平方米，由昆山市人民法院少年庭退休庭长负责，主要开展青少年帮教、维权、校园纠纷调解服务。

家园现有全职工作人员两名，负责家园的日常活动筹划与安排；兼职工作人员5人，以项目化形式入驻家园，负责开展特色服务活动；固定志愿者30余人，注册志愿者200余人。

广泛宣传，营造家园氛围

自成立以来，家园非常重视宣传推广工作，开设了线上服务，通过微信公众号、QQ群等信息化手段调研服务需求、发布活动信息、收集服务反馈等，极大地提高了服务效率，也增强了与服务对象的联系，营造了全社会共同关爱儿童成长的良好氛围。一年来，家园在昆山日报、第一昆山、昆视新闻等主流媒体发布各类活动信息46条，累计接待各级参访交流活动21次，得到了社会各界的关注和好评。家园还与昆山日报社小记者总团、昆山市培本实验小学合作，共建社会实践基地，定期组织儿童参与各类体验活动。

需求导向，促进“四社联动”

采莲社区儿童快乐家园建立之后，精心做好“社区参与、社会组织推动、社会企业合作和社工队伍主导”的联动发展，一方面努力实现向社会放权和释放更多的公共空间，积极探索良性政社互动机制；另一方面大力扶植和支持社会组织开展能力建设，努力培育健康开放的社会组织生态系统，让社会组织广泛参与到各个层面的精细化社会治理中，助力推进儿童快速、快乐地融入社区。

一是社区全过程参与。一方面，社区工作人员积极引导社会组织与社工深入群众，开展前期调研，做好需求评估，对儿童服务内容进行精准定位；另一方面，社区建立“跟踪制”，确保每个公益项目都有社区工作人员参与，既收集居民建议，起到监管作用，也促进提高自身服务能力，打破了以往社区只安排居民、社会组织开展活动的局面，促进了两者的互动。家园成立以来，组织实施各类儿童公益项目16个，受益人群近10000人。

二是社会组织多渠道引入。家园依托采莲社区五彩益家社会组织平台，建立了社区与社会组织供需对接机制，通过每月一次的社会组织联席会、居民开放日，每年一次的社工文化节、公益伙伴日等多种举措，搭建了社区需求与社会组织常态化互动对接的机制。

三是社会企业宽领域合作。由于政府资金有限，社会组织缺乏造血功能，而社会企业自我造血能力较强，家园积极促成社会组织与社会企业的合作，既能提供必要的资金保证，也能为服务社区注入新的力量。2017年，家园携手企业合作实施“校园小农夫”微型农场建设，以农场种植为切入口，让青少年探索种子结构，亲身参与育苗、培育的整个过程，身体力行，践行绿色健康幸福的生活理念。在此过程中，儿童收获了知识，提高了动手能力，也增强了对家园的归属感。

四是社工专业化主导。家园一方面通过政府购买社工岗位和购买社工服务，引入专业社工团队管理运营；另一方面实施精细保障措施，加强社工培训，吸引和培育本土社工，并鼓励社区工作者和社区居民多参与专业社工服务项目，从实践中汲取经验，积累专业知识，提升服务技能，在过程中培育出社区骨干和社区领袖，为实现自主发展打基础。

坚持项目驱动，助推多元参与

家园秉持“不求大而全，只求小而精”的理念，侧重儿童身心全面发展，在搭建“学校—社区—家庭”三位一体的教育成长平台的基础上，在服务内容上突出专业性、注重公益性、体现特殊性，积极引导儿童全方位融入社区。

一是突出专业性。家园围绕“学校里学不到的、家长普遍关注的、儿童广泛欢迎的”三大原则，突出差异化、特色化教学，实现两大转变——从知识传授向素质提升的转变，从课桌式授课向游戏、拓展、互动、共创等多种形式的转变。家园先后引进实施了一批品牌项目，由专业讲师、社工负责，受到了家长们的普遍关注和儿童的热烈欢迎。如儿童运动馆项目，是以0—6岁儿童为服务对象，开展运动游戏、亲子阅读、儿童成长测评、家长养育指导等服务；儿童社会理财项目，是以6—12岁儿童为服务对象，以财商教育为媒介，促进儿童自我认知、社会交往、领导力、财商技能的发展。

二是注重公益性。家园与退休法官合作，成立青少年关爱中心，下设1个法治宣传教育主讲团、2个教育基地（昆山市青少年模拟法庭、青少年警示教育馆）和4个工作室（青少年维权工作室、校园矛盾纠纷调解工作室、公益法律服务工作室、心理健康辅导工作室），构建“家庭、学校、社会”三位一体的法治教育平台，用于倾听青少年心声、维护青少年合法权益、开展青少年继续教育实践、关爱青少年健康成长，为社区儿童的健康成长保驾护航。

三是体现特殊性。家园联合社会组织承接了昆山市孤儿关爱项目、昆山市监护缺失困境儿童项目等5个政府购买项目，由社工和志愿者根据就近原则，通过一对一或二对一的结对，为90余名18岁以下的监护缺失困境儿童提供个别化关怀服务，为他们建立服务档案，弥补其监护缺失，促进个人健康成长。

坚持文化支撑，伴随快乐成长

家园围绕“快乐成长”核心主旨，组织开展了一系列丰富多彩的教育实践活动，积极营造良好的社会文化环境，引导未成年人勤奋学习、快乐生活、健康成长。

一是传承传统文化。在寒暑假期间，由社区志愿者发起，家园举办儿童国画班、国学诵读、用汉字讲文化、汉服表演等课程，使儿童在参与活动的过程中得到文化的熏陶、智能的锻炼、人格的培养。

二是弘扬创新文化。家园与昆山市本土动漫企业合作，通过举办亲子动漫嘉年华活动，兼顾创新性和娱乐性，突出亲子互动主题，设置主题活动、亲子游乐、创意体验和售卖服务等功能区，举办cosplay表演、亲子涂鸦、DIY、原创动漫画比赛等项目，吸引企业及家庭的参与，提升儿童对于创新文化的认识。家园与国家火炬计划昆山机器人特色产业基地合作，以8—16岁青少年为主体，举办机器人知识讲座、科普电影巡演、机器人产品展示等系列活动，搭建为社区和学校提供机器人科普教育的平台。

三是发展公益文化。公益是一种参与行为，更是一种文化熏陶。家园每年联合社会组织举办儿童慈善音乐会，每月举办广场公益市集，在春节、元宵、端午、重阳等传统节日，组织包粽子、做青团、义卖、上门慰问社区老人等体验活动，使儿童在参与中培育公益意识，催生公益萌芽。

案例点评

昆山市采莲社区儿童快乐家园的建设与发展路径，让我们看到了一所家园不单单是儿童的乐园，更应该是连接儿童、家庭、社区与社会的重要窗口和纽带。家园的发展体现了以下特色：

1.四社联动，致力儿童健康成长

家园联合社会组织，整合社会力量，形成“社区、社会组织、社会企业、社工”四社联动格局，为社会治理创新提供有效的参照模式，致力于为社区儿童健康成长提供支持服务。

2.定位清晰，重视社区融入

在搭建“学校—社区—家庭”三位一体的教育成长平台的基础上，家园在服务内容上侧重于儿童心理健康发展，并且突出专业性、注重公益性、体现特殊性，在积极引导儿童全方位融入社区上成效明显。

3.多方服务，营造良好文化环境

家园通过项目化驱动，为社区儿童提供多方位多层次的常态化服务，同时结合传统文化、创新文化和公益文化，丰富自身文化内涵，积极营造儿童“快乐成长”的文化环境。

科学、规范、创新的儿童保护理念是儿童之家之根

——江苏省苏州市姑苏区沧浪新城儿童友好家园

小航（化名）的父母在他两岁时离婚了。离婚后母亲又找了男友，但在被欺骗之后，她抑郁自杀。父亲再婚后育有一子，现年五岁。小航平时和爷爷奶奶生活在一起，周末才去父亲家。他不爱学习，上课注意力不集中，无法按时完成课堂作业，经常在放学后被老师留下来写作业；回家后继续写作业到晚上9点多，但学习成绩依然是班级倒数第一。家庭的变故和再努力也上不去的学习成绩，让小航极度缺乏安全感和自信心，性格内向、自卑。和同学的相处也很不愉快，经常发生矛盾。

面对这种情况，沧浪新城儿童友好家园积极介入，发挥服务的专业性，一方面通过区妇联邀请心理咨询师对小航定期进行心理疏导，建立良好的信任关系，对其行为进行引导和矫正；另一方面，与小航的奶奶深入交流，劝导她不要只关注成绩，也要多关心小航的心理发展，让他感受到家人的关爱；同时，家园工作人员引导小航在课余时间积极参与家园举办的青少年运动会、假期看电影等活动，让小航认识到自己的优点和长处。经过一段时间的努力，小航渐渐树立了自信心，也开始有了小伙伴，开朗了起来。在家园的服务中，我们看到了专业人员对小航的定期辅导，也看到了对小航家庭的支持和服务。这体现了以儿童为中心、以家庭为基础、以社区为平台，科学开展儿童保护的理念。

家园的缘起

沧浪新城社区辖区面积约2.2平方公里。下辖10个小区，包含61幢楼宇，户籍人口8600余人，流动人口5000余人。其中，18岁以下人口3141人，流动儿童69人。2011年，社区承接国务院妇儿工委办与联合国儿童基金会共同实施的“建立以社区为基础的儿童保护项目”，建立儿童友好家园。家园由原沧浪区妇联主管，沧浪新城社区服务中心具体承办，于2012年9月1日正式开园。

家园将儿童保护的理念落实到日常工作中，将保障辖区儿童的生存权、发展权、受保护权和参与权作为工作目标，积极探索以社区为基础的儿童保护与服务工作新模式。

家园的场地设施

沧浪新城儿童友好家园建筑面积182平方米。前期，由区妇联牵头，相关单位协作邀请专业室内设计人员，结合场地实际情况进行装饰布局，力求满足儿童多方面的发展需要。同时，在联合国儿基会下发物资的基础上，区政府按需为家园添置了家具设备、学习设备、教学设备、玩具设备及各类吸尘、消毒设备。有了这些设备，家园形成了五大功能区——服务站、儿童阅览室、多功能教室、心理咨询室和儿童游艺区。

1.服务站

服务站面积为20平方米，配有电脑台、签到桌、打印机、电子监控设备，主要为来园儿童及家长提供咨询服务、儿童来园登记服务以及处理家园日常事务。

2.儿童阅览室

儿童阅览室面积为25平方米，分为电子阅览区和图书阅读区两个区域。电子阅览区主要供儿童网上冲浪，为引导儿童正确上网，所有电脑均安装绿色上网专用软件。图书阅读区，提供300余册图书供儿童阅读，平时这里还用于开展互动式动手、动脑活动。

阅览室

亲子活动室

3.多功能活动室

多功能活动室面积为40平方米，装有镜面墙、把杆、音响设备，配有钢琴1台、电钢琴2台、电子琴1台（为家园共建单位捐赠）。活动室是提供表演游戏、兴趣培养的场所。家园通过邀请志愿者进家园，为儿童提供诸如形体、音乐等方面的艺术熏陶，激发他们的艺术潜能。

4.心理咨询室

心理咨询室面积为10平方米，放置了舒适的沙发，配备益智玩具，营造轻松温馨的氛围。家园邀请心理咨询专家志愿者为有需求的儿童及其家庭提供心理咨询服务。家长只需在服务站提前预约，便可与专家面对面交流，解决儿童及家长的困惑。

5.儿童游艺区

儿童游艺区面积为87平方米，铺设了安全地垫，放置了胶皮球、塑胶摇摇马、海洋球、秋千、跷跷板等儿童室内游乐设施。主要用于开展亲子活动。场外设置了消毒设备、座椅和鞋柜、物品柜，确保儿童游乐的健康和安全。一侧是儿童自由活动区域，家长可陪同也可在一旁观看，旁边玩具柜中有各种类型的玩具，可供儿童自主进行挑选、感知和体验。另一侧用于开展亲子活动，引导家长和孩子一起游戏，让孩子们精细动作、语言认知和社会行为等方面达到在自身年龄阶段所应具有的水准。

儿童友好家园正门

家园的运行与管理

1.加强领导，协调联动

家园由姑苏区妇联直管，沧浪新城（友新街道）妇联协管，沧浪新城社区负责具体运行。家园于每季度召开联席会议，及时研究家园在实际运行中遇到的问题和困难，协调解决途径。市、区两级妇儿工委办每季度对家园进行实地督查，确保家园运行顺畅、台账健全。

2.配齐队伍，职责明确

儿童友好家园配备了2名专职工作人员，其中包括儿童友好家园管理员1名与协助管理员1名，并明确了工作人员职责。

3.制度健全，管理规范

家园制定了“入园须知”“来园登记制度”“家园工作制度”“家园安全制度”“体育器材保管和使用须知”“家园管理制度”以及“突发事件应急处理办法”等制度规范，并充分考虑在园儿童活动安全，安装了电子摄影监控设备，建立家园活动电子影像档案，同时保证每天开放时间为8：30—16：30。

4.上下共管，保障经费

家园活动开展经费由区妇联和街道妇联实报实销，运行经费由社区工作站站长统一管理。家园的经费使用坚持量入为出、节约使用、合理安排的原则，做到专款专用、严格报账。

5.鼓励参与，自我管理

家园发挥社区儿童保护工作办公室的职能，建立家长委员会和儿童委员会，明确相应职责，鼓励家长和儿童参与并实现自我管理。家长委员会每两周召开碰头会，交流近期活动开展情况并总结经验和问题，为下阶段工作出谋划策。儿童委员会主要通过儿童委员发挥引领作用，实现儿童自我管理与发展。家长委员会和儿童委员会发挥了家长和儿童的主观能动性，提升了他们的主人翁意识，并逐步带动更多儿童和家庭参与到家园活动中。

家园的主要服务

家园针对不同年龄段儿童及其家庭特点，围绕学龄前和学龄期两种年龄层次需求开展丰富多彩的活动。

1. 主题活动趣味多

家园开展丰富多样的主题活动，丰富儿童的课余生活，促进儿童与家长的沟通，提升儿童的交流能力和社会适应能力。

儿童之家活动一

儿童之家活动二

例如，家园邀请科学育儿辅导专家，义工联、苏州大学、苏州科技学院等共建单位院校和早教机构志愿者开展“大手拉小手”等各类早教亲子活动。开展“舞动精灵”“暑期夏令营”“星火实验”等主题活动，进一步丰富了孩子们的校外生活。结合各种节庆假期开展主题活动，包括“迎新年送福”“元宵包汤圆”“教师节贺卡制作”等节庆活动。家园通过安全讲座、亲子活动、现场模拟等方式全方位开展安全知识教育活动，大力宣传儿童安全自护知识。市妇联专门出资设计制作了儿童安全守护动漫片，家园借此机会，将宣传光盘向辖区儿童进行发放宣传，在辖区内掀起了一股儿童自我保护、家长监护、社会保护的风潮。

2.心理健康活动不可少

家园注重儿童心理健康，时常邀请心理专家、志愿者，通过心理健康讲座、互动小游戏等方式，促进儿童身心健康，快乐成长。针对有心理障碍的特殊儿童，家园通过区妇联邀请心理咨询师，帮助儿童解决各项心理问题。目前，已经有4个儿童通过心理咨询情况好转。

3.创新服务项目：“金种子——流动学龄前儿童全人发展计划”

家园在做好基本服务的同时，努力创新服务形式，致力于惠及更多儿童和家庭。“金种子”——流动学前儿童“全人”发展计划就是其中之一。该计划于2013年得到苏州市第二届公益创投活动项目支持，以“全人教育”的理念开展儿童社会工作服务，团队由儿童生理、心理、教育、医学等领域的专业人员组成，为流动学前儿童提供“生理—心理—社会”全方位多角度体系化的发展计划。项目主要活动包括：①金色种子——兴趣培养班；②个性种子——个性发展室；③爱心种子——心理佑护站；④呵护种子——幼儿自护网；⑤合欢种子——亲子互动组；⑥优化种子——编织支持网。该计划在2013年8月至2014年5月间共开展了二期活动，使社区60户家庭受益。

家园基于“金种子”项目，继续扩大其服务范围，陆续开展了“呵护种子”幼儿安全教育、舞蹈启蒙种子艺术培训、“缤纷嘉年华”舞蹈英语早教体验、“气球嘉年华”亲子大联欢等活动，得到了广泛好评。

家园的宣传倡导

家园自成立至今，始终将宣传作为重点工作，运用报纸、电视、广播、博客、活动QQ群、海报、宣传册、宣传栏等多种途径和手段广泛宣传儿童友好家园理念，如儿童四项基本权利，儿童保护的基本理念等内容，积极营造“儿童优先”的良好氛围。家园在苏州日报、姑苏晚报、城市商报等多家报刊以及苏州新闻、社会传真、新闻夜班车、民生在线等主流媒体上被报道四十余次，赢得了社会各界的关注和赞誉。

儿童友好家园宣传易拉宝

宣传折页

开园以来，儿童友好家园的日常工作和活动有序推进，在市、区妇联的指导下，参加家园组织开展的各类活动的儿童累积14000余人次、家长近3万人次。调查评估发现，“儿童友好家园”项目不仅得到辖区儿童及家长们的高度认可，而且儿童保护理念已经深入儿童及家长内心。家园的工作理念和方法、成果、工作模式得到推广。在来园儿童及家园工作人员的共同努力下，以“一切为了儿童，为了儿童的一切，为了一切儿童”为宗旨，新型现代化社区的儿童保护探索之路越走越宽，儿童保护理念正在全面辐射社区儿童，普惠社区儿童。

案例点评

沧浪新城儿童友好家园作为在经济发达的地区、依托联合国儿童基金会与国务院妇女儿童工作委员会办公室合作项目建立起来的儿童友好家园，呈现了以下鲜明的特色：

1.家园的环境创设，活动开展体现出一定的科学性

无论是从环境的创设还是活动的组织、开展上，家园都以儿童需求为导向，促进儿童发展，体现出一定的科学性和前瞻性。

2.家园的管理和运行具备较强的规范性

家园运行中，成立“建立以社区为基础的儿童保护服务体系与网络”项目领导小组，通过加强领导、配齐队伍、明确职责、健全制度、保障经费、健全机制等一系列举措，强化家园管理的规范性和高效性。

3.家园的服务模式呈现出一定的创新性

为确保项目实施及可持续发展，提升儿童公共服务水平，家园积极挖掘、整合资源，着力打造“社区工作者+社会组织+志愿者”的服务模式，提升服务的创新性、专业性，着力提升儿童自我参与、发展和保护的能力。

儿童是家园的受益者，更是家园的主人

——江苏省苏州市吴江区三村社区儿童友好家园

孩子不仅是家园服务的受益者，更是家园的主人。在工作人员的鼓励和引导下，孩子们积极参与家园的活动、管理、决策，这不仅是他们独立、自信的表现，更能提升他们的参与能力。在江苏省苏州市吴江区三村社区儿童友好家园中，处处可以看到孩子们活跃的身影。

吴江三村社区儿童友好家园外观

江苏省苏州市吴江区三村社区儿童友好家园位于吴江区太湖新城（松陵镇）三村社区服务中心。辖区总面积为1.68平方公里，家园覆盖人群共有居民2653户、7696人。其中，18岁以下儿童1600余人，包括留守、流动儿童12人。

2011年，三村社区“小伙伴乐园”特色服务品牌被上级妇联选定为吴江唯一的儿童工作示范点。在此基础上，社区依托联合国儿童基金会与国务院妇儿工委办合作开展的“儿童保护体系与网络建设”项目成立社区儿童友好家园，并于同年5月正式开园。家园充分利用三村社区服务中心现有资源，场地建设投入3万元，尽最大努力满足辖区内未成年人的成长、发展需求。

家园概况

为满足儿童、家长和社区其他成员的不同需求，儿童友好家园基于自身条件，充分挖掘潜力，提供了多样的活动空间，分为室内和室外活动区域，并配备了较为丰富的设施设备。

家园室内活动面积220平方米，分为四个功能区。其中，图书阅览室占地60平方米，有图书展架3个，图书3175册，同时为低龄儿童配有跷跷板、小型滑梯、书桌、益智积木等各种玩具，满足不同年龄段儿童的活动需求。多媒体活动室占地60平方米，室内摆放妇女儿童权利宣传展架，可容纳48人开展讲座、观影等活动。电子阅览室占地40平方米，配有计算机10台，四周墙面张贴展示儿童风采的书法和绘画作品。文艺活动室占地60平方米，墙面张贴各项规章制度，并安装了专用的立体镜面，可方便儿童文艺娱乐活动的开展。

图书阅览室

电子阅览室

家园的室外活动场所。三村家园位于鲈乡三村小区内，与吴江区鲈乡实验小学相邻。在小区内，有开放的小花园、硬化场地、亭子等，可以满足户外活动中遮阳挡雨的需求。社区服务中心旁有居民健身场地，健身运动器材齐全。社区服务中心门前有小广场，可以开展大型的室外活动。室外的活动场所能满足家园的基本活动需求。

家园各项设施设备较为齐全，能够满足儿童进行各类活动的需要，促进儿童身心发展。室内设施和设备主要包括各种游戏用品、体育健身器材、球类活动装备、图书、乐器和教学设备等；办公辅助设施和设备主要有办公桌椅、箱柜、办公文具等；生活支持保障设施和设备主要有清洁养护设备、外伤急救医疗包等。家园对所配备的各种设施和设备都有严格的管理程序。

自创办以来，共有988名（男孩463名，女孩525名）、5979人次18岁以下的儿童接受了家园的服务。其中，6—12岁儿童较多。同时，有782名、4015人次的家长接受了家园服务，以女性家长为主。

有效管理，注重评估

1.建立多层次管理队伍

家园的主管单位是苏州市吴江区妇儿工委办，由妇联一名科员负责协调家园事务。主管单位通过“儿童友好家园项目”对家园进行一定的经费支持。家园的日常管理运行依托三村社区服务中心资源，由家园专职工作人员和三村社区工作人员共同负责。家园建立了政府主导、部门参与、社会各界共同支持的工作机制。

社区参与家园具体的管理运行工作。三村社区服务中心积极参与家园的管理运作，社区工作人员同时担任家园儿童保护委员会（CPU）成员。中心成立了社区儿童保护工作办公室，负责社区日常儿童保护工作。儿童保护委员会每个季度在三村社区召开一次儿童保护项目协调会，讨论确定儿童保护主题并指导办公室开展具体工作。

成立家长委员会。家长委员会对家园的日常管理运行有参与和建设的权利与义务。家长委员会设立主任1名，副主任1人，委员7名。组成成员从社区有一定威信和影响，具备必要组织能力和活动能力，又有相应业余时间的家长中选举产生。他们热心，关注儿童工作，并能在教育子女方面起到表率作用。家长委员会的主要职责包括：定期听取儿童之家的工作计划、具体工作情况介绍，第四季度听取家园工作总结汇报；对家园各项工作提出建设性意见；参与或主持家园的大活动；协助家园举办家长学校或进行家庭教育讲座；组织交流和推广家庭教育先进经验；组织专题学习讨论，明确家长在家庭教育和儿童成长过程中的角色。

2.制度完善，评估规范

家园不仅有较为完善的工作制度，还有对制度执行状况的定期评估。目前，家园制定了家园工作制度、心理辅导工作制度、心理咨询师保密制度、志愿者服务制度、阅览室工作制度、安全管理制度、才艺室工作制度等。家园的经费管理规范，资金台账清晰。家园运行经费、主题活动、儿童保护委员会活动经费都有明晰的记录。

充分发挥儿童的主体作用

1.从儿童需求出发，鼓励孩子积极参与

三村社区儿童友好家园对社区内0—18周岁的儿童进行了需求摸底调查。根据调查结果，家园开展针对不同年龄段的儿童保护宣传活动，在设计、组织

活动和服务的过程中，注重听取儿童意见，鼓励儿童参与，切实保障儿童的参与权。孩子们在家园的活动中展现了积极参与和乐于分享的主人翁姿态。此外，家园还联合科学育儿中心共同开展亲子活动，邀请父母与子女共同游戏、玩耍，促进亲子互动，提升双方亲密度。在活动过程中，志愿者还会与父母深入交流，鼓励父母放手，让孩子积极主动参与家园活动，融入社会。

2.家园成“儿童委员会”，让儿童参与家园管理

儿童委员会总计11人，5名男生，6名女生，尽量保证男女比例平衡。儿童代表尽量避免与家长代表来自同一个家庭。儿童委员会设委员长1名，副委员长2名，委员8名。儿童委员会对家园的日常管理运行有参与和建议的权利与义务。儿童通过儿童委员会全面参与家园的运行。家园工作领导小组、家园日常运行团队在开展有关工作、计划安排活动的过程中充分吸取儿童委员会的意见和建议，使家园真正成为儿童的家园。

2015年，家园充分发挥儿童的主体性和积极性，经过儿童自拟、征集、甄选、讨论、审议并表决通过了《2015年假日学校孝顺父母公约》和《2015年假日学校遵纪守法公约》，在此过程中充分体现了儿童的主体作用。

志愿者与家园互动，形成良性循环

经常参与儿童之家工作的志愿者有18名。社区的“五老志愿者”是志愿者队伍的中坚力量。学生家长、社区周边学校的老师和在校大学生是志愿者的重要来源。目前，家园拥有七支志愿者团队，分别是家园志愿者、家园公安民警工作队伍、家园团组织工作队伍、家园文化工作队伍、家园劳动工作队伍、家园教育工作队伍和家园司法工作队伍。提供的服务涵盖了家园宣传、儿童保障、婴幼儿保健、心理咨询、信息收集、法律服务、健康教育等方面，为儿童发展贡献力

量。通过参与各种活动，志愿者对家园有了更充分的认识，自觉自愿地加入家园服务中。志愿者与儿童之家的相互认同，形成了良性循环。

创新服务，创办特色项目

家园自开放以来运行正常，确保每周开园40小时以上，开放时间为每天上午8：30—11：30，下午1：00—4：30。日常服务活动中，孩子们在工作人员的指导、家长的陪同下在家园内娱乐、学习、游戏。每周六上午，家境较困难、成绩较落后的学生可以在家园中得到志愿者的课业辅导和思想道德教育。暑假中，孩子们在家园内积极参加各类主题活动，使得家园在社区中的影响力大大提升。

好苗苗班活动

自开办以来，家园开展各类服务活动累计89次，包括游戏类、娱乐类、儿童教育指导类、卫生保健指导类、社会心理支持类、课后托管类、家庭教育指导类和转介类服务。

家园创办的第一项特色服务是“好苗苗”班。“好苗苗学习班”主要面向困境儿童提供服务，每周六上午开展2小时的服务，主要进行思想道德教育和文化拾遗补缺。第二项特色服务是“假日学校——禧娃营追梦夏令营”。夏令营分为梦想阶段（准备阶段）、追梦阶段（行动阶段）、圆梦阶段（总结阶段）。孩子们通过夏令营活动收获了快乐也得到了素质和能力的提升。

调动社区各种资源，共同开展服务活动

家园坚持开展“家校联动”“日行一善”“道德银行存储”系列特色活动，成功打造了“小伙伴乐园”这一服务品牌。“家校联动”，是指儿童友好家园和鲈乡实验小学、北门小学、天和小学、长安花苑小学四所学校进行联动，开展“禧娃迎追梦”暑期夏令营活动、端午节老少联欢活动、安全教育系列讲座等活动。家园的辐射范围由社区走向学校，使更多的儿童参加到家园活动中。

庆重阳联欢会

规划局、吴江日报社、国税局、民族宗教事务局、供电公司、水利局、总工会、法院、人民银行、民生银行十家单位是三村社区的“一联双管”单位。“一联双管”单位利用自身的资源优势，以丰富的形式为家园的孩子们带来丰富多彩的实践活动。

三村社区支部党建工作小组根据党员不同的文化素质和技能，根据机关党员进社区具体的服务活动，安排不同的党员在家园中担任不同的志愿者角色，组成不同主题的工作队伍，其中包括家园环境建设、思想道德教育、传统文化教育、文化知识教育、低碳环保教育、文体艺术、家长学校教育、乐居吴江等。党小组在充分调动党员的积极性和主观能动性的同时，鼓励党员发挥先锋模范作用，真正做到组织服务党员、党员服务群众，为家园的运行和发展提供有利的组织保障。

案例点评

三村社区儿童友好家园成立于2011年5月，在管理和运行的过程中，注重整合社会资源，充分调动各主体优势、为家园工作添砖加瓦，是一家成熟的、具有示范性的儿童友好家园。

1.注重整合资源，规范家园管理

家园建立了多层次管理队伍，工作制度完善，规范管理，定期评估。家园注重发挥各类人员的作用，整合社区各种资源，引导他们参与建设家园，增强认同，形成良性循环。确保日常服务规范化和常态化。

2.发挥儿童主体作用，重视家长参与

家园成立家长委员会和儿童委员会，为儿童和家长参与家园建设和管理提供了平台。帮助儿童和家长有效参与到家园的活动安排和管理运行当中。增强了家园服务的针对性，让孩子真正成为家园的主人。

3.注重创新

在开展日常服务的同时，家园通过创办特色项目，针对特定人群，开展创新服务，着力打造有特色的服务品牌。有利于扩大家园服务的覆盖面，提高家园服务的特色性，让更多家长和儿童主动加入进来。

温馨家园，特色品牌

——江苏省无锡市梁溪区通江街道金河湾社区儿童之家

金河湾社区位于城乡接合部，中央车站枢纽地区。金河湾社区常住居民1244户、3170人，其中妇女1194人、18岁以下儿童951人，社区中外来人口占常住人口的60%，他们大多来自福建、浙江等省，多是从事五金、物流行业的小私营业主。

金河湾社区儿童之家位于社区服务中心。2012年金河湾社区整合各类资源创设社区儿童之家，由社区妇联专人负责家园事务。家园场地建设投入30万元，设备设施一次性投入10万元，于2012年10月正式开园。家园日常运行经费来源于上级拨款、政府购买项目和公益创投申报等。家园致力于为儿童和家长服务。儿童之家、社区图书室、电子阅览室、科普馆等活动室全年无休开放，平均每周开放时长50小时。工作日开放时间为9：00—17：00，节假日开放时间为9：00—16：00。举办以来，来园活动的儿童累计250人、1800人次，家长累计50人、150人次。家园开展各类服务活动累计300次。其中，“放学来吧”特色活动（课后托管类）每周五1次，累计180次；绘本阅读（儿童教育指导类）每月1次，累计30次；探访小分队活动（游戏类、娱乐类）累计60次；亲子课堂（家庭教育指导类）累计20次；健康讲座（社会心理支持类、卫生保健指导类）累计10次。

儿童之家开展多样化服务，使辖区民众特别是外来流动儿童和家长受益。如开展“放学来吧”活动，为放学无人看管的儿童提供关爱和服务，激发青少年反哺社区的热情；建立常态化志愿者服务队伍，通过引进“北辰亲子”“童舟亲子”“欢乐义工”等社会组织，吸收家长、外教、文体骨干成为志愿者，为实现社区邻里自治准备一支强有力的队伍。这些成果的取得与儿童之家付出的努力是密不可分的，其中以人为本的品牌服务、硬件设施的保障和多层级服务队伍的建设尤为重要。

以人为本，打造服务品牌

针对金河湾社区外来人口多、未成年人多、私营小业主多的现状，儿童之家积极上门走访，围绕需求做好服务工作。以需求为导向设计申报“彩虹梦工坊”外来失陪儿童关爱项目和“爱满童心——绘本阅读分享”项目，均获得无锡市妇联公益创投项目的资金支持。家园以此针对社区学龄前及小学阶段的250名儿童提供心理疏导、学业辅导、朋辈陪伴、兴趣培养、亲子互动等关爱支持服务。

1.“彩虹梦工坊——外来失陪儿童关爱”项目

“彩虹梦工坊——外来失陪儿童关爱项目”目前已成为家园的特色品牌服务项目。品牌服务的成功打造得益于三个方面的重点工作。

一是以人为本，构筑平台，提供针对性服务。针对金河湾社区人员复杂、出租户多，自购住户中外来人员家庭多、家长受教育程度不高和亲子沟通少等问题，成立了“彩虹梦工坊”。以个案、小组、社区工作方法，通过心灵陪伴、朋辈陪伴、亲情陪伴等针对性的服务，为无人看管的外来孩子提供了一个健康、安全且有利于学习成长的空间。该项目还荣获了江苏省妇联“最佳公益社工服务项目”，受邀参加第五届“上海公益伙伴日”活动展示。

二是因地制宜，开拓创新，开设多样化小组。针对外来儿童放学后得独自回家，得不到父母照顾的问题，家园开设了“放学来吧”学习小组和“探访小分队”成长小组。“放学来吧”学习小组，主要对孩子们进行学业辅导，以提高孩子的学习能力、帮助解决学习问题并养成良好的学习习惯。在辅导孩子完成作业之余，小组还会开展特色活动，如绘画板、少儿足球队、外教课堂等。“探访小分队”成长小组则通过“感官无锡”活动，让孩子们通过“舌尖品无锡、眼看无锡、耳听无锡、手绘无锡、步行无锡”的形式感知无锡，帮助孩子们深入了解无锡，消除城市陌生感，融入无锡城市生活，同时得到朋辈陪伴，从而实现小组发展目标。

三是注重品牌意识，不断整合资源。在推进“彩虹梦工坊——外来失陪儿童项目”过程中，家园积极协调各方，凝心聚力，努力打造特色化品牌。积极组织社工上门做父母的思想工作，动员家长参与社区活动，通过“大手牵小手”等各类亲子活动，增进家庭间的互动与交流，让失陪儿童感受亲子陪伴，增强家庭凝聚力和社区归属感。项目同时致力于培养家长建立志愿者队伍，通过引进社会组织，吸收家长成为志愿者骨干，为促进社区和谐增添一支强有力的队伍。

彩虹梦工坊活动

“探访小分队”成长小组活动

2."爱满童心——绘本阅读分享"项目

"绘本阅读"项目作为一种新的阅读方式正在逐渐走进各个家庭，走近孩子。家园邀请社会组织给孩子和家长们一起开展了30余次绘本阅读活动。同时通过绘本故事，进行相应的亲子游戏及DIY活动。如在阅读《好安静的蟋蟀》之后，孩子和家长们一起做起了拼贴画；在分享了《朱家故事》之后，孩子和家长们一起进行了趣味劳动大比拼，体会劳动的意义和乐趣；通过聆听《神奇飞书》，让孩子们分享阅读的快乐和感动。为增加实效，使得亲子阅读真正意义上扎根社区，家园针对社区内外来务工子弟、流动儿童家庭，每月进行一次绘本读书会，让阅读不再枯燥无味，提高孩子对读书的兴趣，并培养良好的阅读习惯。筛选20组家庭参与绘本漂流活动，小朋友通过记录绘本阅读感想，完成一本自制绘本。阅读绘本后，家园还会开展亲子绘本角色扮演活动，让家长和孩子一起进行角色扮演，还原故事内容，并从中得到启发，这有利于帮助家长和孩子培养良的好阅读习惯，增加亲子互动与沟通。

设施完备，保障儿童活动顺利开展

儿童之家室内活动面积600平方米，分为文体活动室、儿童启智空间、青少年成长空间、图书室、妇儿维权站、邻里空间、科普馆等功能室。其中，文体活动室150平方米，内设健身室、排练厅和书画室；儿童启智空间150平方米，内设绘本馆，有绘本100余册，以及滑梯、海洋球、益智类玩具等儿童娱乐设备；青少年成长空间100平方米，让青少年在动手动脑的环境中体验学习的快乐，增强挑战的勇气，培养团队合作精神；图书室40平方米，有图书1200余册，分青少年类、中国文学类、外国文学类、科普类、健康类等；妇儿维权站20平方米，为妇女儿童提供维权咨询与服务；邻里空间60平方米，展示社区最美家庭荣誉、家风家训、成长档案等，让更多的家庭和居民群众从身边的“最美家庭”身上感受到强大的力量；科普馆80平方米，有风力发电、节能灯等小型科普模具，传播环保、节能低碳的科学理念。

儿童之家室外活动总面积是1029平方米。有篮球场1处（169平方米）、网球场1处（260平方米），儿童游乐场3处（300平方米）及健身器材3处（300平方米）。

活动区域集锦

整合资源，打造多层级服务队伍

金河湾社区儿童之家由儿童之家工作人员、志愿者、家长委员会成员共同开展服务。家园现有工作人员有7名，其中专职人员5名，本科以上学历4名，中级社工3名。儿童之家的工作人员、志愿者均享有稳定的待遇或补贴。专职人员享受工资待遇，提供“五险一金”；社工、志愿者享受项目补贴，通过公益创投项目支出，按季度结算发放。

为了更好地整合多种教育资源，进一步加强社区与儿童、家长之间的沟通与合作，构建家园、儿童、家长之间的互通“立交桥”，完善家园、儿童、家长三位一体的儿童整体教育网络，儿童之家成立了家长委员会。家长委员会成员通过自荐、推荐和筛选投票的方式产生，遴选出社区工作人员代表、专家代表、家长代表共计20人作为家长委员会成员。

儿童之家定期召开委员会成员会议，听取家委会成员关于儿童之家工作、社区儿童发展等方面的建议和想法，对儿童之家日常工作进行监督并提供帮助。

注重宣传，网络互动

为扩大儿童之家的服务覆盖面，让更多的孩子和家长了解儿童之家并加入进来。家园制作了专门的宣传折页，在社区各类活动中进行发放。

在传统宣传方式外，儿童之家积极运用新媒体宣传方式，开通“爱满金河湾”微信公众平台，定期发送活动信息、惠民信息等。截至2016年12月，儿童之家累计推送300条图文信息，与居民网络互动250余次，解答居民咨询100余条。

案例点评

金河湾社区儿童之家的建设和运行，呈现出以下三个特色：

1.打造特色服务品牌，吸引公益项目资金

儿童之家针对社区外来人口多、未成年人多、私营小业主多的现状，努力通过项目化动作的方式打造服务品牌，采取专业化服务方法，提升服务质量。其中“彩虹梦工坊”外来失陪儿童关爱项目、“幸福魔方”外来媳妇关爱项目和“爱满童心”绘本分享项目，均获得无锡市妇联公益创投项目的资金支持。这些资金成为儿童之家日常运行的重要经费来源，使得品牌建设和儿童之家的发展形成良性互动。

2.特色品牌服务与常态化服务兼顾，促进外来人口社区融入

“彩虹梦工坊——外来失陪儿童关爱项目”以个案、小组、社区工作方法，通过心灵陪伴、朋辈陪伴、亲情陪伴等针对性的服务，为无人看管的外来孩子提供了一个健康、安全且有利于学习成长的空间。主题丰富的常态化服务使众人群特别是外来流动儿童和家长受益，为外来人口家庭搭建亲子、婆媳、邻里互动平台，促进和谐融入社区。

3.多层级的服务队伍，保障家园的活动顺利开展

金河湾社区儿童之家组织结构合理，由家园的工作人员、社会组织、志愿者和家长委员会组成。家园工作人员和社会组织负责为孩子们提供专业的服务，而志愿者和家长的加入能够帮助家园活动顺利开展，吸引更多社区居民参与，共同打造儿童服务与儿童保护的平台。

社区、家长的参与是儿童之家发展的不竭之源

——浙江省嘉兴市南湖区东栅街道格林社区儿童之家

格林社区儿童之家位于浙江省嘉兴市南湖区东栅街道格林小镇。服务场地由社区文化活动中心改建而成，场地建设投入20273元，设备设施一次性投入21590元。儿童之家于2014年3月正式开园。

格林社区儿童之家是真正建立于社区，并服务于社区儿童的第二课堂。它免费为儿童及其家庭提供游戏、娱乐、教育、卫生、社会心理支持和转介等服务，是孩子们课外娱乐、学习的好去处。至今，家园服务已惠及社区儿童两千余人次。在装修一新的“儿童之家”，一应设施物品都充满了童趣，房间架子上整齐地摆放着的各类绘本故事书以及象棋、画笔、手工用具等各类用品，深深地吸引着社区的孩子们。

儿童之家活动室（一）

儿童之家活动室（二）

出发——以儿童需求为导向

1.从儿童需求出发，改善阵地建设

因社区办公用房配置问题，格林社区原有公共基础设施分散，各自为营。经过街道领导多次上门指导工作，社区领导多次听取辖区单位、党员和居民代表意见，将社区用房合理改建，充分利用，并与小区物业沟通，整合了各小区的图书馆、舞蹈室、乒乓室、网球场等资源，实现了资源共享。资源整合后，社区“儿童之家”拥有活动面积1000多平方米，包括早教基地、社区家长学校、小咕咚童书会、早教智慧屋等功能室和场地，为儿童学习和活动提供了全面的设施保障，真正实现了有阵地做事。

2.由家长自发组织建立，积累儿童陪伴经验

与实施项目、政府组织、妇联组织创建的儿童之家不同，小咕咚童书会是由社区家长创建，他们自发组织、策划和开展各项活动，吸纳社区成员加入“小咕咚”的活动。童书会的家长们完全是从孩子们的需求出发，开展了亲子阅读、故事会、儿童集市、小咕咚音乐会、户外运动、家庭教育讲座及父母沙龙等一系列活动。童书会还有强大的后台义工团队，他们与各家庭通过QQ群、微信群、微信公众号进行互动与沟通，建立了线上线下的融洽氛围，为家园各项活动的开展打下了坚实的基础。义工团通过公益活动开展其他丰富创

包饺子活动

户外“画春天”写生活动

新的亲子活动，促进社区家庭教育工作的多元化，形成紧密、亲切的社区家庭氛围。格林社区儿童之家正是通过发挥“小咕咚”童书会的作用，在建设与不断发展的过程中形成了社区化的特色，也积累了丰富的儿童教育陪伴经验。从2014年至今，家园针对不同年龄段开展各类活动共110余次，其中针对6岁以上的小学生开展活动35次，父母训练营活动15次，儿童保护委员会工作会议8次，做到了周周有活动、月月有交流。

3.多方出力筹资，保证服务顺利开展

格林社区儿童之家的建设得到了各级妇联高度重视和支持。省妇联连续2年拨付儿童保护项目专项资金共计4万元，南湖区妇联拨付专项资金2万，并拨给格林“小咕咚”童书会0.5万元用于购买书籍。同时，家园也得到了东栅街道党工委和社区共建单位领导及社区党员的关心和支持，使建设资金迅速到位，为其建设和运作提供了有力保障。

发展——以规范管理为目标

1.充分利用社区资源，构建服务网络

儿童之家为打造务实高效的工作团队，以“义工+社工+妇工”模式构建服务网络。家园组建了一支热情高、素质高、能力强的志愿者队伍。这些志愿者大多数都是年轻的家长，他们自发组织、自行策划开展各项活动，以不同年龄段的儿童需求为出发点，保证了活动的有效性和特色。

（1）社工团队

家园的社工团队由社区中持有国家社工证的工作人员和社区共建单位及辖区单位中持社工证和相关专业的人员组成，包括中小学老师、幼教专家、医生、心理专家等。

（2）义工团队

儿童之家义工妈妈

家园义工团队的所有义工都来源于参加活动的儿童家长。他们不仅是活动的参与者、受益者，也是活动的组织者。他们来自各行各业，发挥各自所长，服务社区各家庭。义工团队每周定期开展活动，由义工家长商议决定活动主题以及活动形式。目前，这支志愿者队伍已经达到92人。

（3）妇工团队

家园的妇工团队由社区妇女儿童工作者和社区中关心儿童、热心公益的在职和在册的女性党员组成。

（4）儿童保护委员会

家园成立了儿童保护委员会，由居委会负责人、儿童之家管理人员、社区民警、社区全科医生、幼儿园及学校老师、楼道长、社区老舅妈、聘请的专业心理咨询师及社区群众代表等组成。委员会每一个季度召开一次专题工作会议，明确工作职责，制订项目活动计划，通报阶段性工作进展，协调处理具体的儿童保护案例，形成儿童保护的社会参与机制。

2.完善工作规章制度，规范管理

格林社区儿童之家建有完善的工作规章制度，保证了家园的日常管理，确保其规范有效地运行。社区首先成立了儿童之家管理运行领导小组及工作机构，协调解决儿童之家管理运行有关事宜。领导小组制定了儿童之家的管理办法，采用一级抓一级、分级考核的办法对儿童之家进行管理。社区还接受街道妇联每年对家园情况的考评。家园则建立了儿童跟踪管理档案，对儿童登记备案，分类区别对待，进行有针对性的教育和管理。同时，家园要求工作人员随时了解儿童的学习、生活状况、思想动态等，有针对性地对他们进行帮助和引导。

落脚——以儿童专业陪伴为特色

1.摸底调查，构建儿童权益保护网络平台

儿童之家除开展日常服务和主题活动外，还在调查摸底的基础上，对重点家庭进行干预。家园组建志愿者骨干队伍，制订社区重点户帮扶计划和“一对一”结对帮扶制度。针对残疾儿童家庭的心理支持、网瘾儿童的“学习成绩”、单亲家庭儿童的“亲情缺失”等问题，组织开展了“与爱同行”关爱行动。社区心理专业义工胡妈妈与社区自闭症儿童程晓（化名）、党员妈妈陆妈妈与单亲双胞胎儿童张大（化名）和张小（化名）、社区“老娘舅”和社区律师与网瘾少年唐小强（化名）结成了对子。前者对后者开展亲情关爱、生活援助、学业支持等行动。家园还根据需要组织协调相关部门对重点家庭引入了定期探访、心理咨询和法律援助、医疗救助、媒体倡导等帮扶措施。这些构成了一个呵护网络，使社区儿童在温暖健康的社会环境下健康成长。

格林社区儿童之家还实施了“儿童保护项目”。通过参与这一长期项目，家园致力于探索与社会各界共同搭建儿童权益保护网络平台的道路，更好地为受伤害的社区儿童及家庭提供心理援助和其他救援服务等。家园将通过宣传倡导、危机干预、个案跟进、制度建设、能力提升等多项内容力求更好地服务于社区的广大妇女儿童。

2.因地制宜，合理设计服务方案

儿童之家建立起了以家庭教育为核心的儿童工作支持系统。针对社区年轻

父母多、少年儿童多、文化才艺人员多的特点，家园以建立良好亲子关系为主线，突出家庭教育及儿童关爱职能，为家庭、儿童提供教育、保护、发展等多方面的专业化、个性化服务，实现社区化的互动，建立起了以家庭教育为核心的儿童工作支持系统。

（1）儿童道德实践活动

儿童之家采用“社区报到—领取活动安排表—参加活动—获得反馈评价”的模式，在寒暑假期间广泛开展了未成年人道德实践活动。例如，暑假共开展活动31次，参加人数350多人。

（2）儿童快乐之家活动

家园面向学龄前儿童开设了儿童快乐之家活动。家园配有各种启蒙教育类设施与玩具，幼儿图书300多册。平时均对外开放，每周五晚上则定期开展活动，安排家庭教育志愿者参与管理。同时，家园邀请知名早教机构的专业人士为0—3周岁学龄前儿童开展主题运动、亲子健身、精细动作、认知语言、社会情感、音乐感知、色彩涂鸦等多个领域的早教活动。

儿童早教活动

自开放以来，家园平均每周接待幼儿30余人。迄今，开展育儿专家指导活动20次，组织家长科学育儿讲座8次，累计500多人次幼儿参加活动，150多名家长聆听了专家讲座。大家借以共同学习、相互交流心得体会、借鉴育儿方法。

（3）开设家长训练营

为提升父母与孩子沟通的能力和与孩子互动的技巧，家园以争创优秀家长学校活动为契机，积极开展家庭教育为主题的培训。家园邀请社区内的优秀家庭教育工作者，为家长开展了“成长与品格”“沟通与交流”“如何做一个合格的家长”等家庭教育专题讲座。仅2017年就组织父母效能培训7期，参加的家长有近100人。至今，家园已累计开展亲子讲座8次，参与人数176人次，活动的辐射面达到了5700户家庭。

3.多途径宣传，创建保护儿童的环境

在宣传上，家园多渠道积极争取政府、社区或其他方面的人员和经费支持，构建关爱儿童、保护儿童的环境和氛围。社区多次组织召开儿童保护项目专题会议，认真传达文件精神，对该项目的目的、意义及作用进行了明确，要求社区各小组认真准备、层层动员、宣传到户。同时，家园也利用社区的黑板报、宣传长廊、社区网站等，宣传儿童保护项目，扩大了其宣传面和影响力，构建了社区关爱儿童、保护儿童的环境和氛围。

儿童之家盘活了社区活动的公共资源，为儿童学习和活动提供了全面的设施保障，真正实现了有阵地做事。同时，社区还将儿童之家建设与妇联基层组织示范创建相结合，使其建设内涵更丰富，范围更广泛，真正发挥了其综合性阵地作用。

案例点评

缘起于社区“小咕咚童书会”的嘉兴市南湖区东栅街道格林社区儿童之家，其发展中呈现了以下鲜明特征：

1. 从社区特点出发，充分调动社区资源

相关部门从社区特点出发，充分调动了社区资源，通过家长们的自组织活动中挖掘儿童的真正需求，创办和运行儿童之家。这一运作形式可以最大限度地调动参与人群的积极性，使服务与需求完美匹配。

2. “社工+义工+妇工”的管理模式，有效补充人力资源

儿童之家工作人员类型多样，以“社工+义工+妇工”的形式将儿童支持者联合起来，保证了服务提供的有效性和特色性。家园多渠道积极争取政府、社区或其他方面人员和经费支持，使儿童之家的建设得到有效保障。

3.儿童保护项目凸显服务特色

除提供日常服务之外，格林社区儿童之家积极链接资源，加入“儿童保护项目”，通过一对一结对的方式对社区内困境儿童提供较为专业的服务，帮助其健康成长，这一点具有借鉴意义。

儿童保护新模式——“3455”

——浙江省杭州市滨江区浦沿街道新浦社区儿童友好家园

新浦社区儿童友好家园基于国务院妇女儿童工作委员会办公室与联合国儿童基金会的儿童保护项目创建，是浙江省首个儿童保护项目试点运行单位，于2010年7月正式开园。在省、市、区各级党委、政府的关心指导下，新浦社区精心筹备，将社区公共服务中心用房二、三楼（近800平方米）改建为儿童友好家园活动场所。场地建设投入56万余元，设备设施一次性投入5万元。

家园基本情况

工作人员探访儿童家长

新浦社区儿童友好家园位于杭州市滨江区浦沿街道新浦社区镇前路。社区常住人口2435人，家庭1255户，流动人口1371人，流动家庭451户，18岁以下儿童496人，流动儿童151人。居民从业状况主要以中小企业为主，经济收入处于浙江省中等水平。家园面向全社会开放，服务覆盖整个街道，使众多社区儿童和家长受益，增强了社区成员的获得感。受益儿童人数3500余人，家庭3000余户。正如来自甘肃的马女士所说：“我们来杭州经营兰州拉面店，以前两个女儿一直无人看管，我感到非常困扰。自从有了儿童友好家园，解了我的燃眉之急，孩子在这里不但安全还可以学到很多知识，还能与当地的孩子交朋友，我内心真的非常感激社区和家园。”

家园的空间创设及开放服务时间

家园重视环境创设，对室内活动面积进行科学的功能分区。包括心馨园（25平方米）、巧手园（22平方米）、悦读园（25平方米）、亲子家园（280平方米）、电子长廊（18平方米）、家长学校（125平方米）、智慧园（65平方米）、健身房（125平方米）、科普长廊（15平方米）、游戏区（100平方米）等10个功能区。配备跑步机、乒乓球桌等健身设施，有棋类、积木类等百余种益智类玩具和图书5325册，为儿童、家长和社区成员提供了多样化的选择。家园还充分整合资源，开辟室外活动场地，发挥4000平方米的社区文体广场作用，为组织儿童开展室外竞技活动、宣传活动和主题演出提供了场地支持。

家园绘画室

家园阅读室

家园制定并严格执行《儿童友好家园服务管理制度》《儿童友好家园来园登记制度》《儿童友好家园工作人员考评制度》《儿童友好家园物资管理制度》，确保运作正常有序。家园于每周二至周日上午8：00—11：00，下午1：30—4：30开园。平均周开放时间36小时。每周一为闭园消毒日。

家园的人员队伍建设及运行经费情况

儿童友好家园主管单位是杭州市滨江区浦沿街道新浦社区，园长由社区党委书记兼任，配有专职人员负责家园事务。

目前，家园共有2名专职、1名兼职工作人员。同时，有来自各大高校、中小学、司法公安系统的志愿者54名。为保证人员的稳定性和工作的持续性，专职工作人员工资由街道财政列支，按月发放，年收入约4万元。兼职人员为公益性岗位，工资由区人力资源和社会保障局列支，按月发放，年收入2.4万元。家园注重对工作人员的督导培训，帮助其增强儿童优先理念和儿童保护意识，强化对服务内容、工作方法的理解与掌握，提升向儿童提供服务和帮助的能力和水平。

家园的经费来源主要有：浦沿街道、滨江区人力资源和社会保障局为其划拨专项财政经费，保障人员工资。滨江区妇联也以资金、实物等方式予以支持。迄今，家园运行经费总投入已达57.5万元。以2016年为例，总经费11.5万元，其中人员经费由街道列支8万元、服务活动经费3万元、添置设备设施0.3万元、图书玩具更新0.2万元，平均每月0.95万元。

家园的服务——儿童保护“3455”新模式

家园从实际出发，深入调研、积极探索、认真总结，探寻出一条有新浦特色的儿童保护之路——“3455”模式。即在硬件建设上建好“三个中心”（亲子中心、辅导中心、娱乐教育中心），增强对儿童和家长的吸引力；在年龄结构上做好“四期教育”（婴儿期、幼儿期、儿童期、少年期 ），使不同年龄段的孩子都能得到服务；在项目运行上努力实现“五化”（阵地综合化、队伍专业化、运作系统化、指导科学化、普及社会化），使儿童保护机制更趋长效；在服务对象上关注“五类特殊儿童”（单亲、残疾、贫困、留守、流动儿童），使困境儿童得到有效帮助。为了充分实现服务儿童、服务家长、服务社区的功能，家园针对服务人群，开展有针对性的服务，注重服务特色和实效。

1.根据年龄段开展活动，关注各年龄段儿童保护要点

家园对0—6岁儿童及家长主要开展亲子游戏和育儿知识教育，6—12岁儿童及家长开展体育、娱乐等放松性活动，13—18岁儿童及家长开展沟通交流以及青春期生理和心理健康教育。

2.根据双休日、寒暑期开展活动，满足儿童实际需求

在双休日，家园一般组织开展较大型的室内活动和外出实践活动。如滨江区“七彩阳光”故事团每月为家园的孩子们送来一场公益读书会，现在故事会的小粉丝已经遍布全社区。家园在暑期开办绘画、毛笔字、葫芦丝等免费兴趣培训班，丰富社区儿童的暑期生活。

3.根据传统节日开展活动，将文化融入主题活动中

家园结合春节、“六一”节、母亲节、国庆节、建军节、重阳节等重大节日，开展各类纪念日活动。如组织春节写春联送春联活动，“六一”游园活动，重阳节“爱老敬老助老”活动等；结合国学进社区，组织社区家长儿童参

加“宝贝国学课”；带领社区儿童走进鸡鸣山高炮三连体验军营生活等。各种寓教于乐的活动，丰富了儿童保护的内容，增强了对孩子和家长的吸引力，来园人数不断增加。自开园以来，家园接待来园儿童累计3.3万余人次、4800余人，家长累计1.2万余人次、1500余人，其他社区居民累计1000余人次、330余人。开展各类服务活动累计190余次，其中日常活动140余次，主题活动60余次；重点服务的儿童群体为0—6岁流动儿童，约占来园儿童总数的70%。家园运行稳定、反响良好，得到社会各界的充分肯定，已成为辖区儿童学习活动、休闲娱乐的理想场所，也是当地儿童工作的一大亮点。

带领社区儿童走进鸡鸣山高炮三连体验军营生活

社区参与和社区融合

新浦社区全面参与家园管理运作，切实提供场地、人员、经费等保障，发挥4000平方米的社区文体广场作用，为组织儿童开展室外竞技活动、宣传活动和主题演出提供了场地支持。开展形式多样的宣传活动，广泛宣传儿童保护和科学育儿知识，组织动员社区居民和广大志愿者积极参与、群策群力，努力营造有利于儿童健康发展的良好氛围。借“六一”儿童节、邻居节、法制宣传周等时机，开展内容丰富、寓教于乐的入户宣传、专题讲座、广场咨询、文体表演等宣传教育活动，通过发放宣传资料、提供专业咨询、辅导等形式，不断丰富儿童及其家庭的日常生活。与社区内的中小学、幼儿园、部队、银行、超市等合作开展活动。注重家长和儿童参与，成立“新浦社区儿童友好家园儿童委员会”和“新浦社区儿童友好家园家长委员会”，自愿报名，差额选举产生6人委员会，年龄分别在6—18岁和25—45岁之间，在儿童友好家园运行中承担民主决策、提供建议、组织活动等职责，发挥协助、监督和促进作用。在双休日或节假日举行的大型活动中，社区居民志愿者们献计献策、出资出力。

“六一”儿童节亲子主题活动

经过几年的努力，儿童友好家园已成为当地儿童教育与活动的亮点品牌。家园也获得了不少荣誉：被评为2010年度杭州市精神文明建设十件大事之一；荣获2009—2011年度杭州市和谐社区建设工作创新奖称号；2015年在全国青少年校外教育示范项目评选中荣获三等奖。

案例点评

作为浙江省首个儿童友好家园试点运行单位，新浦社区儿童友好家园的创建和运行有很多值得学习借鉴之处。

1.结合社区儿童和家庭的需求，因地制宜创新工作模式

该儿童友好家园在服务模式上创新性地提出儿童保护与服务的“3455”模式，有效地回应了社区不同年龄阶段、不同需求类型的儿童及家庭的需求。在对本社区的资源和居民特点进行充分调研和分析后提出其工作模式，使得服务内容具有针对性。

2.重视工作者队伍建设，通过不断学习提高服务水平

社区党委书记兼任家园园长、配备数名专兼职工作人员和多样化的志愿者队伍，确保儿童保护工作的有效落实。为确保工作者队伍的稳定性和可持续性，区人力资源与社会保障局和街道财政划拨专项经费支付人员工资，保证经费投入。同时，家园也重视对工作者的能力建设，通过培训、督导等方式，提升服务水平。家园服务质量很大程度上取决于工作者的能力水平，因此在儿童之家的建设发展过程中要尽可能为工作者提供专业学习机会，提高服务水平。

一个“有历史”的儿童友好家园

——浙江省湖州市长兴县雉城街道水木花都社区儿童友好家园

水木花都社区儿童友好家园位于浙江省湖州市长兴县雉城街道水木花都社区一期会所，是一个“有历史”的儿童友好家园。这所家园于2008年就已经举办，但它针对儿童不断变化的需求，经历了从“一小时学校”“社区青少年成长驿站”到“儿童友好家园”的逐步发展过程。

水木花都社区是2007年新成立的纯住宅性小区，常住人口20000人，家庭数5561户，流动人口664人，流动家庭数132户，儿童800余人，留守流动儿童13人，居民从业人数11000人。社区居民大部分为上班族，农村购房、办企业的居民也较多，其平均收入高于浙江省平均收入。目前，家园服务覆盖儿童人数800人，家庭数780户。

儿童友好家园外景

创立·一切为了孩子

社区成立之初，社区妇联在走访居民家庭时，发现许多孩子放学后只能独自一人在家，或在小区内嬉戏玩耍，无人照看，存在极大的安全隐患。2008年6月，工作人员在征集大多数家长意见的基础上，在社区内招募了一批乐于奉献的爱心巾帼志愿者，创办了水木花都社区“一小时学校”。2009年，随着家长和孩子们需求的变化，又拓展、延伸，成立了“社区青少年成长驿站”，运用“妇联+”的模式，与长兴县青少年宫的专业化教育团队合作共同提供服务，不断满足社区青少年的需求。2014年，街道党委、妇联又在社区里拓展了青少年室外道德文化、邻里文化、家门口文化、楼道文化等实践教育基地。社区妇联利用节假日开展青少年增能活动，成功申报了省级“假日学校”，建成省级示范性儿童友好家园，场地建设一次性投入30万元，设备设施一次性投入10万元。

工作人员带领孩子做手工

管理·为了孩子的一切

整合社区资源，组建多层次工作团队。家园由街道妇女联合会主管，社区党组织负责日常事务，与长兴县青少年宫的专业化教育团队合作共同开展服务活动。为了保证家园的正常运转，街道为其配备了8名专职工作人员、3名兼职工作人员并招募了10名固定志愿者。专兼职工作人员无编制，其薪酬待遇与全国其他儿童友好家园相比较高。街道妇联以“妇联+社工、义工、社团”的模式，整合社区资源，培育能人团队参与家园服务，如“爱心帮扶团队”“家庭教育团队”“五老团队”。家园设置了“菜单式”培训与定向培训结合、课堂培训与实践培训相结合、大手牵小手一起培训与分类别培训相结合的工作模式，按月活动、按季培训。

家园的管理规范体现在完善的制度建设上，现有制度包括：儿童来园登记制度、工作人员管理建设制度、资产管理制度、财务管理制度。家园有明确的开放时间，并能按照开放时间准时开放。

政府提供资金，支持家园平稳运行。街道妇联通过街道财政预算列支和社会人士捐助的办法，给予家园一定的经费保障。具体经费由社区年初向街道提出财政预算，每月向街道财务中心申请拨付，活动按照年初计划，“一活动一方案”的形式给予资金保障。以2015年为例，家园活动经费中，财政列支54.7万元、共建单位资助经费12万元。其中，人员经费39.7万元、服务活动经费8.05万元、公共建设投入经费18.95万元，平均每月经费5.5万元。

调动居民力量，发挥志愿者的中坚力量。家园丰富多样的活动，离不开志愿者团队的付出。街道妇联通过自愿报名的形式在社区内组织志愿者团队为家园的日常服务提供支持。不同的志愿者团队充分利用各自的特长，发挥在家园中的作用。

志愿者颜师傅团队：共5位。退休人员颜师傅带队，每个月都会抽出一天时间来家园陪伴孩子们，通过分享一些小故事，做一些小游戏给孩子们讲解法律知识，用轻松的方式让孩子们从小知法、懂法、守法。

志愿者赵老师团队：共3位。赵老师是一名退休在家的对教育事业依然特别热衷的“五老”，在她的带领下，团队经常会来到家园，组织孩子们进行文艺表演，培养孩子们多样化的兴趣爱好。

志愿者李老师团队：共6人。李老师是小学音乐老师，对孩子们的文艺教育事业非常上心。她经常和社区的巾帼志愿者一起，利用自己的休息时间帮忙排练要参加比赛的节目，尽量为他们提供详尽的指导，让有文艺爱好的小朋友在自己“家门口”学到才艺。

志愿者储阿姨团队：共5人。储阿姨是社区的热心人，非常乐意为居民做安全巡查、孩子课业辅导、图书室管理员等工作，退休后利用空闲时间组织社区其他爱心志愿者一起到“一小时学校”“图书室”“游泳场”等活动空间开展志愿服务，消除孩子们的安全隐患，让家长安心工作。

志愿者老师参与儿童活动

志愿者组织青少年书法比赛

水木花都社区居委会作为基层组织也积极参与家园管理，通过协同家园组织孩子们开展形式多样、寓教于乐、社会实践等主题活动，让家长与孩子共同参与，为孩子营造快乐成长环境。如举办“长兴县首届读书节暨‘学弟子规，做文明人’系列活动”“长兴县首届社区青少年传统文化节”“长兴县首届社区青少年感恩文化节”“快乐蒲公英关爱贫困残疾家庭儿童”系列活动；连续五届“青少年游泳比赛”，以及“青少年‘巧手包粽子’比赛”“青少年普法教育书画大赛”“我是小明星”才艺大赛、争当小小保洁员，还有“我是环保小卫士”等活动。通过这些主题活动，丰富了孩子们的课外生活，增长了孩子们的动手能力，融洽了孩子与家长、孩子和孩子之间的关系，活跃了孩子们的思维方式和相处艺术，让孩子逐渐成长为一名有爱心、会感恩、身心健康、积极向上的和美少年。

基于儿童多元化需求，合理规划场地设施。家园的场地分为室内、室外、楼道活动场地三部分。室内活动区又分为三层楼：一楼功能区设有阅览室、一小时学校、孩子活动厅3个功能区。二楼设有乒乓球室、文体活动室。三楼功能厅则为小舞星教室、跆拳道教室、拉丁舞教室、儿童画教室、口才练习班教室。室外活动区建有儿童娱乐广场和文化公园，包括文化长廊、假山、教育宣传图片、儿童游泳池等。充分利用楼道空间，在社区里选择了具有一定特色的居民住宅楼道，建立楼道文化教育阵地，取名为“和美楼”“平安楼”，墙上布置了身边居民家庭的“最美家风、家训”“文明、尊老用语”“优秀学子”“最美身边人”等内容。

口才练习室 | 阅览室

跆拳道室 | 舞蹈室

陪伴·为了一切孩子

家园根据儿童、家长、社区居民的需求，开展多样化的特色服务，切实解决儿童发展过程中的现实问题。

结合孩子的课余时间，家园全年分时间段开放。每周一至周五下午4：00—5：00开展“天天乐”课后托管服务活动，包括课业辅导、娱乐游戏、阅读吧、手工创意等。这样的安排让孩子们安全地度过一小时的“真空期”，在一定程度上解决了双职工家庭孩子放学后无人看管的问题。

胡师傅谈家园日常托管服务

胡朵儿（化名）小朋友与爸爸妈妈、爷爷奶奶住在一起。爸爸妈妈都是上班族，日常工作繁忙，胡朵儿爷爷胡师傅感言：“我真的很感谢儿童友好家园的建立，我儿子媳妇平时工作都很忙，没时间管我孙女，我们作为爷爷奶奶平时也辅导不了她的学习，到儿童友好家园后，她的作业有人辅导，也有小朋友陪着她一起玩，所以我们真的放心很多。”

家园周六、日8：00—16：30面向儿童开放；全年节假日开展特色体验、社会实践、文体娱乐等活动。这些时段的开放和活动不仅丰富了孩子们的课外生活，同时解决了“家长工作忙，孩子没人照顾”的现实情况，得到了社区居民们一致好评。可以说，家园的创立丰富了孩子们的课外生活，增长了才干，方便了居民群众，消除了家长的后顾之忧，有效地优化了社区服务，增强了居民对社区的认同感、归属感，推动了和谐社区的建设。

家园还根据儿童年龄特点，开展不同主题的活动，包括：面向3—7岁儿童的游戏类活动、面向7—14岁儿童的教育指导类技能培训和课后托管类活动、面向4—12岁儿童的品德行为指导类活动、面向8—16岁儿童的文体类活动等。

家园从创立初期到最终成为省级示范性儿童友好家园积累了十分成熟的服务经验，努力做好涉及孩子的所有事项，给予社区每一位孩子爱的关怀，正如宋庆龄所说："我们现在所做的所有儿童工作都是因为孩子，一切为了孩子，为了孩子的一切，为了一切孩子。"

案例点评

水木花都儿童友好家园从初创“一小时课堂”到“社区青少年成长驿站”再到“儿童友好家园”，我们可以从其发展脉络中看到一些极具特色的地方：

1.以儿童为中心，这是创办家园的出发点和落脚点

家园以社区儿童需求为导向，植根社区需求的变化和发展，开展多样化的特色服务，完善社区儿童服务，切实解决现实问题。为满足儿童的需求，家园多方联动，服务依托志愿者资源。家园依据特长组建了各类志愿者队伍，充分发挥了志愿者的热情和专业优势。

2.训练有素的专业工作者队伍，是家园服务的基础

家园聘请专业的社会工作者及心理咨询师等为社区儿童设计、开展服务，并以充足的活动经费及稳定的人员薪资留住人才，由工作团队逐步推进专业的儿童友好家园服务。在此过程中，家园积累了丰富的儿童陪伴与儿童教育的相关经验。

为乡村儿童合力撑起关爱之伞

——浙江省衢州市江山市凤林镇白沙村儿童友好家园

白沙村儿童友好家园位于浙江省江山市凤林镇白沙村村委会办公楼一层，由白沙村妇代会创设并负责家园的日常运行工作，主管单位为江山市妇女联合会。该家园依托浙江省政府妇儿工委办公室开展的省级社区（村）儿童保护试点项目建立，于2014年9月正式开园。

有场地——室内外活动空间皆具备

白沙村常住人口1502人，家庭412户，流动人口12人，流动家庭3户。白沙村建有门厂、细木加工厂、木材厂、水晶球厂、木炭厂等。全村的村民都实现了在家门口就业，年人均收入3万—10万元。白沙村现有儿童335名，其中0—6岁儿童147人，6—18岁儿童188人，困境儿童38人（包括单亲、残疾、低保、留守儿童）。儿童友好家园服务覆盖儿童335名，覆盖家庭203户。

儿童友好家园通过整合白沙村现有的资源改建而成，投入近20万元添置儿童室内游戏设施，新增儿童读物500余册，新建200平方米的多功能活动厅并购置10台电脑及相关软件，新建总长168米的军民共建文化长廊。此外，村里新建占地6000平方米的文化广场、网球场、篮球场和游泳池。家园可依托这些资源组织开展一些室外活动。

目前，儿童友好家园室内总面积达2600平方米，划分为功能各异的七个活动区域，包括悦读园、儿童保护屋、快乐e园、安全体验区、亲子乐园、创意坊和家长学校。

悦读园的近3000册藏书

儿童活动室

有目标——孩子们的第二课堂

儿童友好家园经过两年多的运行，创立初期确立的工作目标基本达成，为全村儿童提供家门口便利的文体活动服务场所，培养学生广泛的兴趣和爱好，满足孩子们的课外活动需求，促进家园的自身发展，扩大家园的影响力和辐射面，真正成为孩子们喜欢的活动场所、家长放心的教育阵地、村民满意的文化中心，推动农村精神文明建设。

1.促进儿童能力发展

家园针对不同年龄段的儿童开展心灵关怀、自主能力、社会交往等方面的辅导，培养孩子勇敢坚强的意志、活泼开朗的性格、自立自强的品格和交往合作的社会能力。作为在乡村里搭建的家园，其不仅保障了儿童课后安全，更在培养儿童全方位能力方面发挥极大作用。

2.培养儿童兴趣爱好

家园鼓励儿童参与有趣的益智游戏和文体娱乐活动，挖掘孩子特长，个体化培养，创造一个有益于孩子德、智、体、美、劳全面发展的环境。

3.营造良好家庭氛围

家园通过开展亲子活动，鼓励父母、亲属及其他家庭成员积极参与，改善儿童与父母关系，帮助家长和孩子建立平等、轻松的交流沟通氛围，改善儿童成长的家庭环境。

4.加强儿童卫生保健

家园不定期邀请卫生保健医务志愿者为儿童免费体检。同时做好儿童保健知识的宣讲工作，给孩子们提供成长引导的同时加强孩子们的健康卫生意识。

安全体验区一角

有投入——明确的工作制度和持续的经费支持

江山市妇女联合会作为主管单位，每年都会通过各种途径为儿童友好家园争取项目资金和培训机会。与此同时，白沙村村委会在资金、人员和设备上的大力支持为家园的有效运作提供了坚实保障。为推动家园的工作，白沙村还特别成立了由白沙村书记任组长，村妇联主席为副组长，其他妇联执委为成员的领导小组。明确由妇联主席具体负责家园的日常工作。白沙村村委还按照全省志愿者队伍建设要求，建立了巾帼志愿者活动制度，在社区内招募61名妇女，组建巾帼志愿者服务队伍，重点给儿童们提供帮助。

1.明确的工作制度

为实现家园的制度化、科学化、规范化，工作人员结合白沙村实际，制定完善了《白沙村儿童友好家园管理制度》《未成年人思想道德建设协调议事制度》《公共电子阅览室管理制度》《白沙村未成年人户外活动安全管理制度》等，做到工作制度、人员队伍、工作园地有机配合，同时完善了各功能室的使用维护制度，做好开放计划安排，确保阵地管理到位、服务到位、作用发挥到位。

除此之外，家园还在村活动室设置意见征集箱，把儿童及家长的意见、建议和要求收集起来，每两个星期召开一次议事会；为了保证假日期间孩子们的生命安全，家园特别制定了《白沙村未成年人户外活动安全管理制度》，每年寒暑假期间，要求值班人员做好每日两次的巡查工作，并写好巡查日记，确保孩子们过一个平安快乐的假期；家园建立工作会议机制，保障每月开例会，并做好会议方案和会议记录，确保各项工作有序开展。

2.稳定的开放时间

村民基本在本村实现就业，村民的生活作息规律相对固定。因此，家园的开放时间安排也相对稳定。自2014年成立以来，家园每周周一至周日早上9：00—11：00，下午2：30—4：30开放，平均每周开放时长为28小时。

3.持续的经费投入

家园的经费来源主要为江山市妇女联合会向省政府妇儿工委办争取的项目资金、江山市妇女联合会1∶1配套项目资金和向白沙村村委会争取获得的工作经费。如2015年家园日常运行经费由三部分组成：一是省政府妇儿工委办每年下拨2万元专项经费；二是江山市妇女联合会每年下拨2万元配套资金；三是白沙村村民委员会出资1万元。

有特色——挖掘社区资源，共建儿童保护伞

家园自开园以来，累计接待儿童1655人次，累计接待家长156人次，累计开展各类活动75次。服务的群体主要为0—6岁儿童，占所有儿童的43%。

1.多种类型活动相结合，用心陪伴儿童成长

（1）四种形式开展日常活动

一是提供儿童课外陪伴功课指导服务。儿童放学后、周末或假期可到家园阅读课外书籍，由工作人员或志愿者组织开展符合儿童特点、健康有益的阅读活动。

二是提供儿童成长指导服务。家园通过“一对一”“多对一”帮扶形式，开展来园儿童生活技能、人际交往、心理行为等方面的指导和服务。

三是提供家庭教育指导服务。家园借助家长学校，不定期为本地家长提供家庭教育指导服务；举办家教讲座，聘请家教指导名师为家长授课；组织经验交流会，邀请教子有方的家长介绍经验、开展亲子互动游戏活动、邀请公检法部门讲授法律知识等。

四是提供家庭困难救助服务。家园开展“连心服务”，发挥党员干部、党员、志愿者的作用，实行多方联动，帮助家庭困难和特需儿童协调解决一些实际困难和问题。

（2）结合重大节日开展主题活动

家园结合春节、儿童节、母亲节、国庆日、建军节、重阳节等重大节日，开展各类纪念活动。寒暑假，则重点开展安全教育、文化娱乐、社会实践等孩子喜闻乐见、身心快乐的游戏活动，让孩子们在自己的团体中愉快地玩乐，丰富他们的假日文化生活。针对农村孩子的实际需求和年龄特点，力求做到教育性、知识性、趣味性相结合。

儿童友好家园举办儿童节活动

（3）依托幼儿教育资源开展特色活动

家园依托村幼儿园的丰富资源，对学前儿童提供重点服务。从2014年起至今，家园举办游戏类活动5次、娱乐类活动3次、儿童教育指导类活动2次、卫生保健指导类活动4次、社会心理支持类活动3次、课后托管类活动56次、家庭教育指导类活动2次。

2.连接专业资源，多渠道宣传扩大影响

目前，家园有藏书近3000册，内有中、低龄儿童读物500余册，为儿童的早期阅读奠定基础；“创意坊”开展书画、手工、积木类活动，旨在培养孩子动手能力和独立思考能力。“儿童保护屋”有安静舒适的环境并定期邀请专业的心理老师，通过心理疏导帮助孩子们走出困境。“亲子乐园”配有亲子照片展示区并配备舞蹈房，主要开展亲子照片展示、歌唱舞蹈排练等活动。“快乐

e园”配备电脑10台，均装载儿童防护软件，为儿童提供电子阅览、课业资料查询等服务。“家长学校”定期邀请专家为家长和孩子们开展各类育儿知识讲座、国学课、知识竞赛等。

工作人员通过多种渠道宣传家园，提升知晓度。一是网络宣传，通过凤林镇官方微博、凤林镇妇联官方微博、江山信息网、江山新闻网等渠道集中宣传家园的相关信息，网民纷纷为家园点赞。二是报纸广播宣传，利用每个村的广播进行广播宣传，利用衢州日报和今日江山等媒体进行宣传报道。三是入户宣传，通过村里的连心服务队和志愿者队伍开展了大规模的入户宣传活动，在宣传的同时也收集了一些好的意见建议，极大地推动了家园的良性发展。四是节假日宣传，利用江山传统的墟日、三八维权周、六一儿童节等特殊节日在凤林镇各集市和白沙村广场进行宣传，并鼓励家长、儿童积极参与和入园体验，在参与中了解家园的工作。

3.社区居民共同参与，为儿童搭建爱的平台

家园在为孩子们提供服务的同时鼓励社区居民作为志愿者参与活动。白沙村建有专门的连心服务网络，建立村庄网格化管理特色，为村民和儿童提供帮助。部队官兵每年都会在家园开展青少年爱国主义教育。2016年10月，白沙村被评为浙江省省级国防教育基地，成为浙江省唯一以村命名的国防教育基地。

志愿者服务活动常态化。白沙村建立了巾帼志愿者服务制度，招募61名妇女同志组建了巾帼志愿者队伍。吸纳大学生志愿者、退休教师和热心家长积极参与到家园的服务中来。按照志愿者的专长，建立轮值组、辅导站、策划组、帮扶组。轮值组配合家园工作人员开展每日的管理服务活动，为儿童提供安全、监护、看管等志愿服务。辅导组根据自身特长为儿童及其家庭进行家庭教育、心理健康辅导，为孩子开展歌唱、手工、乐器、体育等兴趣活动的专题辅导。帮扶组担当“代理家长”，为家园的留守儿童、单亲儿童提供学习、生活

上的陪伴指导和亲情般的关爱。策划组充分发挥村现有资源，对家园全年的活动、寒暑期专题活动、大型活动进行安排策划。

志愿者服务活动的常态化开展，在为孩子们营造健康向上、快乐成长良好环境的同时也切实发挥了家园在关爱留守、流动儿童工作中的重要作用；通过强化家庭教育，在家庭教育、学校教育和社会教育的有机衔接中加强对留守、流动儿童的亲情关爱，从而形成关爱儿童工作的整体合力。

白沙村国防教育基地

案例点评

江山市凤林镇白沙村儿童友好家园的运行中，我们看到了许多值得借鉴的做法：

1.目标明确，以儿童陪伴为导向

在儿童友好家园开办之初便制定了工作目标，目标指向涵盖儿童、家长、家庭等人群，服务人群分类清晰，服务形式和内容贴近儿童和家长需求。在保证稳定的开放时间的基础上，针对儿童需要和现状，将家园活动分为日常活动、主题活动和特色活动，吸引了众多的儿童和家长、社区成员参与。

2.资金投入力度大，经费来源有保障

白沙村儿童友好家园注重整合、争取资源，日常运行经费由省政府妇儿工委办每年下拨专项经费、江山市妇女联合会每年下拨配套资金、白沙村村民委员会每年出资三部分组成。稳定的资金投入为家园的服务提供了切实保障。

3.社区居民作为志愿服务的主力军为儿童提供支持

白沙村举全村之力建立了巾帼志愿者服务制度，吸纳大学生志愿者、退休教师和热心家长积极参与到儿童友好家园的服务，按照志愿者的专长，开展志愿服务，志愿者服务活动常态化，为儿童的陪伴提供多重关怀。

为家庭培植希望，为儿童创造未来

——安徽省安庆市宜秀区大桥街道芭茅巷社区儿童之家

芭茅巷社区儿童之家位于安徽省安庆市宜秀区大桥街道芭茅巷社区居委会二楼。儿童之家依托芭茅巷社区居委会原有的硬件资源成立，于2014年6月开始运行。芭茅巷社区管辖两个小区（同庆南苑、同庆北苑），小区居民由当地土地征迁户与外来租房户组成。社区家庭总数为1756户，常住人口6057人，其中流动家庭为446户，流动人口为1477人，18岁以下儿童420名。

自成立以来，芭茅巷社区儿童之家开展了一系列形式多样、内容丰富、效果明显的社区公益活动，受到了学生及家长的欢迎与认可。安庆日报、安庆电视台、安庆晚报等媒体对儿童之家进行过多次报道。在社区文化建设、良好家庭教育氛围营造、家长教育水平提升等方面做出了积极贡献。

儿童之家四点半课堂

以发展的眼光看待儿童之家

2014年，宜秀区妇联秉承“立足社区、服务社区、辐射周边、造福于民”的理念在芭茅巷社区建立了宜秀区首家“设立在门口”的儿童之家。由专业的社工机构提供服务，以促进儿童发展的眼光定位服务目标和内容。

儿童之家主管单位为宜秀区妇联，日常管理由当地一家社工服务中心负责，其活动经费大部分通过机构出资、收取活动成本费、社区出资、政府奖补等方式获得，小部分由企业或个人捐赠。安庆市妇联与宜秀区妇联对儿童之家进行业务督导和技术培训。

目前，儿童之家室内活动面积共有633平方米，包括家庭教育指导中心、青少年素质教育中心、家庭生活指导室、心理咨询室、早教指导中心、四点半课堂、儿童活动中心在内的7个专属活动室，以及与社区共享的图书室、电子阅览室、多功能厅3个活动区域。此外，儿童之家因其活动需要也适当使用社区1400余平方米的公共活动空间（配有健身器材若干）。

以社区的视角审视儿童之家

儿童之家产生于社区、服务于社区，负责人充分调动社区内人员、场地、设施等资源，以清晰的工作组织架构、明确的制度安排、适宜的服务内容和时间安排使儿童之家真正具有可持续性。

1.明晰组织架构，专兼职人员、志愿者协同合作

儿童之家现有专职工作人员3名，同时还有多名学历在本科以上的、不同专业背景的兼职人员。他们的专业性和协同工作是儿童之家工作顺利开展的保证。

为了实现更好的发展，儿童之家设立了顾问团、校委会、家委会等组织架构为其建言献策。顾问团聘请儿童工作专家担任顾问，为儿童之家的建设与发展提供专家咨询。校委会为领导机构，全面负责儿童之家的各项工作，其成员由社工服务中心、芭茅巷社区领导、辖区学校负责人、家长代表等共15人组成。家委会由社工服务中心、辖区两所学校各班家长代表共26人组成，其主要角色是连接社区、学校与家长间的桥梁与纽带。家委会设主任一名，副主任若干名（由每年级各一名家长组成），委员若干（由幼儿园与小学每班各一名家长组成）。

儿童之家还有一支多元化的志愿者队伍，包括当地三所高校（安庆师范大

学、安庆职业技术学院、安庆医药高等专科学校）的大学生、社区居民以及专业机构的从业人员。他们发挥各自所长，相得益彰，对儿童之家的发展起到了积极作用。

2.开展制度建设，形成完备的管理制度

儿童之家共有22项制度，涉及组织建设、财产管理、安全管理、团队建设等方方面面。具体包括：儿童之家工作职责、顾问团职责、校委会职责、家长委员会职责、心理咨询室值班制度、心理咨询师值班人员工作制度、图书室管理规定、家庭教育指导中心职责、青少年素质教育中心职责、心理健康咨询中心职责、儿童之家例会制度、财务管理制度、志愿者管理制度、安全管理规定、员工学习制度、档案管理办法、儿童之家活动制度、工作人员礼仪规范等。

3.规范活动流程，提升服务标准化水平

为提升服务质量，儿童之家规范服务流程，使得每次活动都能按照标准步骤有序开展。该流程简单概括为：需求调研—活动策划—活动通知—活动实施（签到、照片等）—活动评估（报告）—活动结束（新闻稿，网站报道）。根据这一流程，儿童之家的每次活动都能做到有策划、有记录、有追踪、有成果。特别值得肯定的是，儿童之家将活动资料分类、整理并形成《儿童之家活动大事记》，成为宝贵的档案材料。

4.调整开放时段，做到常态化开放

根据季节的不同，充分考虑儿童的作息时间，儿童之家的开放时间也有不同。

芭茅巷社区儿童之家开放时间安排表

学期	开放日期	具体时间	说明
春季	周二至周五	14：30—17：30	
	周六至周日	全天开放	周六晚上 周末影院
夏季	周一至周日	8：00—11：30 14：30—18：00	暑期全天开放
秋季	周二至周五	14：30—17：30	
	周六至周日	全天开放 周六晚上开放至21：30	周六晚上 周末影院
冬季	周一至周日	8：00—11：30 14：00—17：00	寒假全天开放

以多样化的服务满足儿童需求

儿童之家致力于为社区儿童、家长及居民提供常态化、创新性、可及性的多样化服务，通过宣传倡导，使其自身获得良好群众基础，得到社区高度认可。

1.日常服务与特色活动相结合，搭建社区儿童成长空间

儿童之家开展的服务活动可谓丰富多彩，深受喜爱。典型的活动有家庭教育咨询与指导、心理健康咨询、儿童课业辅导、儿童不良行为矫正、社区公益活动（社区春晚、风筝节、义卖、爱心捐赠等）、周末影院、文化大赛（作文大赛、数学大赛、舞蹈大赛、绘画大赛等）和艺术教育（象棋、书法、美术等），等等。

风筝节活动

“争做环保小卫士”活动

亲子呼啦圈，连接你和我

自成立以来，儿童之家自办、承办（政府或企业）、联办各类公益活动多达50余次，丰富了儿童生活，培养了课余兴趣，服务了社区居民，奉献了公益爱心。

2.多种途径宣传倡导，将儿童之家植根于社区

儿童之家通过网站、短信平台（儿童之家短信平台与学校短信平台）、微信公众号、海报、周末影院（周六晚上7：30）、公益活动、新闻媒体等方式开展宣传活动，效果良好。儿童之家在社区、学校及宜秀区知晓度达90%以上。

3.创新服务形式，增强家长获得服务的便利性

儿童之家十分重视服务形式创新，有效利用网络技术和新媒体资源开展家庭教育的支持和服务。如创办父母网络课堂，家长足不出户就能通过手机、电脑收听来自全国各地专家（我们根据家长的意愿邀请各方面专家授课）关于心理健康、医学、法律、家庭教育等方面的实时精彩课程并享受在线咨询服务；

开设儿童之家专属网页，及时发布活动通知与新闻，提供在线咨询，传播科学育儿经验，展示优秀儿童风采；开通微信公众平台，并自办芭茅巷社区家长报，架起家校连心桥。

4.争取社区居民支持，共同助力儿童之家建设

为发挥社区居民在儿童之家工作中的作用，儿童之家每年都要面向社区招募志愿者（我们称之为爱心家长）为儿童及家庭提供服务。目前，儿童之家共有家长志愿者29名。为有效激励其服务积极性，儿童之家每年都开展优秀爱心家长评选活动并举行隆重的颁奖典礼。如在2016年芭茅巷社区春晚上就表彰了2015年度12名优秀爱心家长，并颁发证书与奖品。

案例点评

从芭茅巷社区儿童之家的发展来看，我们可以看到其很多值得借鉴之处：

1.重视探索创新，增强了服务的灵活性和可及性

该儿童之家除了提供丰富的面对面的活动之外，特别重视服务创新，如创办网络直播课堂，利用新媒体资源开展家庭教育支持和服务，使家长便利地通过手机、电脑来收听来自全国各地专家的实时精彩课程并获得在线咨询服务等，都极大地增强了服务的灵活性、可及性。此种创新服务值得有条件的儿童之家模仿借鉴。

2.注重资源整合，促进了家园的稳定和可持续发展

该儿童之家由社工组织运作，这类机构在人员素质和筹资能力等方面的优势为家园的发展提供了有效保障，加之社区、政府的经费和人员支持，大大促进了家园的稳定和可持续发展。此外，企业、社区居民及其他个人的加入，也为儿童之家的发展注入了活动。注重资源整合，获得人员和经费的多重保障也为我们提供了重要启发。

关注特殊需求儿童，建设温暖儿童家园

——福建省福州市鼓楼区鼓东街道开元社区儿童友好家园

开元社区儿童友好家园位于福建省福州市鼓楼区鼓东街道开元社区少儿成长服务站，成立于2011年9月2日。开元社区常住人口8676人，家庭3287户，流动人口1431人，流动家庭523户，18岁以下儿童121人（含留守流动儿童30人）。为了在社区搭建儿童发展的服务平台，特别是为社区留守流动儿童提供一个游戏娱乐、心理建设、学习成长的环境和空间，社区依托固有资源，利用联合国儿基会项目配备的玩具、书籍，在志愿者的共同努力下，多方建设儿童友好家园（以下简称“家园”）。自家园举办以来，服务儿童累计1440人次，家长1200人次，开展了各类服务活动累计50余次。

多途径宣传家园，提升知晓度

在前期筹备中，家园工作人员通过平时入户走访、问卷调查等方式了解居民需求。通过发放宣传资料、张贴海报、开家长会等方式对家园进行宣传，鼓励家长、儿童积极参与，入园体验，让更多的家长和孩子们在活动参与中了解认识家园。

家园成立后，联系社区服务中心的医生为孩子们检查身体健康状况，并多次面向家长开展卫生防疫、育儿等多方面知识的培训。同时，家园还引进辖区内共建单位（如人社厅和福建幼儿师范高等专科学校）和志愿者资源，为社区儿童辅导作业，开展阅读活动，陪伴他们共同成长。家园定期开展各类主题活动，如结合“我们的节日”开展一系列活动以及夏令营和冬令营活动，也扩大了对家园的宣传。

安全第一，当好儿童的“守护使”

家园自成立以来，始终坚持把安全教育管理放在第一位。在鼓楼区鼓东街道的支持和协调下，家园有了100平方米的活动场所，保证了日常工作顺利运行。家园从孩子们日常的起居饮食、学习娱乐、交通出行等方面出发，量身制定了包括入园须知、开放时间表、突发事件应急处理办法等一系列安全规定。同时，社区配有保安进行定时巡逻，安装灭火器，保证家园无安全隐患。社区还为孩子们专门举办了防震避险、消防安全、卫生防疫、健康常识、法律常识等知识讲座，以通俗易懂、生动活泼的教学方式，进一步增强孩子们的自我保护意识和能力。

青少年法律知识讲座

合理的功能分区，满足儿童的不同需求

为了更好地服务社区儿童和家长，2015年，儿童友好家园对场地进行了改建。在内部装修上按照“制度上墙、环境温馨、便于活动”的要求进行布置，

同时对活动空间进行了功能分区，开设了五个功能区：网上冲浪区（15平方米）、休息区（15平方米）、学习区（25平方米）、娱乐区（20平方米）和圆梦区（25平方米），更好地为孩子们提供了游戏娱乐、心理建设、学习成长的环境和空间。

网上冲浪区

休息区

学习区

娱乐区

家园对逐步接收到的一切固定资产、耐用物品、教育教学书籍、教具、玩具等逐一进行登记，由专人负责管理并妥善使用，保证各种物资、设备在家园运行中发挥最大效用。

丰富多彩的活动，引导孩子健康成长

家园在合理利用现有的活动室、图书馆的基础上，将园内孩子们的学习教育融入社区文体活动、志愿者服务、暑期夏令营等工作中，努力为辖区流动、留守儿童开展精彩纷呈的趣味活动。

一是开展形式多样的文体活动。如跳绳、打羽毛球、打篮球、打乒乓球，趣味小游戏、DIY手工活动等，让孩子在游戏中与伙伴建立和谐的关系，体验集体带给他们的快乐，培养团队精神。周一到周五的每天课后，家园开放时间内允许孩子们自己组织活动，家园免费提供场地、设施、运动器具，而每到周末家园都会组织孩子和家长们开展运动小比赛，有的是孩子之间的比赛，有的是家庭之间的竞赛，活动乐趣十足。

儿童活动成果照片展

二是开展“感恩社会，快乐成长”主题活动。通过讲述感恩故事、歌唱感恩歌曲、编写感恩祝福等形式，引导孩子们在实践中体验感恩、学会感恩，帮助孩子们牢记父母的养育之恩、老师的教诲之恩、社会和国家的关爱之恩。从小开始，将他们培养成为心地善良、懂得报恩的文明人。家园在共建机构和志愿者们的支持下，开展一些节庆活动，在活动中将感恩教育、道德教育、公民教育融于其中。比如母亲节、父亲节、端午节、儿童节、建党节、国庆节、感恩节等节日，家园会根据节日特点设计节目、组织活动。

三是组织开展夏令营等暑期系列活动。暑期系列活动一直是家园的重点品牌活动。通过这些活动，家园向孩子们提供了在学校课本学习以外的生活、安

“我健康、我快乐”系列活动

全、文化传承等知识的学习机会。如举办暑期课堂的安全知识讲座、学习福州话专题讲座以及“我健康、我快乐”主题活动等，孩子们在学到知识的同时，增强了他们的健康意识、安全意识、责任意识、道德意识。通过寓教于乐的方式，不仅培养了孩子们的社会责任感和奉献精神，更使他们度过了一个温馨难忘的暑期。

家园认为孩子是处于环境中的。除了学校以外，孩子所处时间最多的环境系统是家庭与社区，要把儿童服务做到最好，就要同时做到教育家长、教育居民。家园通过发放宣传资料、张贴宣传海报、开家长会等方式对儿童教育和家长素质等相关理念进行了大量的宣讲，并鼓励家长带着孩子一起积极参与、入园体验，让更多的家长在参与家园组织的活动中理解和体会孩子的所想所需，把儿童服务和儿童权益的保护做细做好。

保证经费，规范管理，促进家园的可持续发展

家园自创办以来，得到了上级部门的大力支持并建立专项经费，确保其能够长期有效的运转。2012年，上级拨款15万元，当年运行经费、主题活动经费、儿童保护委员会经费等开销约5万元。2013年的运行经费、主题活动经费、儿童保护委员会经费等开销约3万元。2014年的运行经费、主题活动经费、儿童保护委员会经费等开销约3.5万元。2015年因为场所变动的原因，运行经费、主题活动经费、儿童保护委员会经费等开销约6万元。除了家园成立时的上级部门和联合国儿基会的一次性经费支持以外，每年省、市、区妇联都给予了运行经

费支持，同时区妇儿工委办也提供了儿童玩具、书籍等设备设施方面的支持。这些经费和设备设施的支持为家园活动和服务的开展提供了坚强而又充足的资金保证，为社区儿童提供了各种学习、娱乐、活动等方面极大的便利。

活动中的工作人员

目前，家园有专、兼职工作人员2名和志愿者5名。为提升其服务水平，有关部门对家园工作人员和志愿者开展了关于儿童权利、活动组织和日常管理等方面的能力培训和技术支持。同时为了使日常管理工作更有序地开展，家园制定了一系列规章制度并且定期对资产使用、经费使用状况进行公示。

家园按季节变化，实行弹性开放制。冬季开放时间为每天上午8：30—12：00，下午14：30—18：00；夏季开放时间为每天上午8：30—12：00，下午15：00—18：00。

规范的管理，常态化开放制度，不仅是对家园的基本要求，也是保证家园服务可及性的基础。

将留守儿童作为重点关注人群

家园通过公开招募的方式建立了一支志愿者队伍，逐步形成“家园—家庭—社会”三位一体的留守儿童关爱互助体系，使这些儿童真正感受到社会大家庭的温暖。一是居民志愿者担任留守儿童的“代理家长”，每位志愿者结对帮扶2—3名儿童，给他们讲解历史典故，倡导文明礼仪。二是家园共建单位与

家园义务老师在行动

留守儿童结对帮扶，每人帮扶1—2名儿童。三是福建幼儿师范高等专科学校的学生担任家园义务老师，将留守儿童集中起来进行辅导，帮助他们的学习，同时也保障了他们的安全。家园对于留守儿童的关注和关爱，使他们在生活、学习、心理上得到了较大帮助，在其成长过程中留下了爱的痕迹。

家园非常注重在帮扶和活动中让孩子们去体验生命成长的快乐与幸福，消除不良情感体验，以树立乐观向上的生活态度，让留守儿童和其他儿童一样，享受温馨而又快乐的童年。

案例点评

开元社区儿童友好家园的建设和运行，有以下特色：

1.将留守儿童作为重点服务人群，凸显无歧视原则

所有的儿童都是家园的服务人群。该家园重点关注留守儿童，以家园为载体，建立了“家园—家庭—社会”三位一体的留守儿童关爱互助体系，使他们真正感受到社会大家庭的温暖。

2.功能分区合理，环境氛围温馨

家园本着“制度上墙、环境温馨、便于活动”的要求进行环境创设，对活动空间进行功能分区，更好地为孩子们提供了游戏娱乐、心理建设、学习成长的环境和空间，满足儿童的不同需求。

3.政策支持，管理规范，确保家园可持续发展

上级部门对家园建设给予大力支持，为其设立专项经费，聘任专兼职工作人员，确保了儿童之家的有效运转。此外，家园加强制度建设，强化日常管理的规范，重视家园工作人员和志愿者的能力建设，促进了家园的可持续发展。

儿童友好家园是快乐成长的乐园

——江西省南昌市新建区石埠镇龙岗村儿童友好家园

2012年6月，一个好消息降临在新建区石埠镇龙岗村，这里刚被国务院妇儿工委办公室和联合国儿童基金会确定为“儿童保护体系与网络建设项目”试点村。为了给留守儿童带来更好的服务，家园选址在龙岗村村委会内一幢单独的楼内，旁边就是龙岗中学，前期共投资近10万元扩建了“儿童友好家园”活动场所，并于2012年10月份增建了一个近千平方米的室外活动场地。

室外活动场地

儿童友好家园基本情况

儿童友好家园坚持“确保儿童的生存、发展、受保护和参与权利的实现”为宗旨，通过日常活动与主题活动的结合，保证了家园的有效运作。

日常活动。儿童友好家园开园时间为每天上午8：30—11：30.下午2：30—5：30，每周共计开园42小时。在日常活动时间内，来园儿童可以根据自己的喜好，在有专人监管的情况下进行活动、游戏。

日常活动

“我是画画小能手”

主题活动。在日常接待来园活动儿童的基础上，家园根据不同年龄段儿童的身心特点，坚持每月开展一次主题活动，进一步提升儿童及家长对家园的认可和满意度。六年来，经过精心设计和安排，分别开展了“我是画画小能手”才艺展示活动，留守儿童家庭亲子活动，喜迎新春活动，“铁甲战车”活动，多彩“六一”儿童节活动，母亲课堂暨家庭教育知识宣讲活动等。

儿童参与日常管理。自开园以来，按照尊重儿童、保护儿童、服务儿童的原则，以各项活动开展为载体，注重儿童的参与权和发展权，让儿童在家园日

呼啦圈比赛

常管理中增强责任感和荣誉感，鼓励儿童参与家园日常管理，推选出小小管理员，协助家园的老师整理图书和玩具，培养儿童的管理能力和组织协调能力。

人员配备：大学生志愿者来帮忙

为了让前来玩耍学习的孩子们都能得到有效的帮助，保证儿童友好家园的办园质量，有针对性地对来园儿童进行学习、生活、心理辅导，区儿童保护委员会十分重视家园工作人员的选聘工作，通过细致考核，招聘了该村一位具有幼儿师范教育资质的女大学生担任家园专职工作人员，同时，村妇联主席作为家园管理者，指导日常工作。随着家园开放所带来的社会影响不断扩大，吸引了不少周边儿童来园活动。原有的2名专兼职人员难以满足家园工作的需要，2014年，由区妇联、镇党委政府共同出资，支持家园再次招聘了1名本村的幼儿园老师担任兼职工作人员，家园还招募了周边大学的大学生

志愿者开展活动

作为志愿者定期来园开展志愿活动，较好地保证了家园的高效运转。同时，为了提高家园工作人员的服务能力，我们还多次派员参加全国、省、市的业务培训，使他们更好地为广大儿童服务。

设施保障：摸底调查有对策

通过实地调查摸底，收集全村儿童的基本信息，编辑整理，建立儿童电子信息档案，及时了解村内儿童变动的情况，了解儿童及家长的需求，随时掌握儿童变化情况，更好地发挥友好家园开放的功能。并针对家庭困难儿童，留守儿童及残障儿童等弱势群体，建立一对一的爱心帮扶，提供必要的帮助，如在生活、学习、思想等方面。矫正不良行为习惯，转化“问题孩子”。 让他们感受到来自社会各方面的温暖。

亲子运动会

针对来园留守儿童亲情缺失、情感淡漠的问题，2014年3月份，区妇联投入1万元为家园购买了电脑，接通了亲情热线电话，定期让留守儿童来园与在外务工的父母视频连线，互通学习、工作、生活情况。

日常活动：互动关爱暖人心

龙岗儿童友好家园开辟了一栏关爱儿童友好家园“爱心天地”，孩子们能够制作“爱心牌图”，在上面发表“爱心宣言”。工作人员挑选创意新颖，主题鲜明，版面精美的作品为宣传栏的内容，利用“爱心天地”，加强关爱。儿童友好家园的孩子们都有一个以上的手拉手好朋友，在学习、生活上帮助他，与他一起成长进步。并在孩子生日期间，同学们为他（她）献上一声生日祝福，唱上一首生日之歌，并送上自己制作的小贺卡、小礼物等。使他们感受到集体的温暖和关怀。

同时，家园制订了儿童工作实施方案，开展关爱活动，加强对儿童的关心和监护，全方位关注儿童的健康成长。儿童友好家园活动室定期开放。在家园少先大队的统一组织下，孩子们可以在儿童友好家园自主阅读自己喜欢的图书、展示自己的书画作品、组织小组讨论、开展合作学习，与教师、同学合作交流，共同进步，儿童友好家园活动室真正成了儿童学习活动的乐园。

而每一个暑假，为了丰富小朋友们的文化生活，

让孩子们度过一个愉快难忘的假期，家园精心组织活动，每次活动结束后，家园都会为他们送去励志书籍及学习娱乐用品，让他们感受到家的温暖。

大学生志愿者的参与也让活动更加丰富起来。他们每周都来到孩子们身边授课，分为文化课、舞蹈课、手工课、绘画课四种类型。为传承我国传统文化，将我国优秀的中华文化发扬光大，文化授课部分特选用《弟子规》《三字经》等国学内容，传承国学，使儿童从小耳濡目染。手工绘画当中，也加入了中国传统文化元素如剪纸等，培育儿童心灵手巧和动手能力，同时也注重培育学生舞蹈等艺术天赋，德智体美全面发展。志愿者们针对家园儿童的兴趣爱好和要求，制订了个性化的教学方案，每周均以文化课+兴趣课（音乐、舞蹈、手工、绘画）的方式轮换教学，相信这一活动将会常态化进行下去。

案例点评

新建区石埠龙岗儿童友好家园工作中体现了以下三方面特点：

1.注重儿童参与

儿童友好家园在日常运行和管理过程中，注重调动儿童积极性和主动性，通过小小管理员等方式引导儿童参与儿童之家活动和管理。

2.充分利用大学生志愿者

大学生志愿者是儿童友好家园的重要支持，充分利用好这支力量可以有效为儿童友好家园提供丰富多彩的活动和服务。龙岗儿童友好家园注重发挥大学生志愿者队伍特别是周边地区大学生志愿者作用，为家园开展服务和活动提供保障。

3.开展摸底调查，充分掌握情况

家园开展摸底调查，在了解本社区及儿童实际情况的基础上，开展有针对性的活动设计与服务，这是家园做好各项管理与服务的基础。

家园，儿童快乐成长的美好之源

——江西省赣州市兴国县潋江镇国兴社区儿童之家

江西省赣州市兴国县潋江镇国兴社区位于县城西北部，辖9个居民小组，总户数3680户，总人口11782人，其中女性5980人，儿童2840人，留守儿童262人。该社区居住的大部分是低收入家庭，经济基础相对薄弱，加上部分家庭父母离异，造成该社区留守儿童、困难儿童、残疾儿童较多。2014年，国兴社区在上级妇联组织的大力支持下，实施了全国妇联、中国儿童少年基金会援助的儿童快乐家园项目，在社区创建了儿童之家。儿童之家自2015年3月正式开园以来，深受社区家长和儿童欢迎，成为社区儿童的温馨家园、快乐美好之源。

国兴社区儿童之家设置了固定的管理人员，由社区支部书记担任负责人，社区干部和志愿者共4人长期固定为儿童之家服务。充分整合社区志愿者资源，招募了748名“兴国爱心妈妈”，联合“巾帼志愿者服务队”不定期开展活动。

管理人员构成

国兴社区儿童之家一角

完善制度建阵地。为打造好儿童学习娱乐活动阵地，潋江镇投入10万余元装修活动场所，由中国儿童少年基金会投入10万元儿童快乐家园项目物资，兴国县妇联出资5万元添置相关设备，在兴国县和谐欣城廉租房内，建立了国兴社区儿童之家。并着力完善各项管理制度，建立健全了儿童之家工作运行机制：明确家园管理人员的工作职责、工作任务；健全日常管理机制，建立了正常活动开放制度，确保家园每周末正常开放；建立设备管理制度，对家园的儿童活动室、阅览室、亲情视频室和设备，明确了专人管护，由社区干部负责轮流值班，做到了设备有登记、活动有记载、借书有记录，高标准、规范化管理儿童之家。

儿童之家充分运用社区室外活动广场（总面积400平方米）的基础设施，为儿童活动提供便利。

室外活动广场	篮球场
阅读空间	疏导空间
展示空间	创意空间

国兴社区儿童之家室内活动场所总面积280平方米，分为四大功能区。（1）阅读空间。面积20平方米，藏书2000余册，供儿童及家长借阅。（2）创意空间。面积25平方米，配有手工制作展示架、桌椅、空调，供儿童及家长开展手工类亲子活动。（3）疏导空间。面积9平方米，设有沙发、茶几、文件柜、饮水机，供专业工作者为儿童及家庭提供个案辅导。（4）展示空间。面积为20平方米，用于展示儿童之家及社区开展的各类活动成果。

多彩活动进家园。为最大限度地发挥家园功效，制订家园工作年度计划和定期活动方案，根据不同的节日和兴国的地方特色，组织孩子开展丰富多彩的活动，激发孩子的学习热情。孩子们在家园里找到了各自的兴趣爱好，打球（篮球、足球、羽毛球）、看书、下棋、弹钢琴、看动画片、做手工作品、画画等，孩子们在家园里留下感动和记忆，在快乐中学习，在快乐中成长。

——“爸爸妈妈我想对您说”亲子作文演讲比赛

为拉近孩子特别是留守儿童与父母之间的距离，鼓励孩子说出自己的心事，主动把父母作为倾诉对象，和父母之间建起沟通的桥梁，国兴社区儿童之家不定期举办“爸爸妈妈我想对您说”主题亲子作文演讲比赛，让孩子和家长们通过活动了解沟通的重要性，掌握沟通的方法，建立良好的亲子关系。

开展作文比赛

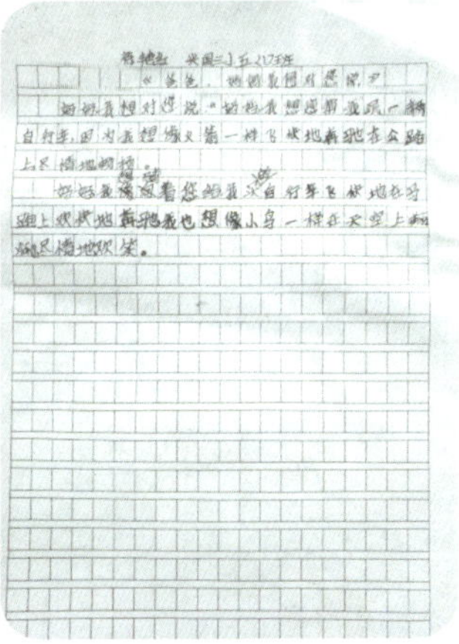

留守儿童的一封信

——寓教于乐，开展儿童自护知识宣传

家园经常与学校、“兴国县巾帼志愿服务队”联合开展主题活动，适时开展少年儿童法律知识宣传，举办女童自护安全知识讲座宣传《未成年人保护法》、交通安全、食品安全等知识，通过各种游戏寓教于乐，增强孩子们的法律意识、安全意识，远离伤害的同时获得快乐。

——“爱心妈妈”结对帮扶留守儿童

积极招募748名“兴国爱心妈妈”与留守儿童结对，开展“十个一”的帮扶活动［送一个书包、送一套学习用品、送一本（套）好书、送上一次节日祝福、去孩子家中进行一次家访、与孩子老师见一次面、到城里度一次假、过一次难忘的生日、教给孩子一些健康安全知识、带孩子上一堂心理辅导］，手牵手地为留守儿童提供学习辅导、物质帮助和亲情陪伴。

爱心妈妈和留守儿童过“六一”儿童节

——扶贫帮困手牵手，温馨关爱困难儿童

通过党员承诺、志愿者服务、低保救助等方式，帮助弱势儿童解决实际困难。组织巾帼志愿者，定期与留守儿童交流谈心，建立留守儿童健康档案。开

通亲情视频，定期组织留守儿童通过网络视频与父母“见面”，使孩子们时刻感受到父母的关爱，真正感受到家庭的温暖、社会的关爱。

志愿者组织留守儿童开展手工制作比赛

“瓷娃娃”小金：我也想和其他人一样

先天脆骨症俗称“瓷娃娃”，因身体特殊原因小金（化名）不能像普通孩子一样无忧无虑地玩耍，也无法上学，导致他从小性格孤僻，神经敏感脆弱。在儿童之家工作人员和“爱心妈妈”的关心关怀下，他脸上的笑容越来越多，也愿意踏出家门与小区里的小朋友们聊天了，他对志愿者说，他的愿望就是和其他人一样，有朋友一起玩，现在终于实现了。

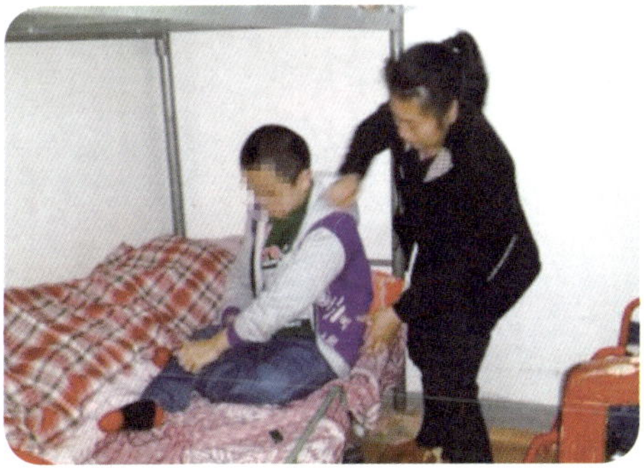

小良：我有朋友啦！

小良（化名）今年16岁，身体先天残疾，现在兴国县红军小学上四年级，因从小缺少母爱，父亲又长期忙于生计，无法像正常家庭那样给其关心照顾。

小良在学校经常被小朋友欺负和嘲笑，使他变得胆小内向。儿童之家的工作人员开导他：“不能让身体缺陷带走了我们的快乐，残疾人中有很多优秀的榜样，我们要向他们学习。”在工作人员长期的陪伴和开导下，小良的性格开朗了很多，小区里经常看得到他与朋友嬉笑打闹的身影，他高兴地告诉儿童之家的阿姨：“我有好多朋友啦！”

案例点评

江西省兴国县潋江镇国兴社区儿童之家地处革命老区，又属于低收入群体较为集中的大型社区，社区内留守儿童、残疾儿童、家庭贫困儿童等困境儿童数量较多。针对现状，社区儿童之家采取多种措施力争解决问题。

1.以志愿者为基础奠定儿童之家人力基础

充分调动社区志愿者，整合资源，组建了一支748人的志愿者服务队伍，为儿童之家奠定坚实人力基础。

2.开展富有特色的服务与活动

针对本社区实际情况，开展面向留守、贫困等困境儿童群体的特色服务与活动，例如“儿童自护知识宣传”“爱心妈妈结对帮扶留守儿童”“扶贫帮困手牵手，温馨关爱困难儿童”等，较好地满足本社区儿童和家长需求。

3.卓有成效的个案服务

针对社区困境儿童，在力所能及的范围内开展个案服务，切实帮助这些儿童解决实际困难问题。

流动家园，流不走的爱

——山东省临沂市兰山区华丰市场儿童之家

一个四五岁的小男孩乐颠颠地跑到志愿者老师面前，双手把自己画的大西瓜交给她：“老师，这是我画的好吃的水果！”老师摸摸他的头：“画得真漂亮，小雨，继续努力哦！”小男孩高兴地跑回自己的座位……

这是发生在山东省临沂市兰山区华丰国际服装城儿童之家的一幕。与小雨一样，几十个服装市场商户的孩子都会选择在这里玩耍、学习，他们都是跟随经商的父母来到临沂的流动儿童。

10多年前，小雨（化名）的父母来到临沂做服装生意，随着生意越做越火，对孩子的关注和照顾越来越少。小雨的父母有两个孩子，大的8岁多，在临沂上小学，小的就是小雨。“周末、假期是店里最忙的时候，孩子却没人看管，只好把他们带到店里，有作业就趴在衣服堆上写。”小雨的母亲说，“这里是批发市场，店里天天人来人往，乱哄哄的，环境不好，孩子根本就写不下去（作业）。”

2013年7月13日，华丰市场儿童之家举行了揭牌仪式。自此，华丰市场及周边市场的流动儿童有了属于自己的家，能享受到和城里孩子一样的课外待遇。商户们的孩子不用再趴在衣服堆上写作业了。

华丰儿童之家揭牌仪式

建设市场儿童之家，服务妇女儿童发展

“南有义乌，北有临沂”。临沂是闻名全国的商贸物流名城，有各类批发物流市场近百个，共有50多万名外来务工人员，跟着父母的随迁子女5万余人。华丰国际服装城作为临沂最大的批发市场，吸引了大批流动人口前来务工经商，拥有商户近3000户，随迁子女千余人，其中学龄儿童200多人。流动儿童虽然享受学校的“同城”教育，但在课后的生活照料、学习辅导、情感陪护上基本处于“自理状态”。

针对这种情况，社区妇联和市场妇代会根据流动人口子女课外服务需求问卷和座谈调研，最终兰山区妇联决定充分利用5万元的“两纲项目款”，带动街道、社区和市场投资45万元，在华丰国际服装城建起了全省首个专为商户和流动儿童提供公共服务的“儿童之家”，作为联系、凝聚、服务市场流动儿童的阵地和载体。

华丰市场儿童之家位于解放路和通达路交会处，周围遍布包括华丰箱包皮革市场、羊毛衫市场、华丰鞋帽市场、华丰金街、华丰国际商贸城等在内的大型营业场所。儿童之家的室内活动场所总面积为260平方米，下设快乐学习室、快乐阅览室（含阳光心灵）和快乐成长室，还特别设立了温馨的家长休息等待区。

儿童之家的室外活动区为文体娱乐区，总面积为190多平方米，位于B区五楼中空，专门引进台湾布鲁乐谷和迪士尼大型主题乐园——淘气堡。其核心设计理念是儿童的娱乐天性和科学教育理念的完美结合，运用声、电、光、气、水、色彩的组合来设计环境和渲染气氛。通过科学的组合方式，建立了一个集

游乐、运动、趣味、健身为一体的新型综合性极强的儿童娱乐中心，也是增强孩子思维能力、身体体能和社交能力的最佳训练场所。不仅为小朋友提供丰富多彩的游乐项目，同时还融入了幼儿早期教育的特点。所有游乐设备都色彩光艳、光滑柔和、不易破损、弹性良好、安全耐用并可随意组合。可培养孩子的创新能力和色彩认知能力，增强其手脚协调能力，同时也能让孩子走出高楼和孤独。在嬉戏的过程中结识更多的小伙伴，让孩子在与别人的交流与沟通中，刺激、调整与强化各类感觉系统能力，塑造健康体态和完美人格。同时可锻炼孩子的动手能力、脑的协调能力和反应能力，而且培养孩子的胆识。

专兼职工作者队伍，规范管理工作

华丰市场儿童之家有6名社区及市场工作人员担任专兼职教师，还有来自街道社区的幼儿园、小学教师及华丰市场“巾帼创业模范”岗的30多名优秀志愿者参与管理和服务工作。

经常性参与儿童之家工作的志愿者有数十名，他们的招募方式为自主报名，主要是社区家教志愿队、文明礼仪队、五老志愿队、敬老爱幼队、环境保护队、心理咨询队等类型。志愿者针对外来流动儿童开展学业辅导、亲情陪伴、感受城市、自护教育、心理疏导等个性化主题志愿服务。使他们都能够充分享受教育服务的“同城待遇”。

华丰市场儿童之家管理工作规范，严格执行安全管理制度、工作人员管理建设制度、资产制度、财务管理制度、服务制度。

课外快乐成长，共享“同城待遇”

儿童之家开放时间为周一至周五16：30—19：00，周六日和寒暑假全天开放，以此来解决越是节假日经营户和务工者越忙越无法照料子女的问题，让经营者安心经营，务工者专心务工。儿童之家根据不同年龄段为流动儿童打造专属课堂。在儿童之家中，3—15岁儿童都能享受到专属的教育。

多彩服务助力多彩童年

华丰市场儿童之家自举办以来，累计服务儿童近800人，累计服务家长450人。儿童之家重点服务社区流动儿童，年龄段比重为：3—6岁占10%左右，6—12岁占60%左右。活动开展多样丰富，其中游戏类活动开展50次、娱乐类活动开展20次、儿童教育指导类活动开展9次、卫生保健指导类活动开展10次、社会心理支持类活动开展3次、临时照料和课后托管类活动开展15次、家庭教育指导类活动开展12次。

华丰市场儿童之家秉承以更高的视角关注社会上的“随迁儿童”，关注市场商户和流动儿童，探讨如何为他们提供更优质、专业、便捷的服务，让市场广大商户的子女能够享受亲情爱护，感受社会关爱，幸福生活、快乐学习、健康成长。儿童之家自成立以来，先后被“沂蒙晚报”“中国教育报”等媒体关注报道，得到广泛好评。

1.多功能区七彩课程孕育七彩童年

（1）快乐学习室。快乐学习室设有30张课桌、投影仪、白板、多功能播放机、电视机并配有专职老师为孩子们的学习和作业辅导提供了强有力的保障。

（2）快乐阅览室。快乐阅览室有各类图书500多册，丰富了孩子的阅读空间，指导老师告诉他们，多读书可以开阔视野；多读书可以陶冶情操；多读书可以培养气质；多读书可以增加知识面；多读书可以形成自主学习的能力；多读书可以开拓智力发展；多读书可以培养语言能力和交际能力……

快乐阅读室

（3）快乐成长室。快乐成长室开设了小小科技角，配有各种智力教具，开展手工制作，着重培养锻炼孩子的手眼综合协调能力。在华丰市场一楼，从事服装批发生意的黄先生说，以前市场没有儿童之家的时候，一到周末和

假期就只能把孩子带到只有十来平方米的商铺里，一边忙着发货，一边让孩子趴在衣服堆上写作业，还得随时注意看着，不让他在人流穿梭的市场上走失。现在，儿童之家帮我们解决了周末、假期孩子没地方去、没人看护的问题。

（4）阳光心灵咨询室。儿童之家设立阳光心灵咨询室，针对商户对待子女问题上“少知识、少办法、少时间”的现状，有针对性地开展华丰市场家长课堂，把家庭教育讲座请进市场，聘请省、市、区家庭教育讲师团的专家学者讲课，提高家长们的教育意识，提高家庭教育质量。据不完全统计，迄今已有2000多家长参加家教指导服务。其中，省妇联家庭教育讲师团的池肖锋《等待花开等树长大——让孩子心悦诚服》以及亲子咨询师杨女士的《亲子关系及如何做优秀家长》等都受到家长们的高度好评。

2.文体活动区快乐伴成长

文体活动区

针对0—6岁儿童活泼好动的天性，儿童之家设立专门的“文体活动区”——大型儿童游乐项目淘气堡，集游乐、运动、趣味、健身为一体的综合性儿童室内游乐园。这里的时空穿梭、彩虹攀爬、海洋球池、独木桥等游戏活动深受孩子们的喜欢。

3.巾帼情系“流动花”，童心共筑中国梦

（1）开展亲子活动，构建和谐关系。在华丰国际服装城，面对不断变换

的经济大潮，商户压力较大，难免会产生情绪不稳定的一面，对孩子态度比较急躁，导致亲子关系紧张，缺乏应有的和谐、愉悦。针对这一现状，志愿者们为改善家庭亲子关系，开展了许多丰富多彩的亲子活动。

（2）特色主题活动，把爱传递出去。为了帮助广大少年儿童树立正确的世界观、人生观、价值观，引导他们继承发扬“沂蒙精神”，巾帼志愿者利用社区资源有针对性地开展特色活动。让“流动之花”融入社区大家庭，巾帼志愿者们担当代理家长，陪伴儿童阅读、教孩子画画、做游戏，把爱传递出去。2013年，华丰国际服装城举办圣诞冷餐会，志愿者利用机会倡导孩子们展示才艺，在演出中感受华丰一家亲；2014年，志愿者举办书香伴成长诗歌朗诵会，孩子们从朗朗的读书声中不断进步；2015年，家园联合社区兰山实验幼儿园的小朋友们共同开展欢乐小鬼当家跳蚤市场；2016年，家园举办我爱我家书画展、爱心义卖活动；2017年，家园组织“种一棵小树，放一颗童心”的植树亲子活动。

案例点评

华丰市场儿童之家不同于普通的城乡社区儿童之家，而是一个建立在流动性较大的商贸市场中的儿童家园。但它也具有儿童之家的共性，如满足儿童实际需求、拥有儿童专属特定的场所、设定专兼职工作人员等。华丰市场儿童之家是当地妇儿工委办、妇联和市场妇代会根据地区实际情况，灵活地将儿童之家建设与实际需求相结合，创造性地开展儿童工作的成果。这种因地制宜的工作方法、基于实际的创新精神值得其他地区学习。

1.需求导向，灵活创新

华丰市场儿童之家的举办，是兰山区妇儿工委办公室、妇联基于当地需求，针对外来流动人口的实际，在省市妇儿工委办公室具体指导下，创新性地开展儿童服务工作的成果。家园的设立使得华丰市场及周边市场的流动儿童有了属于自己的家，能享受到和城里孩子一样的“同城待遇”。并且各项服务活动的举办充分考虑到了孩子与家长的需求，以促进儿童成长和良好的亲子关系，用实际行动践行和诠释了儿童优先的工作理念。

2.设施完备，服务多样

华丰市场儿童之家室内活动场地建设规范合理，其室内总面积为260多平方米，下设快乐学习室、快乐阅览室和快乐成长室等，还专门设立了家长休息等待区。为儿童提供安全以及舒适的环境场地，并考虑到了家长们的需求。室外活动区则主要以文体娱乐区为主，还专门引进台湾布鲁乐谷和迪士尼大型主题乐园——淘气堡。不仅为小朋友提供丰富多彩的游乐项目，同时融入幼儿早期教育的特点。

2.专兼职队伍，管理规范

华丰市场儿童之家以专兼职队伍为主力，充分整合各种志愿服务资源与社会资源，在鼓励居民参与儿童之家服务活动的同时，积极制定儿童之家管理规范。这些因素共同促成了家园服务质量的提升，以及受众群体的一致好评。

快乐前行幸福之家

——山东省菏泽市曹县砖庙镇十三村社区儿童之家

儿童之家的建立

山东省菏泽市曹县砖庙镇十三村社区儿童之家坐落于环境优美的十三村社区村委会，门前是宽敞的健身广场，四周被各种景观树环绕。每到盛夏，绿树成荫、鲜花环绕。十三村社区是2011年建设的新农村，社区由原来的十三个自然村合并而成，人口多，社区配套设施齐全。社区常住人口5121人，家庭1294户。其中，流动人口220人，流动家庭53户；18岁以下儿童1024人。儿童之家服务覆盖儿童约1000人，家庭约850户。

十三村社区儿童之家由省妇联妇女儿童家园项目资助和十三村村委会投资创设，场地建设投入5万元，设备设施一次性投入7万元，于2014年9月1日正式运行。村两委班子团结有战斗力，非常支持儿童之家的工作。县妇联领导多次到儿童之家指导工作，和儿童之家领导小组成员共同研究关于儿童之家具体服务的开展。

儿童之家的环境创设

1.周边环境

十三村社区儿童之家位于十三村社区村委会二楼，南临350省道，道路畅通，周围环境优美，千余亩百果园、高科技四季采摘大棚、生态风情园、大学生创业园、生态养老基地环绕左右。风情雅致的保健器材、流光溢彩的艺术雕塑很是吸引人。健身场所尽情地展示着现代文明，儿童生活娱乐无安全隐患。社区内还设立了党员活动室、社区文化夜校、文化大院、农家书屋、商业文化一条街等。

2.设施设备

十三村社区儿童之家是一个伴着浓浓书香的幸福家园，拥有室内活动面积200平方米，分为活动室、心理咨询辅导室、图书室三大功能区。配有电脑、电视机、DVD机、电子琴、投影仪等现代化设施，选配符合儿童阅读需求的书刊；并配备适量的乒乓球、羽毛球、跳绳、跳棋、象棋等文体器材。内设学习桌椅，黑板，书柜、电脑，音响、电子琴、凳子等；儿童之家还设有亲子图书角、学习课堂等，为社区内的儿童提供阅读、游戏、绘画等服务。

儿童之家室外活动总面积也有200平方米，有大型儿童滑梯供儿童玩耍，活动场所地面平整。

儿童之家的团队

十三村社区村委会委员、妇代会主任贾女士任儿童之家兼职工作者，自2014年起至今，一直负责儿童之家的日常管理和服务开展，每周工作时间为40

小时，其标准待遇为月工资800元，由镇财政统一打卡发放，其他补贴由村委会集体收入补贴。

儿童之家有20名志愿者，协助工作人员开展各类主题活动和对贫困留守儿童给予关爱帮扶，积极助推儿童之家的发展。志愿者们一致认为儿童之家丰富了社区儿童的精神文化生活，对儿童的智力开发和身心健康发展起到了较大的作用。

儿童之家的管理运作

儿童之家的主管单位为十三村社区村委会，由妇代会主任具体负责各项事务。运作经费由社区集体经济资金提供，资金使用情况定期向村民公布。

十三村社区两委大力支持儿童之家，每季度召开专门会议商议儿童之家遇到的困难和问题，对管理人员定期进行培训，并积极争取各方支持，聘请教育专家，举办家庭教育讲座等。

儿童之家的服务

1.开放时间

十三村儿童之家自开放以来，各项工作稳步推进，各项制度逐步完善，平均每周开放时间达40小时，特别是寒暑假，社区孩子来儿童之家看书、玩耍的络绎不绝，开放时间有时达42小时。

2.服务提供

儿童之家自开办以来，来参加活动的儿童累计1540人次，家长1200余人次，开展各类服务活动累计120次。其中参加活动的留守儿童占20%，贫困儿童占10%。

十三村社区儿童之家建立以来，许多巾帼志愿者积极参加服务活动，如心理咨询师冯女士坚持多次来家园为广大儿童提供心理咨询服务，社区巾帼志愿者定期为儿童之家打扫卫生、擦拭器具等，受到广大家长和儿童的欢迎。

幼儿自由活动

志愿者老师教孩子们弹电子琴

“儿童之家”还有一支强大的志愿服务队伍，由退休教师、幼儿园老师、巾帼志愿者组成。组成人员具有较高社会责任心、具备一定管护能力。她们拥有很强的专业知识和多年的幼儿教育经验，定期到“儿童之家”以促进儿童身心健康为目标开展各种有趣的活动。幼儿教师张老师，经常根据每一个孩子的特点设计一些活动，引导孩子们做游戏、学折纸、学弹琴等，和孩子一起垒积木、下跳棋，做游戏，将孩子们的注意力转移到他们感兴趣的活动上来。王女士曾担任过多年的幼儿园园长，非常善于吸引孩子们的注意力，耐心地教孩子们弹琴、画画，培养孩子们的兴趣。巾帼志愿者马女士，是一名心理咨询师，每个周末她都到儿童之家，耐心辅导家长如何和孩子交流、如何倾听孩子，如何做一名孩子心目中的好爸爸、好妈妈。

梦梦与儿童之家

十三村社区“儿童之家”不仅给孩子们带来了欢乐，让他们学到了更多知识和技能，也使他们的性格发生了很大的变化。三岁的梦梦（化名），是一名留守儿童，父母在外打工，常年跟着爷爷奶奶生活，腼腆、胆小。刚开始到儿童之家时，她拉着奶奶的手不敢撒开。别的小朋友做游戏，她站在奶奶后面偷看，不敢参与。来得多了，看到同龄的孩子在这里做游戏、唱歌、弹琴，她从奶奶身后探出头，渐渐地也不由自主参与进来。巾帼志愿者曹女士将这些都看在眼里并说道：“梦梦（化名）小朋友唱得太好了，咱们大家给她欢迎。”大家热烈的掌声给了梦梦（化名）勇气和动力。两年多来，通过在儿童之家学习、娱乐，她从一个腼腆、胆小、爱哭闹的孩子，变成了一个性格开朗、爱唱歌、喜跳舞、活泼可爱的孩子。

通过多项服务活动的开展，儿童之家在儿童维权、教育、娱乐等方面的作用日益凸显，逐渐成为“喊得响、做得实、见成效”的妇联基层阵地建设新品牌，成为儿童坚强之家和温暖阵地。

儿童之家自成立以来，受到了政府和社会各界的关心和支持，爱心企业哈哈贝贝为社区留守儿童送去了书包和玩具，社区学校的音乐老师经常到社区儿童之家手把手教孩子们弹琴。因为有了儿童之家的存在，社区先后被授予“全国基层组织建设示范村”“省级生态文明社区”“省级示范妇女儿童家园”“菏泽市妇女工作先进单位”“菏泽市巾帼示范社区”等多个荣誉称号。

儿童之家的宣传倡导与社区融合

儿童之家建立后，社区两委通过广播、发放宣传单等方式向广大村民讲解儿童之家建立的目的、作用、开放时间、注意事项等，使广大村民对儿童之家的知晓率达到100%，并积极参与儿童之家的服务活动。

为促进儿童之家的有序健康发展，在各级妇联的指导和帮助下，妇女儿童之家积极利用社会资源，组织社区卫生院先后为儿童之家的孩子义诊；市家庭教育、法律专家在儿童之家开展家庭教育培训；县检察院的巾帼志愿者到儿童之家开展送法活动，丰富多彩的活动受到了广大家长和儿童的热烈欢迎。社区村民积极支持儿童之家的健康发展，定期为儿童之家打扫卫生，参加社区志愿服务活动，相互照看玩耍儿童，化解社区邻里矛盾。儿童之家不仅温暖了儿童，也受到家长的称赞和青睐，促进了社区的和谐健康发展。

案例点评

十三村儿童之家自建立以来，不断增强自身的吸引力和凝聚力，成为传播知识的课堂、传递信息的纽带、联系和服务儿童的窗口。

1.管理机制健全，保障儿童之家有效运行

十三村儿童之家在管理上力求做到精细化，建立有效的管理制度，配套相应的运行计划和监管机制，并由威信高、群众基础好、担任多年村干部、经验丰富的妇代会主任担任工作人员，直接负责家园的各项事务，确保家园工作有投入、有规划、有实效。

2.多方资源融合助力儿童之家成长

十三村儿童之家整合多方资源融入儿童之家的服务提供中。巾帼志愿者、大学生、社区居民、政府资源等的多方结合为儿童之家的服务注入了多样性，使得家长与孩子都获得了成长与收获，也使得儿童之家、社区荣获多项荣誉称号。

田园·书香·儿童之家

——河南省安阳市内黄县马上乡李石村微光书苑儿童之家

“微光书苑”儿童之家位于河南省安阳市内黄县马上乡李石村，是由村民李翠利2011年在自家超市里自费创办的全公益性民办儿童之家，并在当地民政局注册。“微光书苑”为远乡近邻的孩子们开展免费阅读和借阅、集中学习和游戏活动等服务，至今已服务2万余人次。这里不仅是娱乐、学习的场所，更是孩子们的精神家园。

艰难起步：一位村妇的社会责任感

“微光书苑”的创办历程充满艰辛。2005年，25岁的李翠利在村里开了第一家农家超市贴补家用，在与乡亲们的日常接触中，细心的她发现物质生活逐渐富裕起来后的乡亲们精神生活却很贫乏。2008年，李翠利在自家超市辟出一角创建了“微光书苑”图书角，以“不收任何费用、无须任何证件、远乡近邻和行走过客只要有需求都可以享受服务”的公益宗旨推行零门槛借阅，希望借此丰富乡亲们的业余文化生活。然而，这条路他们走得并不轻松。

书苑开办之初，由于乡亲们没有阅读的习惯，同时对免费服务抱有的观望心态，导致光顾者寥寥无几。然而，李翠利没有就此气馁。为了使乡亲们认识到阅读的重要性，她不仅“抓”住前来购物的每一位顾客，还登门拜户，为不同人群苦口婆心地讲解“阅读改变命运”的故事，并为孩子们开展“读书有礼品”活动，借书的孩子和读书后写下读后感的孩子，都可以得到奖励。

2011年，村里的一次“三俗”歌舞团演出对乡亲们特别是孩子们心灵的侵蚀侵害，使得李翠利更坚定了自己“用知识改变命运，让文字净涤心灵”的阅读理念。为了给乡亲们，特别是孩子们，提供更好的公益服务，她以“超市+图书馆+儿童之家”的模式不断进行尝试和探索。

陈妈妈是两个孩子的母亲，家中承包了几十亩土地。一开始，李翠利推荐她借阅图书，她总推脱说：“种地难，管孩子更难，没时间也没心情看书。”李翠利就塞给她一本《现代家长》告诉她：“管孩子和种地一样，也需要科学。”就这样，陈妈妈开始看书了，并且渐渐地从书里尝到了甜头。现在，陈妈妈和她的两个孩子年阅读量都在15册以上，不仅小日子过得越来越富裕，更成为村里的“阅读带头人”。

零门槛、便利性、大跨度的开放时间、热情细致的服务和李翠利一家不遗余力地动员推动，促使越来越多的孩子光顾、喜欢和信赖“微光书苑”，把这里当作充实和丰富自己的心灵家园。

初具规模：以阅读凝聚村庄

随着爱书读书的人越来越多，微光书苑的图书也增加到5000余册，还配备了乒乓球拍、羽毛球拍、五子棋、跳棋、毛笔、绘画笔等各种体育和学习用品。书苑开设“4.30学校”，组织留守儿童和父母无暇顾及的儿童开展各类学习、阅读和游戏活动，包括诱导阅读、互动阅读、畅谈心得、推荐优秀文章、展示自我作品等阅读活动和阅读延伸活动。这其中有三类阅读分享活动最受孩子们欢迎。

1.我是小老师

微光书苑建立“大带小”互动阅读小组，由较高年级的孩子带着较低年级孩子一起阅读，既提高阅读的有效性，同时又能帮助低年级孩子掌握新知识、高年级孩子“温故而知新”。除了孩子们之间的互动阅读，微光书苑倡导家长给予孩子们陪伴阅读和阅读辅导。此外，微光书苑也会不定期地邀请老师、学生家长、村干部、学生代表等与孩子们一起互动阅读。

高年级孩子带着低年级孩子一起阅读

2.阅读分享

阅读分享是阅读活动的统称，这些活动的开展旨在为阅读者搭建一个学习知识、交流心得、展现自我、相互促进的阅读平台，让更多人参与阅读、聆听阅读、分享阅读，继而带动更多人爱上阅读，实现在阅读中学习、在阅读中感悟、在阅读中思考、在阅读中进步的阅读收获。阅读分享活动日为每周周六、周日，也可根据实际情况自由择时或临时开展。孩子们在这一天畅谈自己的阅读心得，包括对一本书、一个人物、一个概念、一种表达方式等畅谈自己的理解感悟、不解困惑等；此外，还有推荐优秀文章和展示自我作品等多形式阅读分享活动。书苑还鼓励孩子们自发开展其他形式的阅读活动，像以李宇涵（化名）、李亚柯（化名）同学为主开发的“你讲故事，我表演”“你读文章，我表演”的阅读即兴表演和一些小朋友们自排自演的小短剧都深受大家喜爱。这些活动不仅加深了孩子们的阅读印象与理解，也非常具有带动性与参与感。

孩子们一起讲故事

孩子们进行阅读分享

3.文化课堂

文化课堂重在邀请专业人士为乡亲们传授、讲解知识，如农业科技、养身保健、育儿孝道、传统习俗等与生活密切相关的科学文化知识。其中，由专业幼儿园教师以讲故事的方式给孩子们普及的“日常安全须知”等育儿知识和社区医生分享的“季节流行病预防”等养生保健知识最为实用，也最受大家欢迎。春节期间，书苑还邀请了回家过年的外出务工者为家乡的弟弟妹妹讲解在外见闻、人生体会等，使孩子们深受启发，获益匪浅。

上述阅读活动的开展，不仅有效促进了阅读推广的进程与深入，提高了孩子们自身修养和文化水平，也使得一些孩子从漠视阅读到养成阅读习惯，继而成长为新的阅读推广人。

任重道远：培养乡村文化建设新生力量

经过几年的用心经营，微光书苑培养了一些养成良好阅读习惯、积累了一定活动经验的青少年儿童读者和成人读者，在微光书苑的持续关注、培养和引导下，他们逐渐成为阅读活动的优质读者、开发者、带头人、组织者和文化志愿者。

目前，“微光书苑”已建立5个家庭阅读点，所选家庭均为微光书苑的优质读者家庭。李翠利说：他们是乡村阅读推广和文化繁荣新的、充满生机的力量。这也是微光书苑以后的工作重点，下一步，微光书苑要做的不仅是让留守儿童放学后有个去处，村里孩子有个心灵家园，还要着力为乡村阅读推广和农村文化建设培养新生力量，和他们一起营造阅读氛围，关爱少年儿童，服务父老乡亲，建设乡村文化。

因此，微光书苑正在出台奖励、鼓励措施，对图书捐赠者、阅读推广人，活动组织和参与者给予适当的扶持与表彰奖励。当然，这种表彰奖励并非为物质奖励，如对捐赠图书者颁发“捐赠荣誉证书”，捐赠书籍数量越多奖励相应增加；再有，定期进行阅读推广奖励，对优秀读者、优秀阅读推广人、阅读推广积极参与者给予奖励，颁发“优秀读者”“优秀阅读推广人”等证书或其他奖品。在不断的奖励和鼓励中，微光也不断地联系、聚集、培养起越来越多的阅读者和乡村文化建设者。

成绩骄人：多年坚持显现成效

时至今日，“微光书苑”已是一家占地30平方米、藏书5000余册，桌椅及阅读活动设施齐全的儿童之家。它每天的开放时间在12小时以上。它不仅为乡亲们提供着生活购物的便利，更为孩子们的学习、阅读提供了开放式的时间便利，解决了外出务工、农忙时节家长们的后顾之忧。

微光书苑现有工作人员4名，由李翠利及其家人义务兼职、全职。为了办好“微光书苑”儿童之家，更好地服务孩子们，李翠利和其家人不放过任何一次学习的机会，他们不仅自费到其他儿童之家进行实地参观学习，还通过网络与同行交流、向专家请教，农闲期间和寒暑期间邀请热衷文化教育的村民、回乡大学生及其他热心人士来“微光书苑”交流、指导工作；他们还制定了儿童之家的工作守则和儿童须知，不仅进一步规范了自身服务，也为孩子们的素质培养立下标杆。

在这些年的探索中，李翠利和她创办的“微光书苑”儿童之家打破了民办儿童之家在乡村难以为继的发展现实，以“超市+图书馆+儿童之家”互养互惠的全新发展模式得以生存、发展并发挥作用。

除此之外，当地政府、妇联、工会、文明办等单位都对微光书苑儿童之家给予了扶持及帮助，特别是各级妇联对“微光书苑”儿童之家的工作给予了极大的关注和帮助。县妇联不仅给“微光书苑”儿童之家捐赠图书，还多次对其工作进行指导和宣传报道。在各级妇联的关怀下，李翠利及其家庭先后获得“河南省三八红旗手”“安阳市第五届十大女杰”“全国最美家庭”“全国书香之家”等荣誉。

“微光书苑”儿童之家还积极申请政府文化扶持项目，获取更多社会公益基金和其他公益团队的支持。同时，“微光书苑”也得到了文化部部长的关注。2015年2月，文化部公共文化司司长带队来“微光书苑”调研，并对“微光书苑”在基层文化建设中发挥的作用给予了充分肯定，2016年李翠利获得中国图书馆界最高荣誉“中国图书馆榜样人物”，这也是这个奖项首次颁发给了一位民间图书馆人。2017年年初，河南省文化厅联合爱心企业为微光书苑儿童之家捐赠了自主借还书设备和电子读书设备，让微光书苑儿童之家的孩子们提前体验了数字化时代带给他们的惊奇与乐趣，进一步充实了微光书苑儿童之家的服务项目和服务能力。

如今，微光书苑儿童之家以每年开展各类活动30余场、阅读和活动成果展示100余件稳步发展，开园至今已累计服务2万余人次。微光书苑儿童之家是孩子们娱乐、学习的场所，更是他们的精神家园。在这里，5000余册书籍和各色阅读活动都在为孩子们构建一个和谐、美好的精神家园。

案例点评

一个建在乡村超市的公益儿童之家，它解决的不仅是农家孩子的课余时间归属问题，更是为农家孩子创建了精神成长的家园。

1.服务性质公益性，不断完善可持续发展之路

微光书苑作为乡村私人创立的儿童之家，经历了艰难的创建、发展历程。它始终坚持公益性原则，服务每一个或自愿或被动的阅读者。这样一股如清泉般的精神力量滋养着全村的孩子和家长们，甚至是普通村民。在多年的探索中，不断扩大社会影响力，走出一条可持续发展之路。

2.服务内容多元化，从阅读活动拓展至多项服务

微光书苑紧贴村里儿童和家庭的需求，在阅读活动的基础上开展了多样化的服务（如各类体育和游戏活动、家庭教育指导等），并积极争取大学生、村民志愿者参与到服务中，保证服务的多样性和有效性。对于一个农村起步的儿童之家来说，能做到如此，难能可贵。

3.组织管理有保障，建立多方互惠发展模式

微光书苑除建立了一些基本的管理制度外，最为核心的是探索出“超市+图书馆+儿童之家”的互养互惠发展模式，最初通过超市的盈利补充儿童之家的经费，后来将微光书苑注册成为“民非”，积极争取政府和基金会的项目支持，保证了书苑的可持续发展。这些探索将为农村社区儿童之家的发展提供有益借鉴。

努力做好“四个一” 建设山村好家园

——湖北省孝感市大悟县彭店乡太山村儿童快乐家园

太山村位于湖北省孝感市大悟县彭店乡西南，距镇区15公里。由于区位偏远，村里孩子们的游玩活动不是上山砍柴，就是下河摸鱼。孩子的安全成了家长们最头痛的问题。“现在好了，儿童快乐家园建起来了，孩子们只要有时间就到这里来玩，还有志愿者照看，可是解决了我的大难题了。”说起儿童快乐家园，陈鸿博（化名）的奶奶直竖大拇指……

创一个阵地

2016年3月，得知全国妇联、中国少年儿童基金会与恒大集团将在大悟县支持建设3个儿童快乐家园的消息，彭店乡妇联积极争取，其中一个家园最终在太山村落地。家园所在社区流动人口1200多人，流动家庭512户，18岁以下儿童220人。

家园外观

家园活动室

家园有一个70多平方米的儿童活动室，分隔为阅读区、写字绘画区、音乐舞蹈区和亲情视频上网交流区，设施设备有序摆放在各功能区，做到互不干扰、各取所需；家园还可充分利用室外900余平方米的黎元洪故居文化广场。广场内体育健身设备配套齐全，不乏儿童类健身器材，为儿童提供了宽敞的室外玩耍空间。

建一支队伍

1.工作人员基本情况

为了让儿童快乐家园能够顺利运行，切实服务好儿童，村委会专门研究了家园的管理问题。家园固定由村级妇代会主任负责管理，她每周工作时间长达30多小时。此外，还有一名村委会的工作人员兼职协助开展相关活动。

2.志愿者情况

为协助家园开展活动，乡妇联在黎元洪小学招募1名志愿者，参与家园的日常事务。还有一名志愿者是流动的，来自学校的老师和镇直机关的工作人员，负责每月在家园开展大型活动2—3次，教孩子们跳舞、唱歌、游戏，并对其进行心理辅导、安全教育等。

志愿者与儿童开展活动

乡妇联联合企业家、县妇联、司法所、机关干部、大学生村官、五老人员和教师等走进家园，开展趣味游戏、夏令营、爱心结对等帮扶活动，并定期利用投影仪制作、播放电教片，给监护人讲解孩子成长过程中的困惑和注意事项。随着工作的深入开展，家园也迎来了一批村民志愿者参与服务，一些送孩子参加活动的村民，看到了家园的价值所在，也积极担任志愿者服务孩子。

设一套机制

1.规章制度

儿童的健康成长牵动着乡村干部的心，为将阵地用活做实，家园建立了一套行之有效的管理机制。一是建立物品管理制度，要求参加活动的儿童、家长和村成员爱护活动中心设施、服从管理和安排，借阅的任何物品和书籍按时登记和归还，确保物品使用效果。二是建立工作人员管理制度，对家园的开放时间、卫生管理，器材的管理及其他服务进行明确规定。三是建立一套儿童档案，对所有儿童建档立卡，做到了村级儿童底数清，情况明。四是建立志愿者管理制度，对志愿者开展活动进行详细要求和规划，确保志愿服务有成效。五是建立儿童决策制度，成立由3名儿童组成的儿童决策小组，收集儿童需求，负责家园的监督评价工作，确保提供的服务是儿童需要的。

儿童档案管理区

成果展示区

2.开放时间

儿童之家自举办以来，每周至少开放6天，周一至周六，有时候周日也开放，开放时间均为上午8：30—12：00和下午3：00—5：30。平均每周开放时长为36小时。儿童之家举办以来，来园活动的儿童累计2100人次、40余人，家长及村民累计1800人次、260余人。开展的大型服务活动累计44次。

开展一系列活动

工作人员及志愿者们严格按照开放时间提供基本服务，在此基础上拓展特色服务。

1.积极开展日常活动

在日常开放中，工作人员及志愿者们引导儿童充分利用基础设施，为其提供一个活动场所。除了妇联组织的关爱活动，志愿者们还积极联系县农商行、团委志愿者们开展关爱活动20余场次，服务儿童262人次，开展各类联谊活动给村留守儿童发放表演服、学习用品、玩具、生活用品等，让贫困儿童家庭生活得到较大改善。志愿者们带着孩子利用“五四”“六一”“国庆”等节日组织节目表演，引来邻村孩子的热情参与，孩子与外界接触范围进一步扩大，他们在活动中感受着童年的欢乐。

志愿者陪儿童玩玩具

儿童们查阅书籍

2.努力做好特色活动

比如带孩子们参观高铁站，让他们亲眼看到了“和谐号”动车，也了解了在高铁站需要注意的事项，增长了见识；又如带孩子们参观红色旅游区，给孩子们讲解抗战时期全民浴血奋战的艰苦历程，让他们明白应该珍惜现在的美好时光；带孩子们春游、秋游，让其了解大自然，进而爱护大自然；还有，春季茶忙时节，教孩子采茶，给其讲解金鼓露毫茶的由来，让他们了解家乡茶文化的同时收获劳动的快乐；为孩子们开设学校没有开设的舞蹈课，补齐了学校教育的短板，丰富了孩子们的生活。值得一提的是，家园还为孩子们开展一系列手工制作活动，锻炼动手能力和朋辈协作能力。

冰玉姐妹的故事

孩子们进行手工制作（一）

孩子们进行手工制作（二）

太山村留守儿童李冰（化名）和两岁的妹妹因为长期跟奶奶生活，但奶奶把农活看得很重，很少有时间陪伴她们。久而久之，她们的性格变得内向，从不敢参加任何集体活动。家园主动上门邀请两姐妹参加活动，还动员奶奶陪同一起参加。来到家园后，李冰一直站在活动室外流泪，不肯进去，谁拉都拉不动。志愿者走到她身旁，蹲下来对她小声说：“你妈妈不在家，你是姐姐，你要把妹妹照顾好，你不进去，妹妹也不进去，你流泪妹妹也在流泪，你们不接近朋友，不接近活动，那你们就不会手工制作、不会游戏，也不会跳舞，你们只有孤独，只有眼泪陪伴着你们，你希望妹妹这样吗？”李冰泣不成声地摇了摇头，志愿者拉着她的手鼓励地说道：“我和你是很好的朋友，你不用怕，我会一直陪着你，帮助你。”李冰终于走进了活动室，和其他孩子一样专心致志地做起了自己熟悉的小椅子。活动结束后，李冰很有成就感地把成品送到志愿者面前，很自信、很开心的样子。

3.特殊情况特别关爱

志愿者定期对特殊儿童进行家访，跟踪关爱特殊儿童。5岁的儿童田晨（化名），父亲患肝癌，母亲患精神病，接受教育困难。志愿者们在帮助将这个家庭纳入精准扶贫困难户的同时，积极联系社会爱心人士对田晨结对帮扶，在太山村找到一位资助他上大学的村民，一幅幅爱幼护幼的温馨画面在太山村呈现。同时，家园还利用网络“嗨孝感”“彩虹跑公益活动”为陈光（化名）等5名单亲特困儿童争取到每人1000元的生活补助金。

案例点评

太山村的孩子有了快乐活动的去处，不仅是孩子的福气，更是家长的快乐。从太山村的“四个一”经验不难看出，以一个快乐家园作为儿童活动阵地，是服务儿童和家长的有效平台。

1.健全的管理机制是基础

一套健全的管理机制是家园可持续发展的基础，通过物品管理制度、工作人员管理制度、志愿者管理制度以及儿童决策制度，保证了家园服务的稳定性和规范性。

2.完善的服务队伍是保障

家园有一支相对完善的人员队伍，包括1名专职责任人，1名兼职工作者和一定数量的流动志愿者。对一个农村地区的儿童之家来说，此种阵容已为较佳配置。家园不仅服务于儿童和村民，也为村民参与服务提供机会，增强社会支持系统的稳固性和村民的凝聚力。特别值得一提的是，村里成立由3名儿童组成的儿童决策小组。该小组收集儿童需求，负责家园的监督评价工作，在某种程度上体现了儿童参与原则，也确保相应服务是儿童需要的。

3.多彩的服务活动是核心

一系列丰富多彩的活动是家园服务的核心。家园通过游戏、阅读等活动帮助儿童和家庭开阔视野，学会良好的亲子沟通技巧、培养良好的学习习惯，对困境儿童进行个别化帮扶等，都是助力和谐村社建设的有效尝试。

促进儿童早期发展，服务社区全体儿童

——湖南省长沙市芙蓉区马坡岭街道锦林社区细毛陀儿童活动中心

“李阿姨，你快来听听我讲的故事好不好听。”

“李阿姨，你快来看看我剪的剪纸好不好看。”

“李阿姨，你觉得我的画画得怎么样？”

这一幕是细毛陀[1]儿童活动中心每天一到放学或是双休日、节假日就会发生的场景。孩子们叽叽喳喳口中喊的李阿姨就是锦林社区妇联主席李女士，也是细毛陀儿童活动中心的负责人。在她的带动下，活动中心成了社区孩子们的另一个家。

创建中心“惠”儿童

锦林社区位于湖南省长沙市郊芙蓉区马坡岭街道，东至长白路，西与张公岭京珠高速为邻，南至人民路，北与张冲路与隆平高科技园接壤。社区总人口4717人，家庭数827户，户籍人口2688人，0—3岁儿童123人，其中流动儿童14人。儿童活动中心服务覆盖儿童127人。

---

1 “细毛陀”为湖南长沙地区方言，指孩子或儿童。

2013年，在湖南省妇联的支持下，锦林社区引入联合国儿童基金会和全国妇联儿童部的合作项目——“社区儿童早期综合发展服务”，在此基础上创建了细毛陀儿童活动中心（以下简称“中心”）。

中心拥有200余平方米的活动空间，设立了早教活动室、儿童图书阅读室、儿童电子阅览室、儿童心理咨询室、儿童早期喂养咨询室、家长学校等多个功能室，配有益智图书三千余册、电脑十余台、玩教具及文体器材百余套。

早教活动室

儿童阅览室

细化制度“助”儿童

为了更好地实施“社区儿童早期综合发展服务”项目，锦林社区加大对中心人员队伍和管理制度的建设，涉及儿童安全管理、早教宣传措施、财产物资管理、团队管理等方面。首先，社区结合项目要求，为中心配备了一支稳定的工作者队伍，包括专职工作人员1名、兼职工作人员2名和志愿者10名。制定《锦林社区儿童早期发展中心管理制度》及《志愿者管理制度》，规定了工作人员及志愿者的责任和义务，为队伍的有序运行和持续发展起到了基础保障作用。其次，中心在实践探索中，制定了规范的管理制度，并细化出台管理方案和考核细则。具体包括：婴幼儿健康安全制度、早教中心安全管理制度、儿童早期发展家庭支持项目方案、玩具物品消毒管理制度、玩具物品管理和借用制度等。建立管理工作微信群，确保长效运转。借助项目的技术力量，培训工作人员，为确保服务的专业化打好基础。

中心每天下午五点到七点开放两小时，由管理员负责照看。周末和节假日全天开放，定期开展包括读书比赛、文体娱乐、感恩教育、心理健康辅导、交通安全知识教育等丰富多彩的主题活动，丰富儿童的课余生活，使孩子们开心、让家长们放心。

邀请志愿者参与服务“利”儿童

中心丰富多彩的活动吸引着越来越多的孩子加入，寒暑假时孩子会更多。为了活动的顺利开展，每年暑假，中心都会邀请湖南师范大学树达学院张公岭校区、湖南农业大学等高校的大学生志愿者开展志愿服务。大学生志愿者们给儿童策划并开展了“树叶作画”“剪窗花”“防火防灾小演习”“网络安全科普”和“爱心义卖”等特色活动。在活动中，孩子们与志愿者建立了深厚的友谊，愿意向大哥哥、大姐姐们倾诉自己生活中的点点滴滴。大学生志愿者的到来让中心的活动更有吸引力，居民也越来越信任中心。

为了使更多居民群众了解认识中心，为更多的儿童和家庭提供儿童早期综合发展指导和支持，中心利用线上线下相结合、请进来与走出去相呼应的方式开展多种宣传、指导活动。

中心定期邀请早教专家为社区家庭开办科学育儿讲座，组织亲子阅读、亲子游戏等主题活动，加强孩子与父母的交流。中心通过微信群、QQ群发布育儿知识贴和家庭沟通常见问题解答，在线上与家长和孩子互动。同时，中心也经常走出去，开展一些外展服务活动，例如走进社区广场、邻近公园等人口休闲聚集区域，开展儿童早期教育宣传活动。

开展多种活动“益”儿童

中心的运作虽起源于儿童早期综合发展服务，但不囿于低龄儿童的范畴。根据儿童年龄段划分，中心形成了多项特色服务。

1.针对婴幼儿及其家庭开展“推拿进社区”活动

中心充分利用、调整现有资源，形成了“亲子活动与日常活动一体化”的服务模式，为社区内的婴幼儿及其家庭提供早期启蒙教育服务。为了减少孩子生病吃药的概率，也为了照顾者们能够更好地应对孩子生病出现的症状，中心举办了“绿色疗法有大爱，小儿推拿进社区”活动。

中心请来推拿师傅一对一给孩子按摩，手把手教家长们小儿推拿手法。活动现场的二十六组家庭，宝宝最小的五个月，最大的三岁半。有些孩子坐不住，哭着想要离开，在推拿师傅的安抚下，情绪慢慢稳定，还主动伸出手给师傅按。家长们在师傅的指导下，也学会了简单的推拿按摩手法，在需要的时候给孩子按摩，让孩子们少生病、多健康。

2.针对幼儿及其家庭开展“N+1”亲子阅读活动

中心定期开展幼儿亲子阅读活动，一方面培养幼儿的阅读习惯，另一方

"N+1" 阅读活动的现场

面提升家长的阅读意识和指导孩子阅读的能力，同时也起到促进亲子沟通的作用。该活动采用"N+1"阅读方式，由不同的志愿者轮流开展阅读指导和以阅读为主题的亲子活动，确保每一个孩子、每一个家庭都能接触不同的志愿者，获得不同类型的阅读体验。

亲子阅读活动分为集中阅读和家庭阅读两类。在集中阅读中，中心志愿者担任活动的绘本讲解员，带领孩子们一起阅读和分享。针对每期的阅读内容，还配套穿插手工玩偶制作、拼图拼接、互动游戏、故事模仿表演等环节，旨在提高幼儿眼、耳、口、手、脑等的协调能力。家庭阅读，主要由家长指导孩子阅读，和孩子一起分享阅读故事，其间穿插亲子游戏，让家长与孩子在阅读与游戏中培养亲子关系。

亲子阅读以书为媒介、以阅读为纽带，将孩子与家长连接在一起。自亲子阅读系列活动开展以来，广受好评，社区幼儿及其家庭参与率达90%以上。

3.针对学龄期儿童开展兴趣培养活动

随着中心儿童早期服务的开展，越来越多的孩子被吸引到中心来玩耍、看书。工作人员发现这一情况后，及时调整工作计划，开始面向学龄儿童提供服务。通过开展亲子阅读、亲子活动、手

废旧物品大改造活动

工、绘画、剪纸和讲故事比赛等丰富多彩的主题活动，让孩子们不仅学会了很多知识，也掌握了一些生活技能，例如画画、剪纸、讲故事、种菜、包饺子等。

随着活动的深入开展，工作人员开始逐步将零散的活动系列化。比如，寒暑假的雏鹰展翅计划系列活动，孩子们通过参与这些活动体验当小小保洁员、小小图书管理员、小巷总理等，让孩子们在活动中体验，在体验中成长。

嘉庆与细毛陀儿童活动中心

上六年级的嘉庆（化名）一放学就会和同学们一起直奔儿童活动中心。这里既有电子阅览室可以上网查阅资料，也有图书馆可以借阅书籍，还有玩教具室和游戏室可以和小伙伴们玩益智类的游戏。双休日和节假日，嘉庆几乎每天都会待在活动中心，因为在这儿不仅能学到很多知识，还能交到很多好朋友。她说："爸爸妈妈工作特别忙，基本上没有时间陪我，只能和爷爷奶奶待在一起。爷爷奶奶年纪也大了，没有精力陪我玩，也没法辅导我学习。我不是待在家里看电视，就是和伙伴们到外面玩，天天这样也挺无聊的。现在小区里人多车多，路上很不安全，也怕家人担心。自从社区有了这个儿童活动中心以后，我们再也不用担心没有地方玩、没人辅导作业了。"

案例点评

细毛陀儿童活动中心的服务借助国际合作项目起步，在项目合作中形成了完善的管理和服务规范，以儿童早期综合发展服务为特色，形成了系列品牌活动。

1.以孩子为中心提供有效服务

将早教培训开在家门口，使得“高端大气上档次”的早教课程变得很“接地气”。该儿童活动中心以社区为依托，整合政府、企业、社会组织、社区等多方资源，打造服务社区家庭的公益性儿童早期发展公共服务平台，根据不同年龄段孩子的特点及需求设计服务，并且使0—3岁婴幼儿家庭科学育儿支持成为特色。

2.从家庭层面为儿童提供支持

家庭是儿童教育的基本单位，将服务置于家庭层面，往往事半功倍。该中心从家庭入手，开展形式多样的亲子活动，不仅利于儿童的综合发展，更利于家庭的进步和和谐家庭关系的建立。

陪伴　同行　参与

——广东省广州市荔湾区东沙街道南漖社区儿童友好家园

走进广东省广州市荔湾区东沙街道南漖社区，一个装饰得别具一格、多彩交错的环境让人眼前一亮，这就是2013年成立的南墩社区儿童友好家园。在这里，孩子们可以安全地玩耍、快乐地阅读、自由地交往、自主地参与……

坐标·周边：家园的环境

南漖社区儿童友好家园位于该社区居委会办公楼3楼，门前的会龙坊路一直通向南漖社区唯一的公立学校南漖小学，是学生每天上学和放学的必经之

主题活动室	游戏室
图书室	社区广场

路。孩子们放学后，不带拐弯地直接上楼就能到达家园。

家园的空间规划分为室内活动空间和室外活动场地两部分。室内活动空间总面积为200平方米，分为5个功能区，分别是游戏室、活动室、图书室、个案室和办公室。其中游戏室、活动室和图书室面积各为50平方米；个案室和办公室面积各为12平方米。室外活动场地为社区广场，可供百余人同时活动。家园的大型室外活动都借助广场开展，吸引不少居民前来围观和参与。

陪伴·奉献：家园的工作人员

家园不仅有一支稳定的专职工作者队伍，还有一支从社区里发育起来的儿童和家长志愿者队伍，既运用专业人员确保服务的有效性，又凝聚儿童及家长的力量促进社区参与。

始终陪伴孩子们的“老师”。家园有三名专职工作人员，孩子们习惯性地叫他们“老师”。“老师们”都是大专以上学历，其中有两名为社会工作专业毕业，有着丰富的专业知识和儿童工作实务经验。工作人员的工资待遇及补贴由家园承接的服务项目经费支付，参照广州市社会工作者待遇标准按月发放。家园每月组织5次业务督导、2次专题培训，每个季度开展1次团建活动，给工作者以多方面的支持。

以儿童和家长为主的无私奉献的志愿者队伍。家园积极开展社区倡导，发展儿童和家长志愿者。儿童志愿者，是家园活动场馆的管理者和各类主题活动的小助手；家长志愿者，协助工作人员开展儿童兴趣培养、潜能拓展、亲子关系促进、社区融合等服务活动，并作为家园发展的智囊团，积极参与家园建设。目前，家园的儿童志愿者已有30人，家长志愿者10人，服务社区儿童、家长及居民550余人次。

支持·保障：家园的运行体系

家园由荔湾区妇联和东沙街道作为双重主管单位，采取国际机构资助、社工组织运营、基层社区和社会力量支持的综合运行体系。

主管单位为家园提供场地和政策支持，并提供一定的经费资助。南漖社区居委会积极协助家园梳理社区资源和建立社区关系。家园的建设和运行得到国际组织和社会组织的帮助和支持。家园运行的项目并非通过政府购买方式所得，而是通过由主管单位、资助方以及运营方签订三方协议作为合作基础，共同商讨合作计划，按照活动开展实际需要确定资助金额。财务管理参照《民间非营利组织会计制度》执行。

以下为家园近几年经费开支情况：2013年，总经费投入20万元，人员经费2万元、装修费用10万元、添置设备5万元、购置儿童图书3万元。2014年，总经费为40万元，人员经费30万元、活动经费10万元。2015年，总经费40万元，人员经费30万元、活动经费10万元。2016年，总经费为40万元，人员经费30万元、活动经费10万元。此外，家园积极整合各类资源，接受多方捐赠。

制度·管理：家园的日常规范

家园制定严格的管理制度和有效的活动规范，力求做到严格、诚信、节约、高效。

为了保障儿童人身安全，家园建立并严格实施儿童来园登记制度，安装监控设备全天候无死角掌握儿童来园活动状况。

为了提升工作人员服务水平，家园建立服务管理制度，通过对其进行定期督导和专业培训，不断更新服务知识，提高服务素质。

为了培养儿童的良好行为习惯，家园制定了《家规》，让儿童养成“一进门，先洗手；不零食，不粗口；爱护公物，不打闹；看完书，会放好”的行为习惯。

特色·服务：做孩子的陪伴者

为了更好地提升儿童服务的可及性，家园遵循“日日开放，适当延长”的原则，尽最大可能满足不同年龄段儿童的需求。以下为家园的开放时间表。

周一、周二09：30—17：30

周三至周五13：00—21：00

周六、周日09：30—21：00

寒暑假期间为周一至周五09：30—17：30

截至2016年年底，儿童之家已开展各类有主题的服务活动两百余次（安全保护类活动30次，身心发展类活动75次，社区融入类活动132次），服务社区儿童、家长及居民6500余人次。以下分别选取这三类活动中较具代表性的内容做简单介绍。

儿童安全自护系列活动。家园定期开展安全自护系列活动，提升儿童安全保护意识，增强儿童安全自护能力。针对辖区内有大河流经以及交通网密集，时有大型货车穿行的安全隐患，工作人员通过游戏的方式带领儿童深入社区查找安全黑点、盲点及平时容易忽略的家居安全隐患，提高儿童警惕性；通过小组活动和专题教育的方式，提升儿童安全防护意识，减少在社区和在家里发生意外的概率。

儿童身心发展系列活动。此类活动包括提升儿童自我认知、促进儿童潜能开发以及实现儿童自主参与等内容。在提升儿童自我认识方面，工作者通过小组工作方法，运用游戏、角色扮演的方式促进儿童挖掘和认识自己的优缺点；以绘制情绪脸谱、填写情绪卡片和开展情景扮演的方式提升儿童情绪管理的能力。在促进儿童潜能开发方面，家园通过“多才导师计划”，开设不同类型的兴趣班，发掘儿童的兴趣并进行培养强化，以“学有所用”的理念鼓励回馈社区。在实现儿童自主参与方面，工作者相信儿童在表达自己的需要时是最有发言权的，给予他们适当的支持和尊重，儿童将可能做出合理的、负责任的决定。为此，家园结合儿童参与的“操控”“象征性参与”“成人决定通知儿童”“成人决定咨询儿童”“成人策划但与儿童一起决定”“儿童策划，成人与儿童一起决定”“儿童策划，儿童为主做决定”七个阶段，开展了“决定从我做起”儿童参与活动。

社区融入类活动。儿童的健康成长与父母的管教以及居住社区环境息息相关。家园结合儿童家庭和社区的情况，开设“小家变大家”服务，从另一种视角为儿童提供更加适合的服务。这项服务协助儿童筑建一个坚韧、扎实的社区支持网络。

效果·印象：儿童和家长眼中的家园

自2013年家园成立以来，其提供的专业化服务活动得到认可和好评。

儿童眼中的家园：“在这里我认识了很多好朋友，再也不觉得孤单”；“爸爸、妈妈很忙。在这里有哥哥、姐姐可以教我做作业，有伙伴和我一起玩”；“这里有很多好玩的游戏，我太喜欢了”；“在这里可以看我喜欢的书和影片”；“这里有各种不同活动，让我学到了很多课外知识”；“我喜欢这里，在这里我会很开心”；“这里的哥哥、姐姐很好的，我喜欢和他们一起玩”；“我喜欢在这里上课、画画和做游戏”。

家长眼里的家园：“能够丰富孩子的课余生活、增长知识、开阔视野”；“让儿童多一个平台去学习、游戏，感谢社工”；“积极、有爱心，孩子现在自己的事情自己做，还会帮忙做家务”；“让孩子的沟通能力有所提高，见多识广”；“可以交多点朋友，人际关系变好了”；“对孩子有帮助，比如开心的童年、同学关系的融合及孩子们的沟通等”；“丰富了孩子的课余生活，学到了许多课堂上学不到的东西”；“让他能在更宽的圈子内融入当地社区生活和了解社区及广州”。

倡导·融合：社区影响

家园的宣传推广主要通过社区宣传、入校宣传以及参加服务的儿童及其家长的口耳相传展开。社区宣传主要是通过大型的安全知识活动和节庆活动；入校宣传则主要是通过主题班会的形式。在一项评估问卷调查中，我们得知：家园在学生中的知晓度达到80%以上，在居民中的知晓度达到50%。口耳相传的宣传模式是建基于儿童之家的优良服务评价之上，再通过儿童及其家长“带朋友”的方式实现的。如今，家园通过扎实的服务，不仅为儿童和家长所喜爱，也为社区居民所熟知。在居委会的统筹协调下，社区居民踊跃参与支持家园活动，家园也拓展服务范畴，承担一些力所能及的社区服务工作。家园成为社区的一部分，社区与家园和谐共处。

案例点评

南溆社区儿童友好家园成立已四年有余，在其建设发展历程中，最为值得借鉴的是它在运作体系、服务理念和服务内容方面的特色与创新。

1. 服务体系呈现出多元合作特征

与其他常见的由政府主管、社会组织运营、社会力量参与构成的三位一体儿童之家服务体系不同，该家园的运作并不是通过争取承接政府购买服务的方式获得资金来源，而是获得国际机构的橄榄枝，维持其基本运转。在三位一体的服务格局中，凸显了社会组织的自我筹资能力，由此构成了政府主管、国际机构资助、社会组织运营、社会力量参与的“四位一体”综合服务体系。

2.服务理念凸显了儿童参与原则

该家园结合社区环境和特点，充分尊重儿童的参与权，成立儿童志愿者队伍，让原本属于服务对象的儿童有效转化为提供服务的志愿者，双重角色体验既促进儿童了解自己、他人及社区，又有效提升儿童的参与感、认同感和责任感；既有效传递服务，又适度实现增能。

3.服务内容体现了“全人教育”视角

该家园将提供的服务整体划分为安全保护、身心发展、社区融入三大类，每一类服务又包含若干系列和主题。这些服务活动涉及儿童的个人身心发展到家庭成长再到社区融入的全过程，也是儿童从“个体我”成长为“社会我”的过程，体现了完整的全人教育视角。

爱的源头·心灵之家

——广东省深圳市龙华区民治街道新牛社区妇女儿童之家

来到广东省深圳市龙华新区民治街道新牛社区，一个被装饰得独具特色的环境让我们眼前一亮，这就是2012年11月正式开园的新牛社区妇女儿童之家。在这里，孩子们可以愉快地玩耍、快乐地阅读、开心地交流、自由地参与……

新牛社区妇女儿童之家，位于新牛社区新澜大厦四楼，是新牛社区根据省、市、区、街道妇联“实施‘妇女儿童之家’项目建设意见”精神，基于办事处和社区实际情况，综合党委、工作站的工作任务，整合新牛社区党群服务中心（新牛社区服务中心）、牛栏前社区图书室、新牛億未来社区儿童运动馆等多种资源建立起来的。牛栏前股份合作公司（原村委集体企业）为家园免费提供活动场地，街道办事处投入资金100万元进行场地改建，并一次性投入80万元添置和更新设备设施。此外，街道办事处每年拨款45万元作为家园的日常运作经费。新牛社区妇女儿童之家服务覆盖全辖区的居住儿童和12562个家庭。

用心打造家园，创造多功能美好环境

新牛社区妇女儿童之家所在的新澜大厦位于牛栏前新村东南一角，也是主干道布龙路和民治大道交会处，地理位置优越，交通十分便利，且享有牛栏前新村所有配套设施。社区党组织、工作站、居委会等单位均在此大厦办公，周

边环境相对安全。家园室外内活动空间宽敞、设施设备齐全，能较好地满足儿童不同层次的需求。

表1　新牛社区儿童之家活动场地情况表

区域	主要功能区及面积
室内活动空间（1470m²）	图书室（260m²）
	多功能室（210m²）
	儿童运动馆（50m²）
	排练室（40m²）
	健身室（230m²）
	心理咨询室（60m²）
室外公共活动场所（6570m²）	小型足球场（1080m²）
	篮球场（1260m²）
	文化广场（1660m²）
	健身路径（150m²）
	公园凉亭（320m²）
	村史文化馆（2100m²）

以下为儿童之家室内功能分区、室内设备设施和室外活动场地情况照片。

走廊宣传栏	文化墙
家庭服务区（多功能室）	儿童阅读区

儿童运动馆	社区图书馆“四点半”快乐学堂
心理咨询室	综合健身室

专心陪伴儿童，建设专兼职工作网络

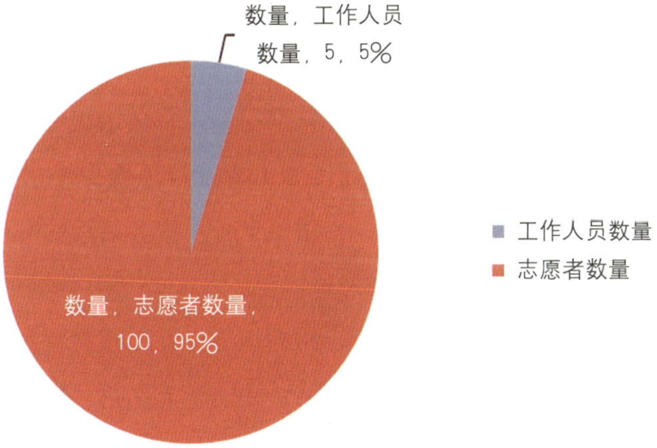

新牛社区妇女儿童之家工作人员和志愿者分布图

由上图可以看到，新牛妇女儿童之家的工作人员和志愿者情况。

家园共有5名工作人员（1名专职，4名兼职）。专职工作人员是一名专业社工，通过政府购买服务的方式进驻社区，专门负责妇女儿童之家的各项具体工作，其待遇按深圳市政府购买社工服务的标准给付，由其所在社会组织发放。4名兼职工作人员为一名社区妇工委主任（社区工作站中层女干部，兼任妇女儿童之家主任）与三名社区居委会主任（兼任妇女儿童之家委员），主要负责妇女儿童之家的总体协调、工作部署、经费管理以及宣传推广等工作。兼职工作人员工资按政府有关规定享受社区工作站相关职务工资待遇，经所属（街道）办事处核定后由其所在社区发放。

此外，新牛妇女儿童之家还有大量志愿者，约100人。这些志愿者主要通过网络平台招募，经过严格筛选与专业培训，参与妇女儿童之家的各项服务活动。妇女儿童之家每年都会定期召开总结会议，对志愿者的服务情况进行经验总结和分享，同时对其服务工作提出意见或建议。

联心创建友好家园，政府社会共筑支持体系

新牛社区妇女儿童之家的直接主管部门为龙华新区民治街道妇女联合会，通过购买服务的方式，委托新牛社区妇工委及社区服务中心专门管理家园事务，并聘请专业机构的社工进驻，专项负责各项服务活动的开展，形成主管单位+社区+专业社工的运作模式。

主管部门经常下社区了解社工机构在运行妇女儿童之家过程中存在的问题和困难，向他们传达最新的政策、精神，并给予人、财、物等方面的支持，同时每个月进行督导。

新牛社区妇女儿童之家涵盖新牛辖区牛栏前、丰润、锦绣3个社区居委会，各居委会利用自身办公及活动场地，建立妇女儿童之家分部。

此外，新牛社区妇女儿童之家获得了社会组织支持，面向社区家庭提供集

体运动的场所和亲子阅读环境，常年免费开放。

用心制定管理制度，强化日常管理和培训

新牛社区妇女儿童之家制定了完备的管理制度，确保各个方面、各项服务有序开展、渐次推进。详见下表。

新牛社区妇女儿童之家管理制度简表

制度名称	主要内容	执行记录	效果
儿童来园登记制度	对来访儿童进行场地登记使用、建立儿童相关档案资料	运动馆场地使用登记表、图书阅览登记表、四点半学校签到表、周五影院签到表	有效地对参与服务的儿童进行管理与登记，深入群体中开展更细致的服务，参与服务次数达上万人次
服务管理制度	对儿童工作的项目实施方案、计划、总结等已开展的儿童服务实行档案管理	儿童工作的全年规划、项目实施、年度总结、服务档案	通过服务管理工作，能全面有效地实施计划，更好地分析与总结工作，完成了三个特色项目
工作人员管理建设制度	工作人员学习培训、学习经验分享、人员激励措施	专业工作人员技能系统培训班、巾帼志愿者风采活动	通过培训学习妇女儿童领域相关工作技能，学以致用，把知识用到实际工作中，让服务效果有了更多的提升

续表

制度名称	主要内容	执行记录	效果
资产、财务管理制度	固定资产登记、经费专款专用，实时报销	固定资产申请表、活动财务决算表、经费申请表	活动经费实报实销，经费合理使用，最大化地用于儿童服务中
安全管理制度	场地安全设施管理、安全教育宣传	安全教育活动开展、消防与安全设备定期检查表	通过开展安全教育，让更多的儿童了解安全的重要性，加强了自身的安全意识，为儿童友好社区建设提供了更好的环境

深入童心提供丰富服务，打造快乐娱乐氛围

为了更好地提升儿童服务的工作质量，妇女儿童之家遵循“每日开放，适当延长”的原则，尽最大可能满足不同年龄段儿童的需求。以下为家园的开放时间：

周一、周二开放时间为9：00—12：00、14：00—18：00；

周三到周五开放时间为9：00—12：00、14：00—20：00；

周六、周日开放时间为14：00—20：00；

除重大节假日外，其余时间均正常开放。

截至2016年年底，妇女儿童之家不但充分做好做实常态化服务，并且不断优化自身的特色服务。以下分别对各类型服务做简要介绍。

常态服务情况

开展“快乐学堂”课业辅导服务。家园整合牛栏前股份公司资源，为社区内的少年儿童开展“快乐学堂”课业辅导，每周一至周五下午四点半到六点，由“社工+义工”为孩子们提供课业辅导服务。快乐学堂课业现已辅导2500人次。

举办各类兴趣活动。第一，家园结合社区儿童的兴趣爱好，现已开展了各类兴趣爱好及素质提升类活动十六场、小组活动七场，使青少年儿童各方面技能和素质得到一定的发展和提高。第二，丰润、锦绣社区充分利用四点半学校、社区辅导站、党员服务中心、青少年爱心会、科普教育基地等阵地，组织实施160工程，开展文艺演出、体育比赛、科技制作、兴趣培训、环保公益、义务巡逻等形式多样、喜闻乐见的活动。

组织亲子活动。家园以社区“妇女儿童之家”为阵地，以各社区妇女小组为载体，开展了形式多样、内容丰富的主题亲子活动。

开展暑期夏令营活动。家园通过开展暑期夏令营活动，让孩子们既增长了见识，提升了学习兴趣，又丰富了假期生活，解决了家庭的后顾之忧，受到了社区居民和孩子们的热烈欢迎。

周五电影院活动。家园每周五晚上，根据儿童爱好，选择有教育意义、欢乐健康的电影进行播放，补充精神食粮，寓教于乐。活动开展至今已举办170场，播放电影170部，吸引儿童及家长13600人次前来观看。

特色服务情况

单亲家庭个案服务。家园开展了单亲家庭个案服务，为锦绣江南、丰润社区、牛栏前8户单亲家庭提供个案服务，为其进行心理和情绪疏导、家庭探访、家庭教育和帮扶资源寻找、政策咨询等服务。现已辅导30人次。

向阳花计划项目。“向阳花计划”关注单亲母亲及单亲家庭儿童的健康成长，为单亲家庭提供亲子互动平台，改善亲子关系，促进亲子交流与沟通，以心理辅导、技能培训、兴趣爱好培养等方式，鼓励单亲母亲树立自强自立的“四自”精神。

社区示范点项目——家庭教育进社区。家园组织开展了以家庭为主体的教育实践活动，不但丰富了“大社区、小家庭”的精神文化生活，打造社区家庭教育交流平台，而且让教育与家庭生活紧密相连，深深融入社区家庭的生活中去，让社区群众在教育学习中增进家庭沟通，增强社区居民对社区家庭教育的认同感和自豪感，活动对推进家庭精神文明建设，构建和谐文明社区，具有十分重要的意义。

特色项目示范案例——社区儿童运动馆。社区引进儿童运动馆项目，家园巧借场馆资源，以孩子的体格发展与性格塑造为核心，定期开展儿童运动游戏，并通过“知识普及+操作示范+家庭拓展+跟踪指导”的形式指导社区家长和孩子们养成良好的运动与阅读习惯。

案例点评

新牛社区妇女儿童之家是一个由政府支持、通过政府购买服务方式委托社工机构进行具体运营，企业、基金会等多元社会力量共建支持系统的典型示例。

为了服务社区儿童及其家庭，实现儿童发展的目的，妇女儿童之家用心打造安全之家，创造多功能的美好环境。建设专兼职工作人员与志愿者相结合的工作网络，专心陪伴儿童成长。动员社区及社会资源，联心建设儿童友好家园与儿童友好社区。

新牛社区妇女儿童之家的示范性，还表现在深入了解儿童心理，并且提供了富有特色的服务活动。除了开展“快乐学堂”课业辅导、举办各类喜闻乐见的兴趣活动和公益活动、组织亲子活动和家庭教育、开展暑期夏令营等常规服务外，还举办了特色项目——社区儿童运动馆，以孩子的体格发展与性格塑造为核心，定期开展儿童运动游戏，并通过“知识普及+操作示范+家庭拓展+跟踪指导”的形式指导社区家长和孩子们养成良好的运动与阅读习惯。

同时，妇女儿童之家的特色服务还表现在尊重与关注具有特殊需求的儿童及家庭，关注单亲母亲及单亲家庭儿童的健康成长，以提供个案服务，心理和情绪疏导、家庭探访、家庭教育和帮扶、政策咨询、技能培训、兴趣爱好培养等方式，为单亲家庭及儿童提供特色服务，为单亲家庭提供亲子互动平台，改善亲子关系，促进亲子交流与沟通。

筑巢引凤　特色家园

——广东省江门市江海区外海街道银泉社区儿童之家

在广东省江门市江海区外海街道银泉花园银泉社区公共服务站三楼，有一个温馨家园，这就是2014年6月成立的银泉社区儿童之家。走进去可见，孩子们有的正在快乐地游戏、有的则在专注地看书、有的在好奇地摆弄着手中的玩具，时不时传出阵阵欢声笑语……

银泉社区是一个新型的楼宇小区，总面积约1平方公里，坐拥白水带公园风景区，依山环水，邻近江海轻轨站。地理位置优越，交通四通八达。

儿童之家由省、市、区、街道四级妇联指导，外海街道党工委统筹协调，银泉社区创办。社区专门为儿童之家开辟500多平方米的活动场地，并投入18万余元进行场地改建和添置设施设备。家园向社区儿童及其家长免费开放，服务于社区0—18岁儿童及其家长、家庭成员。

自2015年起，银泉社区推进“儿童友好示范社区（村）”建设嵌入社区公共服务，围绕为基层群众服务的核心理念，把各部门资源和相关服务功能整合起来。社区以儿童之家为载体，建立儿童事务联席会议制度，充分利用、整合和挖掘社区资源，建立以家庭教育为核心的儿童关爱、保护和促进儿童发展的社区支持系统，开展了丰富多彩的针对儿童游戏、娱乐、教育、卫生、社会心理支持和转介等各类服务，进一步优化社区儿童健康成长的社区环境。

功能齐全的场地分区

儿童之家分为室内活动区和室外活动区两部分。室内活动区域约500平方米，包括休闲娱乐区（两个阅读区、1个活动室、1个乒乓球室）、教育培训室、心理咨询室以及办公区域等。室外活动区域约6300平方米，包括休闲公园、健康文化园、翠湖湾、游泳池等。

乒乓球室	阅读区
儿童游乐设施	室外活动区

分工协作、多专业组合的工作团队

工作人员基本情况：儿童之家有2名专职人员，18名兼职人员。社区书记负责统筹协调，专职人员负责家园的日常事务管理工作，兼职人员分别负责文体活动、幼儿教育、儿童教育、安全教育、卫生教育、儿童权利保护等方面的工作，为儿童之家开展全方位的儿童服务提供了有力的人员保障。

志愿者情况：儿童之家有50名志愿者，主要参与社区儿童事务管理和儿童游戏、教育、培训、辅导、关爱等活动的宣传、发动和协调。志愿者对儿童之家的工作充满热情。他们认为，通过参与志愿服务，自己也得到成长，进一步理解了尊重儿童、儿童优先、关爱儿童、保护儿童、支持儿童、儿童参与的内涵，希望通过儿童之家的平台“助人自助、自助助人”，影响和带动更多的人参与志愿服务，大家都来关心儿童的健康成长。

规范完善的管理运行体系

运行机制。儿童之家由省、市、区、街道四级妇联指导，街道党工委统筹协调，银泉社区具体运行，社区书记、主任领头，社区委员、妇女主任具体负责，引入2名专业社工专职管理儿童之家日常事务和活动开展。

制度建设。儿童之家制定了儿童事务联席会议制度、儿童之家日常管理制度、儿童之家开放制度、儿童之家志愿服务制度、儿童之家安全制度、图书室借阅制度、儿童之家430七彩课堂管理制度、儿童之家夏令营管理制度等，并严格执行，为儿童之家日常运行、规范管理提供有力保障。

经费保障。儿童之家得到多方的经费和物资支持，具有稳定的经费来源：省、市、区、街道四级妇联以儿童之家建设项目的名义划拨专项经费支持其服务活动开展；街道党工委支付儿童之家专兼职工作人员工资或补贴；银泉社区通过社区工作经费和建设社会服务综合平台项目改建儿童之家并支持日常运行经费；江海区教育局提供桌凳、电脑、投影仪等教学设备；江海区组织部提供健身体育设备。以2014年和2015年儿童之家运行经费投入情况为例，2014年投入总经费约20万元，2015年投入总经费约24.44万元。

基层社区组织参与家园管理运行。儿童之家通过儿童事务联席会议，依靠社区家庭教育指导队伍和志愿者队伍，推进社区家庭教育和儿童关爱、保护，促进儿童成长。此外，社区围绕建设社会服务综合平台和综合治理网格化管理，整合各部门相关服务功能，推进儿童之家建设嵌入城乡社区服务体系建设。

社区参与和社区融合。儿童之家在社区中积极进行宣传推广，知晓度在居民、社区及有关机构中全覆盖，参与儿童之家管理和服务的家长越来越多。儿童之家还充分调动和运用社区内其他组织机构（政府、民间、企业等）及个人的各种资源，共同开展服务活动，更多的社区居民志愿参与儿童之家的服务和活动。儿童之家已经紧密融入社区，托起银泉儿童友好社区的建设。

引入社会力量丰富家园服务。儿童之家引入爱心企业和社会组织落户社区，提供心理健康、家庭教育、个案辅导、转介等服务。

凸显特色的家园服务

开放时间。为了更好地提升儿童服务水平，儿童之家按照“天天开放，适当延长”的原则，尽最大可能满足不同年龄段儿童的需求。儿童之家于每天8：30—12：00和14：30—17：30开放。其中，周一至周五下午16：30—18：00组织430七彩课堂，周六和周日开展兴趣班，寒（暑）假举办冬（夏）令营。

亲子日活动

安全自护教育活动

服务提供。儿童之家在推进家庭教育及儿童关爱、保护功能嵌入社区公共服务的过程中，树立家庭教育大家庭大教育的理念，加强自身建设“筑巢引凤”，争取资源的最大化，为大量社区儿童特别是流动儿童及其家长、家庭成员提供优质服务。以下为较具代表性的几项服务活动。

“大家庭”亲子日活动。儿童之家联动社区内外资源，组织“大家庭”亲子日系列活动，破解流动儿童城市融入难的问题。该活动遵循“儿童为主、家长主体、多向互动”的指导原则，搭建社区家长与儿童之间、家长与家长之间、儿童与儿童之间互相认识、平等交流、友好相处、结伴成长的平台，促进了儿童的城市融入和社会性发展，受到了社区居民群众特别是家长和儿童的欢迎。

安全自护教育。儿童之家将安全自护教育作为重点服务内容常抓不懈。家园依托辖区学校、幼儿园开展生命安全教育课以及班会，反复播放安全纪录片引导儿童思考写下“我的安全宣言”，促进社区儿童将安全自护常识内化于心、外化于行，为儿童生命安全更添一份保障。

道德实践活动

430七彩课堂

道德实践和社会实践活动。儿童之家开展儿童道德实践和社会实践活动，深化儿童社会主义核心价值观宣传教育。通过组织儿童观看爱国影片和展会，组织儿童及其家长参加知识讲座和主题实践活动，引导社区儿童确立爱国、诚信、孝敬、勤俭等道德品行。

430七彩课堂。儿童之家引入社工+义工，举办430七彩课堂和寒暑期夏令营，免费为儿童提供学业辅导、丰富多彩的校外辅导培训和素质拓展活动。使儿童之家真正成为社区儿童的快乐之家。参加儿童之家活动，儿童安全开心，家长放心安心。

亲子共读活动。儿童之家开展亲子共读、幸福成长读书活动，充分利用爱心图书室资源，通过“亲子共读、幸福成长”倡议书和“读书人是幸福人”宣传推介，开展“好儿童、好读书、读好书”和“我推荐的一本好书”系列亲子读书活动，指导社区家长培养孩子的阅读能力和良好习惯，让好书陪伴孩子健康成长。

亲子共读活动

家庭教育指导。儿童之家为家长提供家庭指导服务，做好社区儿童事务联席会议成员单位的协调联系，办好家长学校。组织家庭教育大讲堂进社区活动，开展家庭教育个案跟踪指导，培育家长互助“微组织”，推进家庭教育“助人自助”。目前，儿童之家已发展出20多个母亲支持小组和家长互助团等家长微组织。

家庭教育指导活动

服务效果

银泉社区儿童之家有效预防了儿童家庭暴力事件的发生，实现了社区儿童犯罪、辍学、暴力“零”纪录。其坚持“儿童优先”“无歧视”“儿童最大利益”和“儿童参与”原则，围绕为儿童及其家长服务的核心理念，嵌入社区公共服务体系建设，整合社区相关服务功能，为社区儿童特别是社区外来人口家庭儿童提供各种服务深受儿童及其家长的喜爱和欢迎。

案例点评

银泉社区儿童之家在各级妇联的指导下，在社区两委的支持下，引入专业社工，应社区儿童及其家庭的需求，有序地开展服务。该儿童之家在经费筹集、工作模式和服务提供等方面有值得借鉴之处。

1.多渠道经费支持，保障家园稳定运行

该儿童之家自创办之日起就得到多方关注和支持，省市区街道妇联、街道党工委、社区等多个部门为其投入稳定的运作经费（场地建设、人员工资和服务开展等多项经费），使之无后顾之忧。区教育局、区组织部以及本地基金会等为其提供物资帮助，使家园的硬件设施更为完善。这种多渠道的经费投入，保障了家园的持续稳定运行。

2.嵌入社区治理体系，为家园提供更广阔平台

银泉社区将儿童之家建设纳入社区治理体系中，致力于建立社区综合服务平台。儿童之家是该平台的重要组成部分，承担着服务社区儿童及其家庭，推动社区家庭教育指导，构建社区“微组织”等多项功能。通过充分利用、整合和挖掘社区资源，建立以家庭教育为核心的儿童关爱、保护和促进儿童发展的社区支持系统，为家园的发展提供了更广阔的平台。

3.多元化服务提供，体现儿童友好的社区文化

儿童之家通过建立儿童事务联系会议制度，开展了丰富多彩的针对儿童游戏、娱乐、教育、安全、卫生、社会心理支持和转介等各类特色服务。尤其是，儿童之家倡导平等尊重社区每一位儿童，重视破解流动儿童城市融入难的问题，促进儿童的城市融入和社会性发展。重视困境儿童家庭教育，组建家庭间的互助支持网络。这些服务与众不同，充分体现了尊重儿童、儿童优先、关爱儿童、保护儿童、支持儿童、儿童参与的儿童友好社区文化，优化了儿童健康成长的社区环境。

以儿童为本的“六颗心”

——广东省惠州市大亚湾区儿童友好社区服务中心

“我和同学们都很喜欢这里，每天下午放学，我都会来到中心参加四点半学堂的学习。遇到不懂的作业，社工会教我。这里有很多书看，还可以跟其他小朋友玩桌游。我觉得很开心……”

“我们都是双职工，没有很多时间陪孩子。孩子很喜欢这里，下午放学的时候，也会到这里写作业、玩游戏。有专门的社工教孩子让我很放心，也很感激……”

“平时我们工作都很忙，回到家都很少跟女儿有交流，感觉亲子感情都不怎么好。来参加亲子美食小组，每次女儿都很开心，跟我关系也亲近了。下次我还要带丈夫来一起参加活动……”

“我非常有幸参加红紫荆开展的活动，特别是‘如何指导孩子学习’让我学习到了很多新的教育理念和方法技巧，希望以后能多组织一些这样的活动……”

“我作为志愿者来参加中心的活动觉得很有意义，特别是亲子活动，在活动中不仅孩子很开心，我自己也很开心，并且还能够学习到很多教育孩子的方法和技巧。中心的社工都非常认真负责……”

“非常喜欢参加岩前中心的活动，只要我有空就会过来，不仅可以帮助别人，还能认识新朋友，我非常开心……”

……

走进大亚湾区澳头街道岩前村儿童友好社区服务中心，随处可见正在看书和游戏的孩子，随时能听到儿童和家长还有志愿者的好评。它是一个专心于儿童，贴心于儿童，让儿童及家长安心、放心、同心、舒心的社区儿童之家，于2013年10月22日正式开园。

让人“安心”的家园基本情况

大亚湾区儿童之家（儿童友好社区服务中心）位于广东省惠州市大亚湾区澳头街道育英街1巷1号旁1楼。儿童之家交通方便，旁边有石化大道一条主干道，并有中兴三路、民生路、中兴南路等多条辅干道。大亚湾区儿童之家由大亚湾区妇联创设，场地建设初期投入约15万元，设备设施一次性投入15万元。

大亚湾区儿童之家虽为区级儿童之家，但它位于大亚湾区澳头街道岩前村内，主要服务该村及周边社区的儿童及家庭。岩前村是大亚湾区2003年中海壳牌项目用地的整体搬迁村，全村面积30万平方米，人口2045人。为充分利用好回拨地及征地款盘活村集体经济，2006年岩前村委会组建了实业公司，积极推行股份制改革。

儿童之家自2013年10月22日正式启动提供服务至今，日常儿童来访数量为2294人次。咨询个案17个、辅导个案9个。开展小组13个共67节，小组直接参与者为574人次。开展社区活动45场次，直接参与者为3054人次。总计直接服务人次为5990，间接服务人次超过8000。

令人“放心”的环境和设备

室内活动区域：大亚湾区儿童之家室内总面积90平方米，分为7个功能区：（1）前台区（15平方米），设有办公桌、办公电脑、办公椅、饮水机、接待牌、空调、展示板、宣传板、垃圾桶、万年青树木、取阅栏。（2）接待区（10平方米），配有沙发、茶几、摆饰品、服务对象赠送的十字绣、垃圾桶。（3）儿童角（10平方米），配有玩具、青蛙凳、图书（其中亲子阅读绘本147册，儿童读本234册，家庭教育读本35册）、盆栽4盆。（4）作品展示区（5平方米），设有万年青盆栽、宣传单页、展示柜、手工作品、电盒。（5）活动区（35平方米），配有桌子15张、凳子30张、柜子10个、活动物资1批（笔、剪刀、名牌、瑜伽垫等）、墙上制度牌17个。（6）个案咨询室（10平方米），设有创意茶几、凳子3张、档案柜。（7）洗手间（10平方米），安装有洗手台、2个洗手间、存储柜。

室外活动区域：儿童之家与社区共享其他室外公共服务设施，面积超过2000平方米，包括：（1）中心门口室外小广场（60平方米），为水泥地板，周围有2个石凳、1个石桌，旁边有绿化植物。（2）虎头山公园（600平方米），可以作为儿童服务的场地，公园内环境好，有绿化，里面有石凳14个。（3）社区内村公园（400平方米），可以作为儿童服务的场地，里面有配套的儿童娱乐设施，有石凳6个。（4）社区有2家幼儿园（海贝贝幼儿园、德馨幼儿园）、1所小学（育英小学），可使用的面积约1200平方米，平时由中心社工通过资源链接与各学校合作使用。

接待区

儿童角

活动室

流动书屋

作品展示区

个案室

社区一村公园活动场地

为儿童“专心”服务的工作人员

工作人员基本情况。大亚湾区儿童之家有专职工作人员2人，兼职工作人员2人。专兼职人员分别具有法学、社会工作、英语专业学习背景，具有丰富的社会工作、儿童教育、法律执业经验。

志愿者情况。大亚湾区儿童之家在册志愿者有89名，其中经常性参与儿童之家工作的志愿者有69名，分为亲子志愿者、儿童志愿者、反家暴志愿者、常规服务志愿者。志愿者主要工作内容包括四点半课堂、儿童安全及素质提升服务、亲子学堂服务、爱心探访日活动、流动书屋活动、便民服务等。

工作人员待遇。儿童之家服务项目含专职人员2名，兼职人员2名，发放工资及补贴，工资待遇按不同岗位进行核算。除工资及补贴外，还享受机构的节假日福利及国家规定的高温补贴，每两年进行一次体检的福利及发放月生活补贴。

全方位“同心”的运行体系

主管单位支持家园运行情况。（1）大亚湾区儿童之家的主管单位是大亚湾区妇女联合会，并设专人负责督导及对接家园事务。（2）大亚湾区儿童之家通过政府购买的形式，使用专项经费支持日常运行。其中，第一年运营期为2013年10月20日至2014年10月20日，该项目是通过惠州大亚湾区妇女联合会以委托购买方式进行。合同期满后，该项目以公开招标的方式进行续运营，项目运营期为2014年10月21日至2016年10月20日。（3）惠州市红紫荆家庭服务岩前中心项目自开办运营以来至今（2013年10月—2016年10月），项目总经费40万元/年×3年=120万元。其中，儿童之家运行投入总经费为60万元，每年投入经费总额为20万元。

日常管理运行团队的基本情况。儿童之家日常管理运行的团队属于独立社会组织（社工机构）承接政府购买服务。

主管单位对日常管理运行团队的其他支持情况。儿童之家主管部门通过项目督导的形式帮助儿童之家协调解决实际问题和困难，如通过聘请专业资深督导开展实际督导工作，由督导提供专业支持和行政协调。督导工作每周一次，一次维持1天，督导的内容包括行政性督导、教育性督导及支持性督导，一般通过个别督导、小组督导及团体会议的形式开展。团队培训工作一般每月一次，培训的内容包括：社会工作个案工作方法和技巧、小组工作和社区活动带领技巧、志愿者服务管理、亲子教育方法等，培训的形式一般通过讲座、工作坊、角色扮演等方式进行。

基层社区组织参与家园管理运行情况。村委会为儿童之家提供免费使用场地，为儿童之家建设提供了物质和场地保障。儿童之家与村委会以合作开展服务的形式进行互动沟通，村委会和儿童之家负责的工作人员共同确定活动方案，为活动出谋划策。另外，岩前村委会通过捐赠物资和图书的形式，支持儿童之家服务。岩前村委会通过给予儿童之家政策和建议支持，帮助儿童之家应对工作难题，促进其有序发展。

社会力量支持家园情况。大亚湾社区儿童之家获得社会力量的广泛支持。育英小学为儿童之家提供场地及人力支持。企业为儿童之家提供资金、物资、场地、服务等支持。儿童之家服务的影响力逐渐扩大，服务面更加广阔。

制度建设和执行情况。大亚湾区儿童之家制定了各项制度推进有序管理，包括来访登记制度、四点半课堂管理制度、服务管理制度、工作人员管理制度、资产财务管理制度、安全管理制度等。从基本规范、服务提供、人员培养等不同维度保障了儿童之家的规范性。

给儿童“贴心”的特色服务

开放时间。为了更好地提升儿童服务的能力，家园遵循“常态开放，适当延长”的原则，尽最大可能满足不同年龄段儿童的需求。自创办以来，持续稳定开放，具体开放时间为周二至周六上午08：30—12：00，下午14：30—18：00（节假日除外），平均每周开放35个小时。

服务提供。自大亚湾区儿童之家正式启动至今，累计直接服务35628人次。各类儿童及其家庭服务的情况如下表所示。

大亚湾区儿童之家服务开展情况

服务类别	开展活动的数量	服务人次
儿童兴趣类	61场	5021人次
安全教育类	45场	3739人次
素质提升类	5场	429人次
四点半课堂	5个学期	2123人次
亲子学堂类	14场	1108人次
其他	9场	965人次

有特色的服务内容与形式。大亚湾区儿童之家特色服务内容及形式有：

四点半课堂。儿童之家整合社区内有效志愿者资源，一方面协助缓解儿童学习压力，另一方面实现社区有需要的双职工家庭的儿童托管功能。

儿童安全教育计划。儿童之家在社区普及安全知识，通过互动体验提升儿童面对问题和解决问题的能力，促进儿童的健康成长和发展多元智能。社工以社区突出的安全问题为切入点，引入社区儿童青少年志愿者团队的力量，组织小志愿者以“社区主人翁”的身份参与到安全主题活动中，既提高了服务效率，又从小培养社会责任意识。

“扣好人生第一颗扣子”儿童素质提升计划。该计划满足了儿童成长过程中文化娱乐、素质提升的服务需求，促进儿童健康成长。

亲子学堂。通过亲子教育及各项主题亲子活动的开展，搭建社区亲子自助互助平台，增进亲子关系和谐，促进家庭功能完善。

与社区的“舒心”融合

家园通过制作活动宣传折页、活动宣传海报及横幅、宣传展架及活动展板、宣传册（含季刊、年刊）、宣传视频，通过网站、微博、微信公众号、短信平台的使用等线下、线上的方式广泛向社区开展宣传。在村小组、物业管理处、学校等地张贴活动海报，建立居民及志愿者服务交流群，发布微信公众号，邀请媒体现场参与活动，通过各种途径宣传。家园知晓度覆盖全社区，居民参与程度不断提升，儿童之家与社区深度融合。

家园通过招募、组织志愿者开展一系列活动，联动社区妇女儿童共同参与社区服务，推动社区居民意识提升，推展了社区互助互爱精神，促进了家庭和谐、社区融合与发展，同时，也形成了“社工+义工”联动的经验模式，通过精细化及深入化的服务，扩大了大亚湾区儿童之家服务的影响力。

案例点评

惠州市大亚湾儿童友好社区服务中心是由大亚湾区妇联创设，并设专人负责监督及对接家园事务，其通过政府购买服务的形式，使用专项经费支持社会组织开展日常运行。

1.倾心服务，儿童为本

大亚湾区儿童之家的建设和服务，是用“六颗心”倾心打造的，是一个专心于儿童、贴心于儿童，让儿童和家长安心、放心、同心、舒心的心灵之家。让人“安心”的家园、令人“放心”的环境和设备，为儿童“专心”服务的工作人员，全方位“同心”的运行体系，给儿童“贴心”的特色服务，与社区的“舒心”融合……处处体现了以儿童为本、以满足儿童和家庭需求为中心的服务宗旨。

2.多元服务，促进发展

大亚湾区儿童之家通过多元服务，塑造了儿童素质提升、亲子学堂、社区儿童安全教育等服务品牌，通过精细化及深入化的服务，形成了大亚湾区儿童之家的品牌影响力。这些服务，推动了社区儿童智力和素养的培养，搭建了良好的亲子互动平台，促进了妇女儿童及家庭的能力提升。

打造服务儿童的温暖之家

——广东省阳江市阳西县织贡镇石埗村儿童之家

2014年8月，一所儿童之家在广东省阳江市阳西县织贡镇石埗村诞生。自此，它成为一道独特的风景，深深地吸引着村里的孩子们、家长们和村民们。

石埗村儿童之家由该村村委会创办，通过对原村委会活动中心进行改建翻新，添置各类儿童活动器材等方式，打造出了一个全新的供儿童活动的场所。据介绍，该活动中心场地改建共投入资金80万元，设备设施置换一次性投入30万元。

合理分区的场地设备是构建温暖之家的基础

石埗村村委会将活动中心的其中120平方米的空间作为儿童之家专属活动场地，并对其进行合理的功能分区。其中，幼儿活动区30平方米、学龄儿童活动区30平方米、监护人活动区25平方米和露天活动区35平方米。配置了电脑，电视、DVD、远程教育设备等设施和一批文体活动器材。

为方便儿童之家开展室外活动，打造儿童友好的村社环境，村委会还在室外活动广场上专门为儿童建造了游乐园和运动场。此外，村里的科普活动室、家庭教育活动阵地以及农家书屋（图书2万册，其中儿童书籍4000多册）等也为儿童活动提供便利。

室内宣传栏

室外展示栏

农家书屋

室外活动空间

朝气蓬勃的工作团队组成温暖之家的成员

常驻工作人员。冯翠柏（化名），女，24岁，大学专业是主持与播音。通过外聘方式就职于石埗村委会，并兼职儿童之家工作人员。在“家园”工作一年，每周工作时间为40小时，无编制。日常主要工作职责：（1）落实儿童之家活动场地，配合上级部门配齐配足相关设施设备。不断改善儿童的学习、生活、娱乐条件。（2）及时落实上级部门的文件精神和工作要求，制订切实可行的关爱留守儿童的工作计划。（3）深入调查辖区内儿童基本情况，详细登记儿童相关信息，建立儿童档案卡和儿童个人成长记录。（4）加强儿童各类档案建设和管理，做到档案材料翔实。（5）及时上报儿童工作有关材料。（6）做好学期和年度工作总结。由于工作人员属于兼职性质，故每年为其发放4800元的补贴。

暖心志愿者。社区志愿者共有79人，互助小组17人。志愿者主要通过自主报名方式进行招募，大部分属乡贤及养殖能手，学历大多初中以上。志愿者协助儿童之家定期举办家庭教育知识讲座、开展亲子活动、文艺演出等；通过广播、宣传专栏、宣传单张、教育活动等宣传有关儿童保护的法律法规，倡导儿童优先理念，营造儿童友好环境。周末和寒暑假时期，志愿者对留守儿童进行一对一补习功课，在心理疏导方面取得较好成果。

广泛多元的支持捐助保障温暖之家的运行

主管单位的支持。石埗村村委会为儿童之家的主管单位，儿童之家的运行经费主要通过向村委会申请和外出乡贤捐赠获得。以2015年为例，儿童之家总运行经费33900元。其中，人员经费4800元，服务活动经费8140元，添加设备设施20960元。

多种社会力量的支持。社会组织为儿童之家提供了大力支持和帮助。他们为儿童捐赠了许多有益的课外读物，并以志愿者的身份定期为儿童及家长组织活动，充分给予留守儿童学习上的辅导和心理上的支持，促进留守儿童的心理健康和全面发展。

儿童之家争取外出乡贤、热心人士以及相关部门的支持。目前，外出乡贤为该村捐款捐物已达80万元，在村里建设了生态休闲公园，增加了儿童活动设施，购买了多批儿童读物，在村图书室设置了儿童图书角，整理修缮了休闲文化广场，建好了篮球场、乒乓球台、象棋室等，为村儿童成长提供良好、安全的学习、活动的环境。

规范健全的规章制度完善温暖之家的管理

为规范管理运作，儿童之家制定了包括工作制度、活动制度、学习制度、档案管理制度、财务管理制度等多项规范。

工作制度。儿童之家是为儿童及其监护人提供社会活动的固定场所，免费向广大群众开放，并提供日常上网、网络通话、阅读、儿童游戏及电视影碟观看服务，儿童之家由一名管理人员负责日常运营、维护与活动记录，由若干名社区志愿者辅助开展社区活动。儿童之家每日需做一次卫生打扫，工作人员与志愿者需在开放日协助儿童及其监护人使用各项设施。工作人员需在《留守（流动）儿童基本信息登记表》《志愿者服务信息表》上将本村留守流动儿童及志愿者服务情况登记在册。各项硬件设施设备由工作人员负责维护，如有损坏，及时联系商家或上级部门进行检修，并在《儿童之家标准配置表》上进行登记。

活动制度。村委会借助儿童之家这个平台致力于打造一个“儿童友好社区”，使本村成为广大青少年思想政治教育的阵地、学习科学文化的课堂、就学就业信息交流的窗口和活跃文化娱乐生活的场所。为此，特制定儿童之家的活动制度，规范各项服务活动的开展：（1）每季度召开一次领导小组成员工作会议。（2）每季度向党支部和镇妇联汇报一次活动情况。（3）每半年组织青少年开展一次以上大型活动，活动内容丰富，形式多样。（4）每年至少开展两次有关青少年实用科学技术、妇幼保健知识的培训，不断提高广大青少年的自身素质。（5）适时组织青少年学习《未成年人权益保障法》《预防未成年人犯罪法》等有关法律法规，提高未成年人法律水平和维权意识。

学习制度。儿童之家为保证社区教育活动的开展，制定多项学习制度，规范学习时间以保证学习效果：（1）每季度开展一次儿童自护教育讲座，儿童趣味拓展活动、家庭教育知识讲座等。（2）讲座、活动要做到有计划、有总结。（3）加强对家园工作人员的组织领导，制订培训教学工作计划，抓好培训班师资队伍建设和选配培训指导教材。（4）加强对儿童学习的管理，做好听讲座儿童的反映情况和心理动态等工作，提高讲座质量。帮助儿童总结学习经验，组织儿童进行经验交流。（5）及时掌握儿童需求，讲座等活动要有针对性，确保质量。

档案管理制度。（1）存档范围：工作计划类材料，包括项目实施方案、阶段性工作计划和工作总结等。重要会议材料，包括会议的通知、报告、决议、总结、纪要、领导讲话、典型发言、会议简报、会议记录、照片、工作报告等。项目办公室印发的通知、通报等材料。反映项目活动情况的各种工作简报、报告、总结。项目示范点大事记及反映活动的照片。项目示范点财产、物资、档案等交接凭证。本地妇女儿童、贫困家庭、留守儿童的相关信息和材料。（2）档案管理：指定人员负责档案材料的收集和管理。项目示范点形成的各项材料原稿，及时交档案管理人员归档。档案材料保持完整、整洁。分类存档，排列有序，便于查找。

财务管理制度。（1）项目资金要专款专用，随时接受省、市、县财政、审计部门的检查。任何单位和个人不得挤占、挪用项目资金。（2）项目资金应建立专项核算。采用行政单位统一的会计科目核算，并应用项目辅助核算，对省下拨资金和地方配套资金分别记账，要充分反映项目工作开展情况。（3）各项目点的资金支出均要按照项目预算执行，不得单方改变用途、金额。所有项目支出（除现金补贴外）必须出具发票。（4）项目现金补贴（如课酬、专家交通补贴、志愿者交通补贴、临时工作人员补贴等）要按预算人数、标准支出，领取现金必须由劳务人本人签名，并注明单位、职务、金额，不能由他人代领。现金补贴全部在当地配套资金列支。（5）报销手续要齐备，要有经办人、证明人，并逐级审批。

全天开放的时间确保温暖之家的服务

日常开放。儿童之家自创办以来运行稳定，中间并无出现波动，具体开放时间是：星期一至星期五9：00—17：00；星期六至星期日8：00—18：00。平均每周开放时长40小时。目前，来园活动儿童累计2500人次、300余人；家长累计1380人次、130余人。

特色服务。儿童之家每个季度都会组织家长观看电教片，或者组织家长通过书籍、网络学习更加丰富的教育方法，结合自家孩子的性格特点，寻求科学的家庭教育方法。发动社会热心人士以“一助一”“多助一”形式对困境儿童进行配对帮扶，争取社会资源改善困境儿童的学习生活条件。

服务效果。家园自启动以来，通过整合资源，积极开展关爱、保护和促进儿童健康成长的各项活动，取得了良好成效，深受当地群众的喜爱。现在，石埗儿童之家成为儿童学与玩的乐土、家长学与教的阵地，社区内也形成了关爱儿童、重视家庭教育的良好氛围。儿童之家也助推了本土志愿者的培育和成长。

多部门联动的支持体系促进温暖之家的社区融合

儿童之家主要通过广播、宣传专栏、宣传单张、教育活动等方式进行宣传，经过一年的时间，其在石埗村委会里已成为家喻户晓的“家园”。社区与民政、农业、信访、计生、团委、关工委、学校等部门联动，共同参与儿童事务管理和公共服务志愿活动。

石埗村儿童之家委员会于2014年10月成立，经“两委”干部、村党员、村民代表选举产生成立儿童之家委员会领导机构。由组长、副组长成员7人组成，村书记、村主任任组长，石埗小学校长任副组长，成员由村“两委”干部和村民代表组成，主要承担社区组织实施儿童保护和服务工作。村民志愿参与定期举办家庭教育知识专题讲座，为社区儿童家长提供了学习和交流的机会。

案例点评

石埗村儿童之家是一个依托农村社区建立的示范儿童之家。村委会在有限的资源和条件下，通过整合社区、家庭、学校、社会力量等各类社会资源，对原有场地和设施进行翻新、整理修缮村中的休闲文化广场和建设生态休闲公园、添置儿童活动器材、增加活动场地，建成该儿童之家，为周边12个自然村的儿童及家庭提供服务。

1.拥有多元化的支持网络

儿童之家由村委会主办，经费主要通过向上级申请经费和外出乡贤捐款捐物募集，社会力量也为儿童之家捐赠图书等物资，并自愿为儿童之家提供特色服务。由此，构成一个相对多元化的经费、物资和服务支持网络。

2.具备完整的运行体系

石埗村儿童之家和其他示范儿童之家一样，具有功能齐全的场地设备、朝气蓬勃的工作人员与志愿者团队、规范健全的规章制度、全天开放的服务时间、多部门联动的支持体系，保障了儿童之家的规范管理、服务质量和可持续发展。

3.开展重点突出的服务活动

在服务提供方面，儿童之家主要针对留守儿童，建立档案、开展安全教育和心理疏导，同时有游戏、卫生、保健、教育等方面的综合服务，充分给予留守儿童学习上的辅导和心理上的支持，促进留守儿童的心理健康和全面发展。此举基本做到了因地制宜，突出重点。

志愿之行，助力成长

——广西壮族自治区柳州市城中区桂中社区儿童家园

在桂中社区，越来越多的家庭夫妻双双远离家乡，外出打工、经商。作为家长，他们往往难以尽到对孩子的监护责任。孩子只能留守在家里，由老人或亲戚照看。这一特殊群体的成长、教育已成为家庭、学校、社会共同关注的问题。如果能够为他们创造一个优良的学习、生活环境，对他们的成长势必会有帮助。基于这样的关切，桂中社区儿童家园应运而生。

多方保障建家园

桂中社区儿童家园于2010年11月创建，由桂中社区建设管理。开园以来，得到了各方的大力支持。城中区党委、政府把家园建设纳入该区妇儿工委办重点工作，对儿童家园工作高度重视，对每月汇报材料认真研究，承诺优先保证儿童家园经费，保障工作人员的待遇，为儿童家园的顺利开展提供了坚实的后盾。2012年10月，桂中社区儿童家园被自治区妇儿工委授予广西壮族自治区示范性“儿童家园”。2013年，区财政投入5万余元精心打造家园，并从原来仅有的30平方米旧址搬迁至近100平方米的经典时代小区里。2015年，妇联下拨24000元经费（其中人员经费15000元、服务活动经费6000元、设备设施添置费3000元），为家园的发展提供了有效保障。

桂中社区充分发挥妇联组织和社区的服务职能，积极构建多方参与、各司其职、协同管理的社区儿童工作新格局，较好地发挥了“儿童家园”凝聚儿童、关爱儿童、促进儿童成长的作用。社区按照《关于进一步加强农村留守儿童关爱保护工作的意见》和《广西壮族自治区儿童发展规划》有关规定，明确了家园的功能定位、实施步骤和建设模式等，制定了志愿者服务、例会、活动、台账、心理咨询等多项制度和重点活动安排表，确保家园功能科学化、建设规范化、管理制度化、活动常态化。

我是小鲁班

读书小天地

四点钟课堂

游乐区

家园按照“一室多用，分区布局”的原则，将活动室分为“读书小天地”“我是小鲁班”“四点钟课堂”“儿童游乐区”和“童言心语”五个功能区。此外，家园整合社区资源，建设了约有1000平方米的室外活动场地和一个近80平方米的植物乐园。室外活动场地建有乒乓球、羽毛球、秋千等娱乐活动设施，既提供一定的娱乐功能，又方便各类大型室外活动的开展。植物乐园里种有各类花草树木。孩子们可以在家长带领下认养自己喜欢的植物，在亲近大自然的同时也奉献自己的一份爱心。

丰富活动暖人心

儿童家园每周开放时间不少于20小时，开放时间是每周星期一至星期五下午16：00—19：00，星期六至星期天上午9：00—12：00。星期一至星期五的择时开放符合社区儿童的需求，学校放学之后儿童之家无缝衔接开展四点钟课堂，让孩子们在放学之后能够有一个安全舒适的环境完成作业；星期六、星期天全天开放，主要为社区的孩子们开展一些主题活动。

1.亲情关爱一对一

大学生志愿者与小宇（化名）、小畅（化名）、小源（化名）三名留守儿童建立一对一关系为他们辅导功课、陪他们谈心交流、引导他们建立良好的生活、学习习惯。在志愿者的辅导陪伴下，三名小朋友的学习成绩有了明显提高，能够积极地参加课外活动，性格比以前开朗多了。学校的班主任老师也夸奖这三个小朋友在德智体美劳各个方面都有了很大进步，比以前更加能够适应学校生活了。

除了大学生志愿者外，家园还招募“代理爸爸”“邻居妈妈”等志愿者参与“四点钟课堂”的关爱工作，让孩子们体会到温暖的父爱母爱，慰藉他们缺失的情感。例如，家园不定时举行“邻居妈妈伴我成长” 活动，组织辖区20位“邻居妈妈”，在看护留守儿童完成家庭作业后，陪他们玩一天。组织孩子集中观看动画故事小短片，开展谈心活动，听孩子们讲述自己的学习、生活情况，对表现好的行为予以表扬，发现不好的行为予以指导改正，养成孝敬父母、尊敬长辈、学礼知礼的好习惯。孩子们不仅有“哥哥”“姐姐”的陪伴，还有“爸爸”“妈妈”的陪伴。这样，他们在成长道路上遇到的困难能够多一个人倾听，多一个人关心。

邻居妈妈和小星

从2016年5月6日上午开始，桂中社区“邻居妈妈”蒙妈妈到儿童家园开展爱心课堂活动，给小星（化名）带去妈妈般的温暖。蒙妈妈一对一给小星讲解习题，陪他阅读课外书籍，让他在爱心课堂有步骤地完成作业，同时还给小星新增一些课外知识，开拓他的视野。除了学习辅导，蒙妈妈经常陪伴小星，跟他聊天，关心他的生活。

2.普法课堂面对面

暑期是开展青少年法制教育的黄金时期，也是学校教育与社会实践相结合的大好时机。为了促进青少年身心健康，增强青少年学法、用法、守法的良好意识，儿童家园为社区青少年上了一堂堂生动有趣的法制教育课。例如，志愿者卢老师结合近年来出现的青少年违法犯罪案例，为大家“以案说法”；律所陈老师则策划了有奖竞答比赛，帮助青少年更好地掌握法律知识，在快乐中学习。家园结合社区正在开展的“强基安民”专项行动，邀请民警走进社区，为孩子们现身说法。

随着家园系列活动的开展，越来越多的居民通过家园了解社区、熟悉社区、融入社区、服务社区。家园活动得到了家长的充分肯定，同时增强了辖区居民对社区的认同感、归属感，也极大地促进了社区工作的开展。

四点钟课堂

民警普法

自由玩耍

绘本阅读

统计数据显示，桂中社区儿童家园建立以来，使社区儿童和家长广泛受益。2010年11月至2012年，来园活动的儿童累计48次、1370人，家长累计120次、400人，其他社区居民累计25次、200人。儿童家园开展各类服务活动累计30次；2013年，科普宣传、微讲堂、亲子活动分别开展16次、服务300人；2014年，文艺演出、暑期安全防护微讲堂等活动分别开展17次、服务500人。2015年，家园举办亲子趣味活动、科普有奖知识抢答、走进军营体验军旅生活、微讲堂等活动分别开展15次、服务570人。

各方力量共参与

桂中社区儿童家园服务对象涵盖辖区所有儿童，尤其重视对年龄段在0—12岁的留守、流动、贫困儿童群体的关注。家园坚持儿童优先和儿童利益最大化原则，积极探索实践以社区为基础的儿童保护和服务模式。儿童保护服务体系的建立和家园的一系列活动促使社区儿童及家长积极参与到家园管理和服务之中，密切了居民和社区的关系，居民更加有归属感和自豪感。家园成立了由社区、学校、幼儿园、卫生院、派出所等相关部门以及家长组成的儿童保护委员会，定期召开联席会议，交流儿童家园情况，研究制订工作计划。为提高工作人员儿童服务工作技能，家园定期举办有关儿童权利、个案管理等多种培训活动。家园积极倡导社区居民、家长、大学生参与儿童保护工作，并对他们进行培训，拓宽了儿童保护知识的传播渠道。同时，家园邀请心理学、教育学等不同领域的专业人士参与相关活动，有力地促进了社区儿童保护工作的开展。家园还通过居民代表座谈会、下户走访等形式让居民了解辖区流动儿童、留守儿童、残疾儿童的生活、身体状况和困难，依托儿童保护委员会和惠民基金帮助其解决各种困难。

案例点评

广西壮族自治区柳州市城中区桂中社区儿童家园于2010年11月正式开园。该家园最大的亮点在于它的室外活动环境的规划和对志愿服务资源的整合与运用。

1.功能分区合理，环境创设适宜

如前所述，该家园除了拥有五大功能区近110平方米的室内活动空间外，还与社区共享一处约1000平方米的室外活动广场和近80平方米的植物乐园。宽敞、环保的室外活动空间扩大了孩子们的活动范围，也为开展大型的社区活动，凝聚居民力量提供了场地条件。内外结合、相互补充的活动空间是该家园得天独厚的物理条件。

2. 充分整合资源，齐聚多类志愿者助力儿童成长

该家园不仅拥有一支约20人的大学生志愿者团队，还有一支由社区居民组成的“代理爸爸”“邻居妈妈”志愿者队伍长期参与相关工作，并重点服务于社区留守儿童，建立一对一帮扶关系，给他们带去家的温暖。两支高效稳定的志愿者队伍，保障了家园服务的有效性和可持续性，为社区儿童发展提供助力。

精彩活动营造快乐家园

——广西壮族自治区柳州市柳南区航北社区儿童家园

走进儿童家园

柳州市柳南区航北社区成立于2002年8月，属混合型社区。辖区内共有8个单位、6个市场、1个驻军部队、2个部队家属区。现有居民户数3818户、总人口9552人。其中，流动人口为2087人，流动家庭数为695户，辖区内18岁以下儿童数为1611人，居民多为工薪人员且收入水平一般。

航北社区在当地妇联的推动下创办儿童家园，并于2014年10月正式开园。航北社区建立专项经费用于儿童家园建设，场地投入27682元，设备设施一次性投入27682元。儿童家园专属活动室30平方米。同时，家园与社区共享其他公共活动场地和设施，大约170平方米，包括小小军械室30平方米、道德讲堂50平方米、青少年图书室30平方米、乐器室40平方米、绿岛植物园20平方米。

儿童家园专属活动室，是提供给学龄前儿童学习游戏的场所，配备了各种启蒙教育类设施与玩具、幼儿图书等。每天下午对外开放。家园安排家庭教育志愿者参与管理。家园邀请知名早教机构的老师为学龄前儿童开展主题运动、亲子健身、精细动作、认知语言、社会情感、音乐感知、色彩涂鸦等多个领域的早教活动；邀请育儿专家开展科学育儿讲座，从理论和实践两方面增加家长科学育儿的知识。自开放以来，儿童家园平均每周接待幼儿30人；每月专业人士指导活动2次，开展科学育儿讲座1次。累计300多人次幼儿参加活动，152名家长聆听专家讲座。

小小军械室里，陈列了各类高仿军械设备供青少年观摩学习，如枪支、航模、飞机模型、机器人等。儿童家园运用军械室的场地和设备组织儿童开展机器人、飞机模型制作等活动，并增设小鲁班制作、泥塑手工制作等内容。通过为孩子们提供各种制作工具，倡导孩子们在玩中做、做中学的教育理念，同时也鼓励他们在制作机器人、飞机模型、泥塑手工品的过程中不断发现问题、寻找答案、探究科学的奥秘，养成科学的思维方式。

室外滑梯	活动室一角
儿童玩具室	儿童手工作品

道德讲堂，主要是社区用于对居民开展爱国主义教育和道德品质教育。儿童家园借助道德讲堂开展青少年爱国主义教育活动，通过开办讲座、播放视频、主题宣讲、社会实践等方式，传递爱国主义情感、弘扬传统文化、加强家庭教育支持与指导、培养儿童社会实践能力。

青少年图书室，配备了各类图书以及手工饰品。儿童家园组织青少年开展图书阅读、手工制作等活动，培养他们的阅读习惯，拓展兴趣爱好。

乐器室，配置了鼓、锣、电子琴等乐器，用于培养孩子在艺术方面的兴趣爱好。

绿岛植物园，种植了各类花卉，设置了科普植物展台，供居民赏玩、培植，绿化社区。儿童家园将植物园作为儿童自然教育的平台，组织儿童观赏、认识和亲手培育各类植物，促使他们热爱大自然。

此外，儿童家园还有一个约300平方米的室外活动场地。宽敞的草坪里设置了各类健身器材。健身器材的旁边安置了大型滑梯。滑梯旁边还有个小广场可以让孩子们在放学后以及周末的时间开展户外运动。

儿童家园的运作机制

航北社区集合全社区力量为儿童家园建立“工作领导小组”，总体负责家园的建设与发展。该领导小组由8人组成。其中，社区党总支书记任组长，党总支副书记任副组长，民政、计生、综治、妇代等相关业务人员任组员。在领导小组的规划推动下，为家园设置专项资金（例如：2015年投入经费43714元。其中，活动经费6183元、设备设施37031元），聘任1名专职工作人员负责具体管理和服务提供；建立每月例会制度，定期召开工作会议，共同推动家园发展。

市妇联、柳南区妇联、街道妇联定期对家园工作进行督导和培训，帮助解决运作过程中的实际问题。每半年市级督导1—2次，街道级督导2—3次。

儿童家园的服务开展

1.日常开放

儿童家园每天按时开放。通常，周一至周五上午9：00—11：00，下午16：00—18：00 开放；周末则是在晚上19：00—20：30开放。

家园重点服务社区中1—14周岁儿童。开园以来，来园活动儿童累计1256人、1611人次，家长累计1112人、2521人次，其他社区居民累计1222人次。家园开展各类服务活动累计1323次。

儿童家园2017年度活动计划

三月，此月为学雷锋月，为学龄前儿童讲述雷锋的故事，让学龄前儿童在游戏中学习雷锋思想，提高儿童的思想素质。在“三八”妇女节时，组织学龄前儿童为母亲做一件有意义的事。

四月，天气变暖，鼓励户外亲子活动。利用有效时间，进行“走出去”活动。月底组织一次“五一节目演出”活动。

五月，在端午节，组织“庆端午，念屈原”活动（演讲比赛、户外体育比赛）。利用学龄儿童放学和周末时间，组织排练“庆六一”的节目。

六月，在六一儿童节组织“庆六一”节目与亲子活动，对“孤残贫”儿童进行慰问。

七月至八月，在学龄儿童暑假期间组织儿童进行集体活动、手工比赛（编织、折纸等）。辅导儿童假期作业，培养儿童的特长。天气炎热，亲子活动主要在室内进行，以轻松舒缓的氛围为主。

九月，组织学龄儿童在“教师节”为老师做一件有意义的事。由于国庆长假期间家长会带孩子走亲串户，所以提前在本月底组织“庆国庆”活动。

十月到十一月，组织儿童参加烈士纪念日，参加了柳州市举行公祭活动，缅怀革命先烈，弘扬革命精神，凝聚奋进力量。

十二月，开展丰富多彩的冬令营活动，丰富孩子的假期生活。

2.特色服务

儿童家园依托共建单位优势，开展了多项特色服务。

（1）走进军营，感受生活

每年暑期，儿童家园都会与社区共建部队开展“走进军营，感受生活”社会实践活动，让青少年体验和感受军营生活，提高生活能力，培养爱国情感。

模拟小军训

烈日下，教官洪亮的声音响彻操场：“站军姿，五分钟。注意抬头挺胸，两眼平视前方，我们要展示出军人的气魄！”孩子们昂首挺胸，表情认真、严肃，其动作随着教官的口令“向右看齐”“立正”“稍息”“向前看”“向后转”“向左转”整齐划一。虽然这是部队战士给孩子们设计的模拟小军训，但孩子们做得有模有样。在部队生活区，孩子们饶有兴味地向战士讨教把被子叠成“豆腐块儿”的技巧。在飞机场，孩子们更是兴奋地围绕在战士的身旁，聚精会神地听战士讲飞机的历史故事，感受每架飞机的光荣历程。

（2）安全教育，现场观摩

儿童家园联系社区共建单位银山消防中队开展安全知识主题教

育，让孩子们到消防中队观摩实践。消防战士教孩子们辨别消防安全标志，了解多功能车的功能，学习使用灭火器，提高日常应急能力。孩子们围绕在战士身旁，聚精会神地听、看。之后，孩子们穿上消防多功能衣，模拟演练消防员角色。

（3）兴趣活动，别样精彩

儿童家园开办绘画兴趣班，提高儿童绘画能力与审美能力。大家都画得很认真、很开心。男孩儿画了酷酷的机器人，女孩画了漂亮的小花……

为了提高儿童表达交流能力，儿童家园组织开展讲故事比赛。龟兔赛跑、守株待兔、掩耳盗铃等一个个故事在孩子稚嫩的口音中表现得活灵活现。

案例点评

航北社区儿童家园在妇联支持下，由航北社区全力打造，是社区儿童及家长的成长乐园，也是社区服务的重要窗口。每一所儿童家园，都应当因地制宜地做好不同程度的资源整合工作。这既是儿童之家可持续发展的重要保障，也是提升服务质量的有效途径。该家园在整合资源方面值得我们借鉴。

1.整合社区各类公共服务资源，构建完善的硬件条件

儿童家园除了拥有专属活动场地外，还依托社区公共资源——青少年军事乐园、社区书屋、器乐室、青少年心理咨询室及“绿岛”植物园等6个功能室，为辖区的儿童搭建多样的活动平台。在整个社区里，其服务得到了家长和社区居民的高度认可。

2.与辖区单位共创共建，开展特色活动

儿童家园的建设得到了柳州市、柳南区妇联的关心与支持，也得到了银山街道党工委、社区党支部领导的高度重视，并予以专项资金支持。家园将自身作为一个资源链接的平台，联合多部门共同开展特色鲜明的服务活动。如前已述及的模拟小军训和消防安全知识教育等，都是共创共建的良好示范。

错时开放　心手相牵

——广西壮族自治区南宁市马山县白山镇立星村儿童家园

8月14日，正值中元节，许多外出务工的家长在节日返乡。南宁市马山县妇联于当日上午组织志愿者们走进立星村儿童家园，与家长和孩子们一起开展“心手相牵、快乐成长”亲子活动。家长和孩子们参加了绑腿跑、背靠背运球、袋鼠跳接力赛、蒙眼认亲和包饺子等活动。活动中，家长和孩子们绑在一起的腿、牵在一起的手，无不让他们体会到亲情的温暖。家长不再是一个严厉而忙碌的大人，只是孩子们的“大朋友”，亲子间没有代沟，只有欢声笑语交汇的快乐。

一上午时间飞快地溜走了，大家共同度过了一个难忘又快乐的日子。孩子们感受到爱与温暖，家长们体会了不一样的亲子乐趣。

基本情况

立星村儿童家园位于广西南宁市马山县白山镇立星村外托屯，由自治区妇联创建，于2015年5月30日正式开园。家园活动空间是在整合现有村级公共服务设施的基础上改建而成，其周边环境达到硬化、亮化、美化、绿化、净化的目标，无

安全隐患。家园场地建设投入8000元，设备设施购置由自治区妇联一次性投入5.5万元。家园室内活动总面积为68平方米，分娱乐和阅读两个功能区，添置了电脑、打印机、电视机等多媒体设备，以及图书、积木、橡皮泥、木马、滑轮车、跷跷板、篮球、羽毛球、乒乓球等学习用品和娱乐设施。家园室外活动总面积300余平方米，有乒乓球桌、篮球场、大型滑梯及综合训练器材等。

室外活动广场

室内活动空间

制度建设

在管理机制上，立星村“儿童家园”力争做到“三有”，即有稳定的管理队伍、有自愿帮扶活动、有科学规范的工作制度。一是明确1名兼职工作人员，由妇代会主任兼任；整合吸纳乡镇司法所、派出所、乡村教师、乡村医生、村两委干部、“立星村两支队伍”等相关人员组建“儿童保护委员会”，参与“儿童家园”的服务指导。二是成立一支关爱留守儿童的志愿者队伍，由儿童家长代表及大学生志愿者组成，成为孩子们身边的爱心妈妈、爱心爷爷奶奶、爱心哥哥姐姐。三是在规范管理方面积极探索，围绕家园的日常管理、安全管理、人员职责、物资管理、志愿者管理、活动计划、成员档案、贫困儿童建档等多项工作建章立制，确保了其正常运转、发挥实效。

运作机制

儿童家园成立留守儿童关爱工作领导小组，分别设置了组长、副组长、组员。组长总体统筹协调，副组长负责具体工作，组员兼职家园的管理员。此外，2016年马山县关工委在家园设置了关工委领导小组，积极发挥“五老”在家园建设、服务方面的作用。特别是在留守儿童工作方面，县关工委与留守儿童结对子，建立“一对一”关系，在学习、生活上给予关爱。2017年春节，县关工委还在儿童家园举办了关爱留守儿童文艺晚会，为家园服务农村儿童起到很好的带动作用。

关爱留守儿童文艺晚会

关爱留守儿童文艺晚会

根据实际运作需要，家园成立了“家长委员会”，成员由关心儿童教育、有一定文化素质和较强组织能力的家长自荐组成，并制定了家长委员会职责。目前，家长委员会成员共有5人，其中男2人，女3人。家长委员会配合家园开展家庭教育活动，对家园的发展提出意见和建议，协调家长之间、社会部门与学校班级之间的关系，加强家庭与学校的联系。

此外，家园在开展大型活动时，立星村外托屯的屯长、屯干及青年志愿者都主动前来协助工作，如活动场地的布置，活动现场秩序的维护，活动中需要协助的其他工作以及活动后卫生的打扫等，都由大家一同完成。

活动开展

家园根据来园儿童的年龄段实行“错时开放”。在上学期间：学龄前儿童周一至周四入园活动；学龄儿童周五至周日入园活动。假期阶段：上午学龄前儿童入园活动；下午学龄儿童入园活动。其具体开放时间是每周一至周五下午14：00—18：00，周六、周日及假期是上午8：30—12：00，下午14：30—18：00。

1.主题活动丰富多彩

节庆日活动。“六一”国际儿童节，家园举行庆祝活动。“巾帼志愿服务队”成员和立星村小学部分师生共160余人参加了活动。在活动中，家园通过播放视频、举例示范等方式将安全理论及常见传染病的防治知识进行了详细生动的讲解。孩子们在活动中表演了自排的合唱、舞蹈，赢得了观众的阵阵掌声。

假期活动。家园邀请暑期返乡大学生志愿者参与假期活动，为孩子们带来了不一样的体验。活动内容丰富，包含爱国主义教育、安全自护教育、亲子阅读活动、最美家庭评选等。孩子们充分参与其中，收获了喜悦、成长。

开放日主题活动。家园定期开展各类主题教育活动，涉及环境保护、防拐防骗、自然教育等多个主题。例如，“垃圾分类处理、保护美好家园”主题活动，共有三十多位儿童参与。家园通过公益宣传片播放、PPT讲解、趣味问答、分组讨论、互动小游戏等形式，让孩子们对垃圾分类的定义、内容、作用以及垃圾回收处理渠道等有了更深入的了解，并比较各种处理方式的优缺点，在分析讨论的过程中发现“垃圾减量”是最佳的处理方法，同时也了解了资源回收、使用环保餐具、环保包装等可以达到垃圾减量的目的。再比

如，“防拐防骗”安全教育。针对现在社会上经常有小孩被拐骗的事件，家园通过播放防拐防骗的视频和分享一些案例的方式使其掌握防拐骗安全知识，提高警惕之心和分辨是非的能力，防止拐骗事件的发生。

2.悉心关爱留守儿童

家园在全村范围内摸底排查留守儿童的情况，为每个留守儿童建立专项档案和联系卡，形成以儿童为中心的关爱网络。其基本信息包括留守儿童的基本情况，家长姓名、家庭住址、联系电话，家长务工单位详细地址、联系电话，监护人或其委托监护人的职业、详细地址、联系电话、身体状况、年龄等。家园建立留守儿童档案动态管理机制，根据儿童变动情况，及时补充或变更联系卡内容。同时，实施“后盾单位”结对帮扶留守儿童制度。在这个过程中，学校作为重要的后盾单位，对这些孩子做到学习上优先辅导，生活上优先照顾，活动上优先安排。任课教师具体分析学生的学业情况，制订学习帮扶计划，明确帮扶时间、内容和阶段性效果。每个留守儿童由任课教师牵头确立一名学习帮手，并对结对帮扶效果进行定期检查；对留守儿童要多看一眼，多问一声，多帮一把；高度重视并认真组织这些孩子参加集体活动，有时候也根据孩子们的独特特点为其单独开展一些活动。此外，家园为重点帮扶对象配备一对一帮扶志愿者。志愿者经常与孩子谈心，掌握他们的思想动态，为他们答疑解惑，给他们一个温暖的依靠，让他们有一个安全的排解情绪的出口。

案例点评

作为一所农村地区的儿童之家，立星村儿童家园为当地儿童（特别是留守儿童）的成长发展提供了重要助力，为孩子们搭建起一个不同于学校和家庭的学习、娱乐、成长平台。该家园在制度建设、活动开展等方面有其值得参考借鉴之处。

1. 制度建设完备，保障家园良性运行

在管理机制上，该家园做到“三有”，有稳定的管理团队、有志愿帮扶队伍、有科学规范的工作制度，形成了家园领导小组负主责，志愿者和儿童积极参与的发展格局。

2. 活动形式多样，助力家园持续发展

该家园根据不同年龄段儿童的需求，实行“错时开放”，确保各个年龄段儿童都能来园活动。各类主题活动的开展丰富了孩子的课余生活，在活动过程中不断促进孩子的成长，同时也反哺儿童之家，使其持续向上发展。留守儿童关爱服务网络的建立，为留守儿童提供精准、精细的帮扶，拓展了家园的服务内涵，惠及更多儿童及家庭。

暖心家园　共同建设

——广西壮族自治区贵港市港北区奇石乡新清村儿童之家

奇石乡距贵港市城区31公里，是一个后发展、欠发达的革命老区。新清村位于奇石乡南部，距奇石乡政府驻地3公里。新清村下辖新村屯、清潭屯、清香屯3个自然屯，是壮族人口聚居地，共有村民1042户、4464人。其中，18岁以下儿童1132人，留守儿童210人，约占儿童总数的18.55%。新清村共有土地890亩，由于地处山区，人均耕地面积狭小，农业产量不高。为了维持生计，大量青壮年人口流失，许多孩子的父母也都到广东、浙江等地打工，以增加经济收入。村里的孩子大都跟着年迈的爷爷奶奶生活，甚至有些孩子还被寄养在邻居家里。这些孩子基本上处于学习上无人指导、生活上缺乏照顾的状态。外出务工的父母一般每年回乡1—2次，给孩子的陪伴少之又少。他们自知不足，却又无可奈何。

家长的无奈、孩子的需求成为当地妇联的“心愁”。2013年，在市、区、乡妇联的推动下，在新清村村委会的投入下，一所儿童之家在新清村落地。孩子们拥抱它，家长们喜欢它。

贴心服务：让家长更放心，让家园更暖心

春妮的母亲节祝福

“妈妈，您在外面辛苦了！祝您母亲节快乐！”2014年5月11日，在母亲

节的“亲子书信”活动上，十岁的春妮（化名）这样写道。短短的两句话，小小的一个祝福，春妮用略显稚嫩的字迹写在“悄悄话小屋”设置的“母亲节献给妈妈一句话”的心愿墙上。

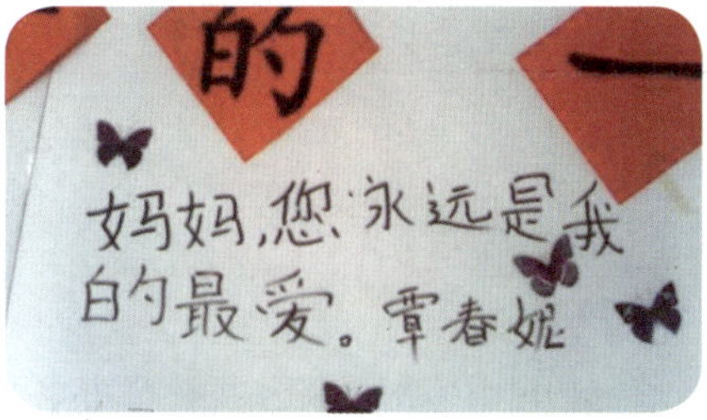

不曾想到，这句迟到的母亲节祝福让春妮妈妈泪流满面。她说，她和丈夫常年在外打工，一般只有在过年的时候才会挤上春运末班车，踏上回家的路。孩子留在家里跟着爷爷奶奶生活。他们不是不担心老人和孩子，但是生活所迫，一家人的衣食住行都指望着他们两口子，再怎么舍不得也得舍得。但是，见到孩子在墙上写给她的这句话，眼泪禁不住流了下来。她由衷地感到欣慰，女儿长大了、懂事了，以后在外面打工就放心多了。她抹了抹眼泪，对儿童之家的工作人员真诚地说：“有儿童之家真好！”

以上是新清村儿童之家开展的“悄悄话小屋”系列活动的一个缩影。孩子们在“悄悄话小屋”可以表达自己的心愿、寄托对亲人的思念、描绘小小梦想。如今，“悄悄话小屋”已经成为家长与孩子，特别是外出务工家长与留守儿童间的重要纽带。那些美好的小秘密都藏在这里。

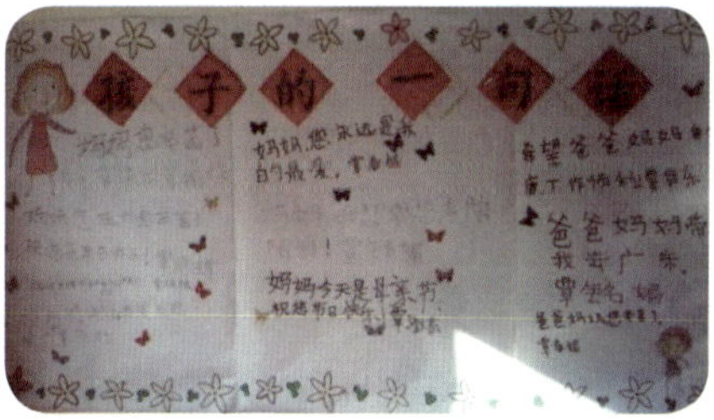

除了“悄悄话小屋”，儿童之家针对村里孩子们的需求，还开展了形式多样、内容各异的主题活动，如生活帮扶类、道德教育类、文艺表演类等。具体而言，家园广泛连接社会资源，为困境儿童提供物质生活帮助；在节庆日，家

园组织开展了以文艺演出、主题电影、体育器材、家教知识、书籍礼物、义诊为内容的“六送”活动；在活动日，家园开展安全知识读书活动、快乐成长游园等主题活动，举办象棋、乒乓球等文体活动。这些活动深受儿童喜爱，得到多方认可。

自开园以来，家园共计举办各类活动100余次，参与活动的儿童累计650人次，家长累计350人次，其他群众累计1100人次。

节庆日活动照片

关爱帮扶留守儿童活动

携手共进：专职工作人员与志愿者同行

家园周一至周五每天开放约6个小时，周末每天上午8：00—12：00，下午3：00—5：00准时开放，确保每周开放时间不低于40小时。儿童之家在没有专职管理人员的时候，由村委值班干部兼任管理员，自2015年10月起，聘用了专职管理员，每月为其发放工资1210元。儿童之家志愿者服务队以新清村业余文艺队的22名队员为主，大多数为当地务农妇女，平均年龄35岁。家园在特殊的节日会临时招募大学生志愿者、青年教师等类型的志愿者配合开展工作。各村志愿者还与留守妇女儿童一一结对，更好地关爱留守儿童生活、学习，帮助解决他们的困难和诉求，让留守儿童的身心能够得到更好的发展。

孩子们的故事：志愿者后记

7月31日，港北区妇联、共青团、工会联合会在奇石乡新清村儿童之家开展“千名大学生志愿者服务百所儿童家园”活动。新清村130多名儿童参加，广西财经学院的大学生志愿者与新清村儿童开展了三人二足走、蒙眼击鼓、赶小猪、蒙眼摸猪鼻等游戏，志愿者表演了精彩的文艺节目，志愿者们指导小朋友画画，指导留守儿童为爸爸妈妈写一封信。活动中，还开展了儿童安全知识宣传教育，分发儿童安全知识小册子。小朋友们看着自己的画和给爸爸妈妈的信张贴在儿童画展、亲子书信墙上，高兴地说，今天非常开心，既参加了活动，参加了游戏，展现了自己的作品，又得到了奖品。同时表示，今后要努力学习，遵守纪律，帮助家人做力所能及的事情，将来成为一名大学生，就像是这些哥哥姐姐一样，成为建设祖国的有用人才。

两个“委员会”：促进儿童和家长的参与

为了促进儿童参与，儿童之家成立“儿童委员会”，让孩子们自己替自己做主、自己为自己服务。儿童委员会共4人，由村里留守儿童担任，平均年龄13岁。儿童委员会主要配合家园组织有关学习活动、介绍学习方法、交流学习经验、帮助小朋友解决学习中的困难；协助家园增强小朋友的组织性、纪律性，遵守各项规章制度；关心小朋友的生活，互相帮助，反映小朋友们的建议、意见和要求，促进团结友爱。

家园联合妇女干部、优秀家长、学校教师，成立“家长委员会”，委员共5人，平均年龄36岁。家长委员会是儿童之家与家长之间的纽带，是一种“自动、自主的‘接力棒’式的组织”，它的任务是帮助家长了解儿童的学习和需求；协助家园进行保教工作；反映家长对家园的工作意见和建议；组织交流家庭教育的经验等。

硬件设备：村子里的“万花筒”

新清村儿童之家活动空间分为室内室外，室内活动区域设有创意小作坊、图书室、悄悄话小屋、快乐天地、议事室等“五室”。现有各类图书千余册，其中儿童书籍600多册，配备有儿童健身设施与器材及包括象棋、篮球、乒乓球、羽毛球、排球等在内的文体用品。室外活动区域配有大型滑滑梯，建有标准化篮球场和舞台，并设置有护栏等安全防护设施。它的出现让孩子们眼前一亮，这里的玩具种类如此丰富、图书画册如此多样、体育用品随时使用……在孩子们眼里，它简直就是一个“万花筒”，充满吸引力。

儿童之家硬件条件创设共计投入约20万元，其中基础设施建设、添置儿童游乐设施等约占15万元，服务活动经费、人员工资等经费约5万元。

制度建设：服务开展的前提保障

新清村儿童之家由奇石乡妇联与新清村村委会共同管理。2013年11月被评为贵港市示范“儿童之家”。2014年被列为贵港市重点示范“儿童之家”。2015年3月被评为自治区示范“儿童家园”。

这一切都源于规范的、切实可行的管理制度和服务规范。管理制度包括日常开放管理制度、安全管理制度、人员工作制度、志愿者管理制度、留守儿童结对帮扶制度等，并将各类制度上墙公布。服务规范主要指儿童之家服务开展的流程规范：首先，儿童之家工作领导小组研究制订年度工作计划，在年度工作计划基础上细化各项活动计划，撰写活动实施方案。其次，活动开展阶段不定期进行检查、督导，及时进行阶段性总结，做好活动资料存档。最后，活动结束阶段，进行年底总结，规划下一年度工作方案。

案例点评

新清村地处偏远地区，经济欠发达，留守儿童占据很大比例。农村孩子娱乐设施极其缺乏，儿童之家的设立对农村孩子来说是一个很好的场所。就农村地区的儿童之家而言，该家园有较为突出的特点：

1.设施设备较为健全，为孩子们提供了一个安全的活动空间

儿童之家拥有创意小作坊、图书室、悄悄话小屋、快乐天地、议事室五个功能分区，能较好满足村里儿童的基本服务需求。同时，它位于该村的公共服务中心内，与中心共享其他活动场地和公共设施，拓宽了儿童活动区域，更好地满足了儿童的户外活动需求。宽敞的室内、室外活动空间，为儿童提供了一个安全的活动场所，保障儿童有地方可以去、有活动可以参与、有设施可以玩乐。

2.儿童家长积极参加，“参与”理念得到较好体现

儿童之家建立了“儿童委员会”和“家长委员会”，充分尊重儿童和家长的意愿，有效推动儿童和家长参与家园事务，为家园发展建言献策，为儿童参与、家长参与建立机制、提供机会，让儿童和家长成为家园的主人，团结社区儿童和家长共同服务于有需求的儿童。

以儿童之家促社区治理

——海南省三亚市天涯区金鸡岭路社区儿童之家

三亚市天涯区金鸡岭路社区在社区治理创新的实践中，以儿童之家为平台，以社会工作专业服务为主导，通过专业化的儿童服务带动了社区内外多方良性互动，提供了一种借由儿童之家运营来创新社区治理体系的新模式。

基本情况

金鸡岭路社区位于三亚市核心地带，毗邻著名旅游景点三亚湾和三亚火车站，地理条件优越。三亚为著名旅游城市，其突出特点是“候鸟人群”众多。他们每年10月到次年3月从全国各地涌来。金鸡岭路社区每年冬季人口能达到11000人，外来暂居者有5000人以上（占比约为50%）。外来暂居人群中也不乏儿童，特别是低龄儿童。冬季时，社区中有儿童上千人。

金鸡岭路社区儿童之家是2013年建立的，设址在该社区居委会所在地。此处是一个带花园的独立小院，五层楼都是居委会的办公楼，儿童之家除了专属活动场地外，可充分利用居委会的其余任何设施设备。例如，图书阅览室、健身房、道德讲堂、绿色网吧、会议室、妇女之家等。此外，院内另一栋楼的一层是社区戒毒康复中心。金鸡岭路社区是全国社区戒毒康复示范点，儿童之家也依托康复中心开展一些戒毒、消防等宣传教育工作。

运作机制

为规范儿童之家的管理运作，社区着力制定了一整套规章制度，如儿童之家安全管理制度、来园登记制度、例会制度以及学习制度等。通过制度的约束，保证“儿童之家”建设有条不紊地进行。儿童之家周一到周五每天10：00—20：00开放，周六、日和寒暑假全天开放。

金鸡岭路社区于2014年开始引入专业社会工作机构，是全三亚市最早有专业社会工作机构进驻的社区。儿童之家成立后，社区重新规划资源分配，由机构派驻两位专业社会工作者专职负责儿童之家的日常运作和活动开展。社区居委会中的一位志愿服务专干也加入服务团队中，三人构成了儿童之家专业服务的主体。社工机构自身具有较完善的行政管理体系和专业督导体系，保障了儿童之家运作的规范性和服务开展的专业性。

从2015年起，“三区社会工作人才计划”项目在金鸡岭路社区落地实施，该项目为儿童之家开辟专项经费，重点支持儿童之家建设。政府相关部门和社区居委会也为儿童之家提供服务活动经费。由此，建立起儿童之家运作的双方共担机制——社工机构与社区居委会共同出资。

服务开展

《中国儿童发展纲要（2011—2020）》指出，儿童之家是为“儿童及其家庭提供游戏、娱乐、教育、卫生、社会心理支持和转介等服务”的场所。因此，儿童之家的重要功能就是为儿童提供丰富多样的服务活动。通过这些服务，在社区中为儿童的成长营造出友好的社会环境，支持儿童及其家庭的发展。

工作人员基于儿童之家的平台，运用社会工作专业方法，面向社区儿童及家庭开展服务活动。

1.通过“走出去”和“迎进来”等方式开展需求评估

专业服务的开展需基于有效的需求评估。社工运用“走出去”和“迎进来”的方式展开需求评估，基于需求评估，制订服务计划，展开服务行动。

走出去，即社工进入社区中，基于社区居委会已有的资料对重点关注的儿童进行需求评估走访；对社区中的困境儿童，社工多次入户关爱探访、为其评估、建档；有特别需要的，作为个案跟进。

迎进来，是社工针对来园的儿童及其家长，了解他们的期待和需求，询问和咨询他们对活动的建议，并通过他们展开儿童之家的推介和倡导。

组织社区儿童参观社工站

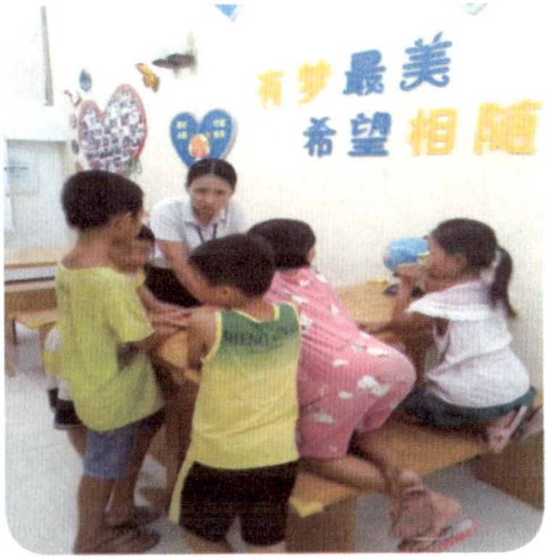

社会工作者与儿童沟通交流

2.儿童主题活动

学习、作业、兴趣班……这些始终是充斥在孩子童年生活中最重要的任务。所以，周末的时光，儿童之家开设形式多样的主题活动，丰富孩子们的课余生活，为儿童提供一个游玩的场所。主要内容是培养儿童的文明礼貌习惯、学习习惯、生活习惯和劳动习惯，活动形式以个人分享、个人作画、画片展示、观看动画视频等方式进行。

儿童之家活动场地

儿童之家活动影集

3.运用小组工作和社区活动的方式开展服务活动

在儿童之家的服务中，小组工作和社区主题活动是重要内容。在策划时，工作人员按月制订不同主题的活动方案，做到“每月有主题，每周有活动”。例如，在春节期间，儿童之家开办了持续一个半月的“快乐成长，安全相伴”的安全教育小组，围绕烟花爆竹、食品、水电等不同方面的安全教育开展了五次社会目标模式的小组活动。同时，在该月元宵节期间，儿童之家还在社区街心公园开展了一次“欢欢喜喜闹元宵”的游园活动，吸引了约四百人参与。

社区游园活动

儿童安全教育小组活动

4.“四点半课堂”——常规服务也能“玩”出新花样

儿童之家的常规服务也给社区儿童和家长们带来了新体验。如每天下午开展的“四点半课堂”——不仅有志愿者为孩子们辅导功课，更重要的还有社工负责组织开展手工、绘画等综合文化课程。孩子们可以根据自己的兴趣爱好，选择参加不同类型的课程活动。家长们表示“四点半课堂”缓解了他们辅导孩子作业的压力，同时还拓展了孩子的兴趣爱好。有的家长表示，自己的孩子很喜欢手工实践课、自由绘画等。目前，每天课后来园的儿童都在30—40人之间。同时，社工有意识地主动邀请社区留守儿童、困难家庭儿童参与四点半课堂，并在课堂上密切关注他们的变化，必要时提供个别化帮扶。

志愿者参与“四点半课堂”

资源整合

在金鸡岭路社区儿童之家的建设与发展中，社会工作者与社区居委会整合了大量的社区资源，成为儿童之家管理运作的又一亮点。

儿童之家是由多部门、多机构、多团队合力托起的一轮太阳。例如，社区联合天涯区团委建立志愿者“爱心超市”，通过“爱心超市”建立志愿服务登记制度，为志愿者提供服务时长登记，根据累计时长兑换爱心礼品，吸引、鼓励更多人加入志愿服务队伍中来。区文体局与社区共建健身场地，免费提供健身器材和运动器材。在儿童之家的日常运行中，妇联也给予很多支持，为其提供了大量图书。团委妇联等部门还为社区困境儿童提供了不少物质帮扶，逢年过节时到困境儿童家庭进行走访慰问。同时，社会工作者积极与多所高校取得联系，获得大学生志愿者的支持。

儿童之家“爱心超市”

特别重要的是，儿童之家在运行中，积极向内发掘运用社区资源，让社区居民能够更多地参与到社区事务中来。通过社区走访，社工了解到社区中居住的几位候鸟老人是退休教师，他们也非常愿意参与到社区服务中来。于是，社工也将他们加入四点半课堂学习辅导的团队中。同时，社区中曾有一位辍学的初中生，社工将其对接给候鸟老人，由老人为其辅导功课，最终顺利完成了义务教育。

在社区范围内，儿童之家发挥了资源整合的平台作用。从资源动员的范围来看，不但涉及社区外的行政社会资源，更能够获得社区内的关注，让儿童服务体现出助人自助的理念目标，使儿童之家获得可持续发展。从服务范围来看，儿童之家的服务不限于儿童本身，已经直接涉及或辐射社区中老人、家长和相关社区事务。

案例点评

从金鸡岭路社区儿童之家的实践中，我们可以进一步反思儿童之家的作用并作新的理解。

1.巧用专业机构资源

从本案例可以看出，该儿童之家巧借专业服务机构之资源和优势为其所用，具体体现为：借助社会服务机构的项目为自身获得一定的经费支持，解决了资金问题；运用社会服务机构的人员作为服务提供的主体，解决了人员问题；运用社会工作的理念和方法开展服务，解决了服务开展和服务质量问题。这些都为儿童之家的有效、可持续运行提供了基本保障。

2.充分挖掘社区内外资源

资源是影响社区服务和社区发展的重要因素，同时也是社会工作专业方法运用的重要方面。该儿童之家既有效动员社区外部资源协助儿童之家发展，又充分动员社区内部资源参与儿童之家建设。同时，反过来，组织儿童和社区居民参与社区服务和社区建设，既体现了参与精神，又促进了社区治理创新。

3.从儿童服务到社区治理

多元主体、共同参与、良性互动是社区治理工作的核心。金鸡岭路社区以儿童之家为平台，促进了社区内外多元力量的参与，也实现了社区、社会组织、专业社工的“三社联动”。服务内容也从儿童服务延伸到了老人、妇女等群体上，初步搭建了社区治理理念下的社区服务体系。在金鸡岭路社区，儿童之家并不是单一的资源消耗者，而是连接社区内外资源的平台和纽带。

小家园　大民生

——重庆市渝中区化龙桥街道李子坝社区儿童之家

2015年8月18日，由国务院妇女儿童工作委员会办公室、联合国儿童基金会共同支持的重庆市渝中区化龙桥街道李子坝社区儿童之家正式开园。

在田间，志愿者和孩子们一起割水稻、收谷粒、晒谷子。

在陶艺室，志愿者引领孩子们感受陶艺传统艺术，一件件精美的陶艺作品在孩子们手里诞生。

在活动室里，孩子们包饺子、做科普作品、唱卡拉OK……欢声笑语持久回荡。

在华生园梦幻城，志愿者陪伴孩子们做月饼、DIY，共度难忘的中秋。

建家园，为社区儿童创设活动空间

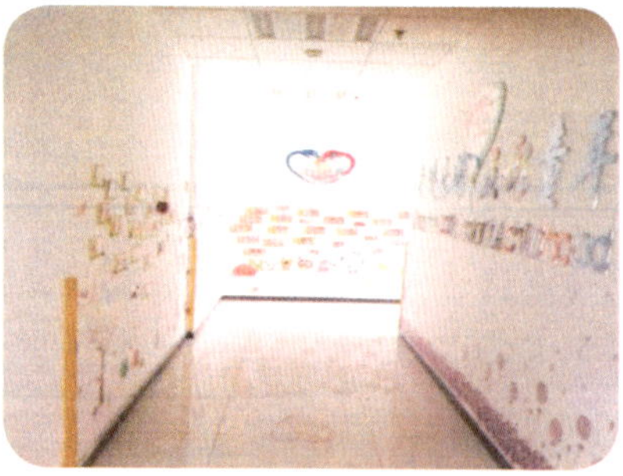

化龙桥街道李子坝社区是重庆市渝中区拆迁安置社区，拆迁户多、低收入人群集中、流动人口多。社区户籍总人口6776人，实际居住有12800人，其中0—18岁儿童709人（含流动儿童354人）。在社区儿童之家登记在册的儿童数为489人（含自闭儿童3人、困境儿童10人、流动儿童96人）。

李子坝社区儿童之家秉持“小家园　大民生”和“促进户籍儿童和流动儿童融合发展”的宗旨，以保护儿童权利和促进儿童发展为目标开展儿童工作，为社区儿童提供成长关怀、课外辅导、困境儿童关爱以及家庭教育指导等公益服务。

科教益智区

图书阅览区

目前，李子坝社区儿童之家已基本形成依托社区、辖区幼儿园和志愿者力量，以举办“家和文化四季歌”主题活动、知识技能培训、特殊困境儿童关爱为主要内容的服务模式。虽然李子坝社区硬件条件并不优越，但一直都在不断努力和改进，为社区儿童提供公益性社会服务，让他们在生活、学习和情感上得到关心与慰藉，使社区儿童之家成为儿童的快乐园地。

李子坝社区儿童之家分为室内功能区（约120平方米）和室外活动场所（约200平方米）。室内功能区包括图书阅览区、科教益智区、文体活动区、心理辅导室、学习辅导室等，室外活动场所设有滑梯、秋千等游乐设施。

强基础，为家园长足发展提供保障

1.建好三支队伍，确保有人干事

儿童之家有3名专职工作人员，包括1名园长和2名社工。园长由原红岩小学高级老师、德育主任罗女士担任，专职负责，全面管理，主持工作。2名具有大专学历和专业素养的社工负责儿童之家的日常运营和服务开展。同时，儿童之家建立了家长委员会、儿童委员会和儿童保护委员会等三支队伍。家长委员会主要由社区热心家长、楼栋长、退休教师等担任，现有成员5人。儿童委员会主要吸纳各方面有代表性的儿童加入，现有成员7人。儿童保护委员会主要由户籍民警、社区工作人员及家委会成员组成，共10人。儿童之家指导家委会、儿委会、儿保会共同做好各项工作，定期组织情况沟通和培训交流活动，使家委会、儿委会、儿保会明确各自工作职责，其管理意识和服务意识得到大幅提升；并做好家庭调查、社会宣传和社区联系工作，建立起了结构合理、协调灵活、反馈及时的科学管理机制。

2.加强环境建设，确保家园安全舒适

为创造安全的活动环境，工作人员对游戏设施进行了改造，对墙角、柜角进行泡沫包角处理。为了提供充足的活动物资，工作人员添置了儿童书籍和益智玩具。为了让居民和儿童更加了解家园，工作人员将“家园工作人员一览表”和“四点半课堂时间表”等信息公示上墙，定期更换展示家园生活的“活动图片墙”，学生的学习成果展示于科普室的橱柜，营造一个舒适的环境氛围。

科普活动室

3.拟定规章制度，确保管理规范有序

儿童之家不断完善各项规章制度，先后拟定了《李子坝社区儿童之家管理规定》《儿童之家安全管理家长责任告知书》《儿童之家儿童入园须知》《李

子坝社区儿童之家工作制度》《李子坝社区儿童之家园长职责》《李子坝社区儿童之家志愿者职责》《李子坝社区儿童之家楼栋长职责》等12项规章制度，组织工作人员认真学习，并认真落实。

4.搭平台，发挥好互联网和新媒体的作用

儿童之家利用互联网工具，通过QQ群和微信群，让社区居民足不出户了解家园活动，进行网络报名、交流学习、下载活动照片等。

5.加强合作交流，促进资源共建共享

儿童之家和幼儿园是教育的共同体，幼儿园能够教育儿童基本知识和培养其集体生活能力，社区儿童之家提供儿童生活体验和实践。本着互相学习、资源共享、合作共进的原则，儿童之家与辖区立阳世纪幼儿园签订共建协议书，并联合开展“沙画DIY”亲子活动和家长课堂讲座，得到家长和孩子们的喜爱。

重调研，为社区儿童提供针对性服务

儿童之家的重点工作就是摸清儿童的需求，有导向地提供服务。工作人员通过张贴通知、入户走访、电话咨询、QQ群聊等多种方式，对0—6岁的儿童信息进行登记录入，建立完善的特殊儿童信息档案。工作人员对不同年龄段的孩子进行需求分析，为他们提供针对性的服务：为0—3岁的孩子提供玩耍场所，在开放时间段提供照看服务、亲子活动、家长讲座等；为6—12岁的孩子提供知识课堂服务，开办“四点半课堂”，提供课后辅导、兴趣培养、生活体验和社

会实践等服务；对特殊儿童做好“四早”工作，早发现、早干预、早治疗、早康复，并积极做好帮扶和转介工作。

抓重点，全方位打造特色活动

1.日常活动常态化

儿童之家日常运行井然有序，每周五下午定时开展安全常识、语言训练、环保意识和道德讲堂等小组活动，先后举办了“想骗我，没门儿”“安全的地方也危险”“安全so easy”等消防知识和安全教育活动；“小手拉小手 黑暗快赶走”“忙中娱乐 玩中成长”“朋友是一面镜子”等拓展训练活动；“我爱配音”“模拟主持 ”“青春木偶戏模仿朗诵”等艺术培训活动，让孩子们在活动中明理悟行、学以致用。

2.打造金牌“四点半课堂”

“四点半课堂”是儿童之家的金牌项目，儿童之家一方面努力做好志愿者的培训工作，另一方面加强日常管理，通过建立学员档案、创新活动特色、设立奖励制度等推动课堂更好举办。目前，有两名社工专职为家园服务，并邀请了两名优秀的退休教师，每周一至周四下午16：30—18：30开展儿童作业辅导、兴趣培养、书法绘画、健康观影等课堂，有效地调动了孩子们的积极性。目前，家园已吸引社区儿童500余人次参加。“四点半课堂”为儿童营造了健康、快乐、平等、和谐的学习生活环境，有效地促进了儿童幸福健康成长。

3.开展“家和文化四季歌”主题活动

儿童之家在市、区、街道妇儿工委办的大力支持下，整合社区各企事业单位和志愿者力量，以家园文化建设为切入点，结合每一时期的特点，精心打造

“家和文化四季歌”——“家和春迎新”“家和夏快乐”“家和秋高爽”以及“家和冬温暖”四大文化主题活动，为儿童做好公益服务。

1）“家和春迎新”。春节、元宵期间，儿童之家开展“生命至上平安和谐”“闹元宵、猜谜语、趣味游戏会”活动。三月，开展“播种在春天”主题活动让孩子们体验种植的乐趣，增强环保、生态意识。四月，开展“我运动我健康我快乐”亲子游戏会。五月，开展“感恩母爱烘焙温情”饼干DIY亲子活动。

2）“家和夏快乐”。六月，儿童之家开展“欢乐童心爱心同行”庆六一活动；暑期，开展“科普周”“厨艺大比拼”“乐高积木乐”“书香伴成长”“口才大赛”“讲故事做绘本”“流动的沙画”“爱满葵园陪伴成长观影”等系列活动，鼓励儿童走向社区、融入社区，在活动中增长知识，在实践中体验生活。

家和之夏“情系包子、互助互爱”活动

家和之夏社区医院急救体验活动

3）“家和秋高爽”。儿童之家在金秋时节开展“感恩新米宴”亲子活动；中秋佳节之际开展“月圆梦圆月饼DIY”“神奇的沙画DIY”亲子活动；同时，儿童之家结合化龙桥辖区特点，开展“重走红岩路，追忆红岩魂”“我是光荣的少先队员”红岩足迹系列活动。

4）“家和冬温暖”。儿童之家与世纪立阳幼儿园开展“冬日欢乐大作战”“大手拉小手爱的路上快乐相伴”亲子趣味运动会、“海底畅游·爱心同行”迎新年活动等。

4.开展家长课堂讲座，进行家庭教育指导

儿童之家邀请儿童卫生保健专家甘女士开展“科学育儿进家园”家长课堂讲座；在区妇联支持下，儿童之家在渝中父母学院微信群开启了早教课学习和

亲子沟通训练营，著名早教专家傅老师、全国家庭教育专家司有和教授在微信中做了直播讲解，引导家长走出溺爱误区和进行亲子沟通训练，吸引了170多位家长参与，覆盖总人数达910余人次。

破难点，关注自闭症儿童的成长

儿童之家的工作人员通过走访，了解到辖区有两名自闭症儿童。针对这样的特殊儿童，儿童之家开展了帮扶引导，每次活动邀请家长和孩子一同来参与。活动中，工作人员给予孩子最大的关心、耐心、爱心，用轻柔的话语与其交谈，手把手地教他们做科普工艺品，对他们做简单的问答训练，让他们在家园生活中学会表达自己的需求，学习沟通。

祺祺（化名）和星星（化名）都是患有自闭症的儿童。祺祺在普通小学随班就读，虽然自闭，但他天生热爱画画，用一把尺子、一只铅笔便能勾画出透视感极强的科幻画。星星在特殊学校读书，语言障碍严重，目光涣散，但却写得一手好字。两个孩子生活在独立而封闭的自我世界里，他们言语障碍突出，

难以进行正常的语言交流。

针对这样的特殊儿童，工作人员开展了针对性帮扶引导。每次活动邀请家长和孩子一同来参与。工作人员给予孩子关心和耐心，用轻柔的话语与其交谈，手把手教他们做一些工艺品，对他们做简单的问答训练，目的是让他们学会表达自己的需求，学习沟通。良好的训练使两个孩子对家园的老师有了亲切感，对家园环境有了认同感，喜欢来家园活动，逐渐能跟老师同学亲切问好，在节日里，星星在QQ群里用语音跟老师问好，虽然语言不够流畅，但他一字一顿的话语感动了每一位工作人员。

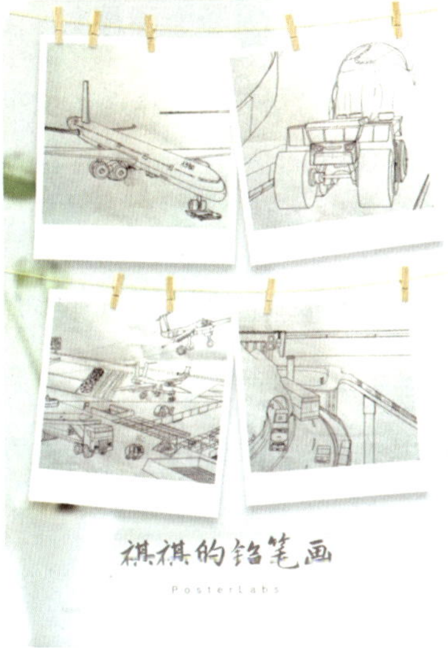

工作人员和志愿者还经常入户走访，与祺祺、星星沟通交流，带去学习用品和玩具。一年多来，在家长、老师、小伙伴的悉心陪伴下，两个孩子逐渐变得开朗，慢慢融入小朋友的群体，逐渐融入学校生活，逐步具备了社会适应、生活自理和与人交往的能力。

目前，祺祺和星星已正常进入校园学习、生活。

案例点评

李子坝社区儿童之家秉持“小家园 大民生”和“促进户籍儿童和流动儿童融合发展”的理念形成依托社区、辖区幼儿园和志愿者力量，以举办“家和文化四季歌”主题活动、知识技能培训、特殊困境儿童关爱为主要内容的服务模式。

1.充分连接多方资源，打造专业队伍

该儿童之家有效地将社会力量与社区儿童及家庭的需求对接，充分利用社区资源，整合辖区单位力量，发动更多的家长和辖区退休老师加入家园志愿者队伍，成为家园服务团队成员，加强对志愿者的培养，帮助她们树立科学的儿童观，为儿童和家庭提供更加专业的服务。

2.服务类型多元化、品牌化和常态化

该儿童之家关注不同年龄段儿童发展需求，有针对性地开展好四点半课堂、“道德讲堂”活动、各类社会生活体验、卫生保健、亲子类活动和早教课学习，唱响“家和文化”四季歌。既关注学龄儿童的健康成长需求，又重视0—3周岁幼儿早教活动，实现家园服务的多元化、品牌化和常态化。

3.服务人群多层次，形成多方互动的服务方式

该儿童之家的服务范围不仅涵盖了普通儿童和特殊儿童，还辐射家长和社区其他群体；其工作方式不仅是服务提供与接受的单向模式，而是多元主体互动与互助的模式。因此，在儿童之家的建设过程中，我们更可以将其视为带动社区治理的平台，从更高的视角，推动儿童之家的建设发展。

"老携小"撑起安全伞筑牢温暖家

——重庆市北碚区施家梁镇狮子村儿童之家

青山连绵的嘉陵江南岸，有一座小村庄叫狮子村，它位于重庆市北碚区施家梁镇。这个小小的村庄，曾是人丁兴旺、热闹团结的村子。可在十几年前，打工潮席卷了这里，村子里的青壮年陆续外出务工。在外挣的是苦力钱，而城里消费水平却很高，青年们不得不把孩子和老人留在家里。

像大多数留守儿童一样，13岁的平平（化名）的父母为了生计，也都双双外出打工，平日里只有平平和奶奶在家。冷清的村子里能提供给孩子们玩儿的东西很少，但平平还是找到了自己喜欢的玩耍项目——钓鱼。一天，平平趁奶奶午休偷偷跑出了家门，到了屋后的池塘钓鱼。就在他去捡鱼竿的时候失足掉进了水池里。周围没有人，平平的呼喊声渐渐消失在了山谷里，等到村民发现他的时候为时已晚，平平再也不能站起来跟父母顶嘴，再也不能向奶奶撒娇了。平平的父母伤心欲绝，奶奶更是哭得死去活来。

建家，“老携小”撑起安全伞

一个13岁的孩子就这样瞬间失去了生命，村民们在痛心的同时，都心有余悸：如果是自家的孩子发生类似意外，那可怎么办？

在狮子村，留在家的多是老人和孩子，由于居住分散，老人日常生活孤寂，儿童家庭教育缺失，人身安全、社会教育等问题日益凸显。“一老一小”，是家庭问题，更是社会问题。平平的意外溺亡为狮子村敲响了警钟，狮子村“两委”立即成立了工作组，开展入户调查、摸清底数，并将摸底情况向镇党委进行了汇报。2002年7月，镇党委整合妇联、老龄委和文化服务中心等部门资源建立狮子村“老携小”儿童之家，并投入经费进行场地改建、添置设施设备。“老携小”儿童之家充分发挥农村老年协会、老年体育协会、老年学校和老年文体队“四老”作用，开展丰富的活动，实现了大手牵小手，小手暖大手。“老携小”儿童之家创建10多年来，村里再没发生过一起假期儿童溺水身亡事件。

目前，狮子村总人口1373人，其中老人374人，儿童217人，外出务工人员59人，留守老人27人，留守儿童2人。儿童之家位于村文化大院一层，由村妇联主席关女士担任负责人，日常工作则由“四老”团队管理。

儿童之家组织全村在册儿童建立育才班，由村两委成员、镇文化服务中心干部、学校老师和老协老人担任义务辅导员，在周末和寒暑假有计划地开展各项活动。15年来，在镇、村两级支持下，借助计生、老龄委等部门资源，儿童之家秉承“老携小，小慰老”的原则，寓教于乐，引导儿童养成良好习惯，提升道德素养，增强安全意识，成为孩子们喜爱的安全伞、温暖家。目前，儿童之家的孩子3—6岁的有7名，7—12岁的有16名。儿童之家周一到周五每天开放10小时，周六、周日和寒暑假全天开放。

狮子村儿童之家根据儿童们的实际需求分设了不同的功能分区，一方面为儿童们提供一个可以读书学习的农家书屋，丰富儿童们的知识文化；另一方面也为儿童们提供一个室内玩耍的人口文化活动室，提升儿童们的身体素质水平。

狮子村农家书屋

狮子村人口文化活动室

爱家，“老携小”筑牢温暖家

1.关注孩子

在儿童之家创建之初，村里的留守孩子还比较多，由于父母不在身边，婆婆爷爷又非常溺爱，导致孩子们养成了我行我素的坏习惯，不懂礼貌，不懂得爱护环境卫生，有的孩子还有小偷小摸的不良行为。

儿童之家明确提出按照“六好”标准培养有理想、有道德、有文化、有纪律、有礼貌的儿童，即在家尊老敬老，勤俭节约，成为劳动好帮手；在社会爱国文明，礼貌诚实，遵纪守法，成为好公民；在学校团结友爱，互相帮助，学习优良，成为好伙伴；在公共场所爱公物，讲卫生，保护环境，成为好卫士；个人独处时心理健康，奋发自强，昂扬向上，勇于创新，成为好主人；长大以后在各行各业成为建设和捍卫祖国的好榜样。

小豪与儿童之家

小豪（化名）在很小的时候父亲就因病去世了，母亲因承受不了生活的重压而离家出走。自此，小豪成了一个无家可归的孩子。姑姑见他可怜，便收留了他。姑姑本身没什么文化，自己还有两个小孩要照顾，对小豪的管教有些力不从心。疏于管教的小豪渐渐变得孤僻。在桃子成熟的季节，一天，邻居偶然发现小豪正带着几个小孩在自家的桃林采摘桃子，于是拉着小豪来到他姑姑面前指责他是小偷，要求严加管教。邻居的责难让姑姑感到无地自容，在给邻居赔礼道歉后对小豪一顿打骂。儿童之家志愿者小龙知道此事后，主动来到小豪姑姑家带他加入了育才班。

通过育才班的教育引导和班里良好的学习氛围，小豪感受到了家一样的温暖，渐渐地也有了自己的朋友。他的性格变得开朗起来，还改掉了以前小偷小摸的坏毛病。在志愿者的引导下，小豪从内心里十分感激姑姑，在家还主动帮着姑姑做一些力所能及的家务活。小豪的惊人变化，姑姑是看在眼里，喜在心里，一次次对儿童之家的志愿者表示感谢。兼任儿童之家辅导员的村党支部书记钱先生知道小豪家的情况后，还与小豪结成了一对一帮扶对子，坚持关心他的学习生活，从未间断。如今的小豪已是高中生，每逢周末和假期，他还会来儿童之家看书、锻炼、参加活动，帮着志愿者带小弟弟、小妹妹们一起开展活动。

2.关注困难家庭

儿童之家以村里百姓需求为导向，将一老一小“两头”相结合，让老人们老有所为，老有所乐；让孩子们得到人格培养，情操陶冶，习惯养成，团队关爱，童年不因“留守”而失色，有效解决了留守造成的“老无所为，小无所教”的问题。针对困难家庭的情况，儿童之家建立互帮互助机制，促进整个村子成为互帮互助的大家庭。

老人们教孩子们学剪纸

困境家庭与儿童之家

萌萌（化名）的父亲患肝癌，一家三口就靠母亲一人在外打零工维持生计。母亲每月1000多元的收入在负担了父亲的医药费和萌萌的学杂费后，已是入不敷出，家庭生活陷入困难。儿童之家得知情况后，负责人关女士通过妇联“春蕾行动”为她争取到部分学习资助，并在节假日和有关活动中对其一家进行帮扶，帮助她们一家渡过难关。

相同遭遇的还有柑新社的小杰（化名），他的父亲患胰腺炎三期，母亲有心脏病，都是重病患者，一家人靠低保生活，困难到过年都吃不上肉。家中的实际困难也让小杰有了严重的自卑心理。为帮助他们一家走出困境，在村两委的牵头带领下，儿童之家组织大家捐款捐物，负责人关女士还帮助小杰的父亲找到一份符合他体能的工作，每月有2000多元收入，从而减轻了他家的实际困难。通过参加儿童之家的各种活动和学习，小杰也渐渐消除了自卑心理，性格变得开朗了，学习成绩也提高了。他现在还特别喜欢和老师、同学们互动交流。

3.丰富假期

儿童之家按不同年龄段进行活动分类，因材施教加强儿童尤其是留守儿童和流动人口子女的习惯养成和品质教育。每年寒暑假，儿童之家都会开展各类主题活动，用生动活泼的故事和精彩的文艺表演丰富孩子们的假期生活，帮助孩子们从小树立正确的世界观、人生观和价值观。

暑期读书活动

防邪宣传

儿童之家还安排了丰富多彩的益智活动。由专业的老师指导孩子们学习剪纸、手指翻绳等趣味手工，带领孩子们参观机关、企业，走进田间地头学习体验农耕技术和农业文化，帮助孩子们开阔视野、提升素养。

儿童之家将安全防范和教育监护放在重要位置，每年在假期都开展集中安全教育，增强家长和儿童的安全意识。对家长常年在外，家庭监管不到位的孩子们，安排“老协”的老人一对一进行监管和教育。

4.红色教育

为弘扬红岩革命精神，让孩子们深入理解老一辈无产阶级革命家、共产党人和革命志士在风雨如磐的斗争岁月中形成的“爱国、奋斗、团结、奉献”精神，每年的11月27日红岩革命纪念日，儿童之家都会组织村里的孩子们到烈士墓、白公馆、渣滓洞、红岩村等地进行参观学习，并组织孩子们进行红岩革命故事演讲比赛，使孩子们深切认识到如今的美好生活的来之不易，要懂得珍惜。

持家，共治心灵花园

1.完善制度，保障儿童之家的有效运行

儿童之家对辖区内儿童进行建档登记，建立儿童名册，如流动儿童、留守儿童、贫困儿童、0—18岁儿童名册，做到全方位了解辖区内儿童的情况，有针对性地开展工作。同时，儿童之家制定了服务管理责任制度，从基本规范、服务提供、人员培养等不同角度保障其有效运行。

2.“N+模式”将儿童之家打造成社会的一个心灵家园

对于中国社会而言，老人和孩子在哪里，人们的心灵归依就在哪里。青壮年外出务工，家里的老人和孩子是他们最大的牵挂。狮子村“老携小”儿童之家的15年，是“妇联+有识之士+社团+学校（教师）+爱心人士+老人+孩子”携手前行和共同成长的15年，以“关爱”为核心，汇集爱心，温暖民心，从这个意义上讲，该儿童之家成为狮子村的一个“心灵家园”。

10多年来，儿童之家的受益家庭累计约200户，受益儿童200多名。如今，“老携小”儿童之家也成为施家梁镇家喻户晓的特色公益品牌，在社会上具有较强的影响力，先后得到20余名社会爱心人士和专业人士的主动参与和支持，成为引领社会奉献爱心的典范。

案例点评

将儿童之家牢牢地扎在一个小山村15年，让我们看到了儿童之家服务于我国广大农村孩子的可行性与价值，也凸显了狮子村“老携小”儿童之家背后参与者们的执着与用心。

1.以儿童保护为基础，筑牢温暖家园

狮子村儿童之家建立的初衷在于解决农村“空心化”带给孩子成长的现实问题。在众多问题中，它选择从该村儿童最基本的安全需求出发，提供生活化的服务，并在生活中教育孩子，提升其安全意识。

2.以儿童发展为重点，丰富心灵花园

在保护儿童安全的同时，狮子村儿童之家开展了一系列丰富多彩的活动，帮助孩子们开阔视野、提升素养，值得一提的是，儿童之家因材施教加强儿童尤其是留守儿童和流动人口子女的习惯养成和品德教育。

3.以老携小模式为依托，规范关爱家园

在设施和人员极端匮乏的情况下，狮子村儿童之家鼓励“老携小”的互助和自助模式。同时，村委会发挥管理与服务的作用，做好常规性工作，双重组织模式共同优化了儿童成长的软环境，让儿童之家成为农村社会网络中重要的资源联结点。

孩子们心中的一缕阳光

——重庆市南岸区南坪街道东路社区儿童之家

一缕阳光照进端端家

刚来到儿童之家的端端（化名）很怕生，时刻都牵着妈妈的手，看着其他小朋友玩耍而不敢上前。端端妈梁阿姨解释说，因为端端患有三级智力残疾，平时都一个人独自玩耍。她本人也只会日常的照顾而已。家里经济条件也有限，常常看着端端一个人，很是心疼。听说社区开了一个儿童之家，可以学做玩具，学做读物，学如何陪孩子玩耍学习……

儿童之家工作者听后安慰端端妈道："端端妈，我们这儿不要钱，免费的，玩具、读物这些都可以自己做不用花钱的。端端最需要的是陪伴。我们与辖区5所幼儿园、2所小学，周边1所早教中心、2所大学都有结对共建，有很好的专业资源，他们会教你如何引导端端的。"

端端从2016年7月来到儿童之家，参加活动有9个月了。现在的端端有了小伙伴，更加快乐了。端端妈整个人也阳光了。端端妈表示在儿童之家通过活动，认识了很多同是孩子家长的妈妈，通过专业老师"一对一"的育儿课知道了如何照顾端端这类儿童，在集体学习中也学会了制作手工玩具和手工读物，现在和端端在家自己也能很好地带端端玩耍了，非常感谢。

儿童之家基本情况

1.东路社区基本情况

东路社区位于重庆市南岸区南坪街道辖区东北部南滨路中段，环境优美。社区辖区面积0.6平方公里，办公用房1200平方米，无安全隐患；常驻居民8651户、20251人，流动人口约2500户、5000余人，18岁以下儿童2100人，困境儿童19人，残疾儿童4人，是南坪街道居住人口最多的社区。辖区内有五所幼儿园、两所小学校、两所早教机构、一所心理咨询机构、一所中医院以及大型超市、农贸市场、企业等社会单位200余家。

2.儿童之家基本情况

东路社区儿童之家于2015年10月9日在重庆市妇儿工委办、南岸区妇儿工委办和南坪街道党工委、办事处、妇联的关心支持下正式成立。场地建设、设备设施一次性投入3万元。东路社区通过社区公共基金为儿童之家每月固定投入2000元作为其活动经费。南岸区民政局、社会组织与群团基金等也为儿童之家的活动项目提供资金支持。

儿童之家紧紧依靠“三社联动（社区、社工、社会组织）”多方助力的模式运行——社区主导，园长主责，社工、志愿者推动，社会组织、辖区社会单位助力。

目前，儿童之家有工作人员5名，其中1名专职，4名兼职，有2名为专业社会工作人员。专职工作者为园长，社会学本科毕业，业务能力强，全面负责儿童之家的日常管理和服务开展。另一位社会工作专业人员来自社工机构，拥有专业的社工经验。

为了更好地开展工作，儿童之家成立了“试点项目领导小组”，由社区党委书记魏女士担任组长。领导小组下设儿童保护委员会、儿童信息委员会、儿童委员会、家长委员会，充分将儿童保护和服务双重职能重视起来。

儿童之家坚持各司其职、分工有序的原则将工作内容进行分类，并成立宣传组、内勤组、安保组、外联组、教师组和志愿者调度组6个小组，每个小组对应其职责，建立工作制度，以更有效地为社区儿童及家庭服务。

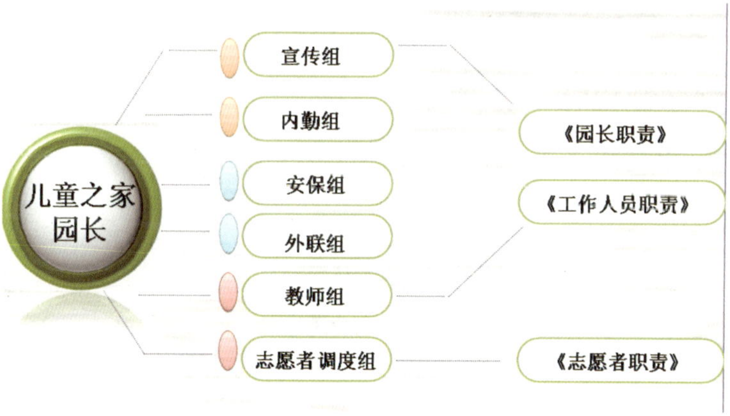

儿童之家的室内活动面积为480平方米，工作人员根据儿童的年龄段特征对其进行功能分区。0—3岁儿童活动室，装有地垫、墙垫、防撞条等安全措施，备有滑梯、儿童读物、智力拼图、安全乐器、玩乐球、积木等用品，按动

静分离的原则建有阅读区、运动区、手工区、探索区；4—14岁儿童活动室，按动静分离的原则建有四点半课堂、阅览室、书画室、舞蹈室、培训室，活动室备有书刊、小黑板、笔墨纸砚、投影仪、钢琴、桌椅等，配置了乒乓球、篮球、羽毛球、积木等体育用品，成为适合孩子们学习、游戏的快乐天地。活动室布置注重儿童视角，如图书室的书刊是按儿童的年龄和身高摆放的。此外，社区建有健康小屋，儿童之家借助健康小屋开展一些心理疏导、经络检测等服务。

0—3岁儿童活动室

4—14岁儿童活动室

为保障儿童的人身安全，社区安排治安协勤长期在儿童之家巡逻值守，与每位儿童家长签订安全协议书，为其购买场地险。凡是在儿童之家活动场所以及社区办公楼内发生意外事故的儿童，都将获得赔偿。

儿童之家活动开展

1.基本服务常态化

东路社区儿童之家坚持做到基本服务常态化，每周开放40小时，周一至周五是上午9：00—11：30、下午14：00—17：30，周末是上午9：30—11：30、下午14：30—17：30，开放时有固定负责人。志愿者们排班轮流做好日常服务保障，做到只要在开放时间段内，儿童及家长随时可来园，随时能找到工作人员，尽最大可能让儿童玩得开心，让家长满意放心。目前，儿童之家的服务覆盖0—3岁儿童209人、4—6岁儿童469人，7—14岁儿童678人，家庭1356户。

2.主题活动特色化

儿童之家对辖区0—14周岁的少年儿童进行了需求摸底，以他们的需求为导向，根据不同年龄段开展有针对性的服务活动。儿童之家建立微信交流群，社区未成年人及家长能够通过该群及时了解儿童之家开展的各类讲座、培训、社会实践等活动的信息，通过微信交流群反馈意见及建议。

（1）0—3岁儿童早期教育指导

儿童之家高度重视早期教育指导，坚持组织0—3岁儿童父母观看有关科学育儿的电视、视频、碟片，邀请专业师资进行现场讲演、指导，并积极开展优哺优育讨论，正确引导家长们建立哺育、教育0—3岁儿童的正确观念。针对0—3岁儿童特点，开展各类益智活动和亲子活动，锻炼儿童的精细动作和语言能力，开启心智，在寓教于乐中促进孩子健康成长。

彩虹踏青	爬爬赛
串珠乐	拼图赛

（2）4—14岁儿童主题活动开展

儿童之家一方面开展了以儿童六艺“耕——食育坊”“读——国学堂”“居——绿色风”“养——节气行”“礼——乐和礼”“乐——小剧场”为主线的主题活动。另一方面“亲子游”的外出踏青活动也成为最受少年儿童与家长欢迎的特色活动。

据不完全统计，截至2016年3月底，儿童之家共开展各种活动80余次，参加活动儿童累计达1000余人。

日常亲子阅读

传统书画学习

征文主题活动

“礼运大同”手语学习活动

儿童之家的特色服务

为了把活动搞得有声有色，推向新的台阶，儿童之家动脑筋，想办法，创新工作方式，得到了政府、社区、社工和社会组织的大力支持，并取得显著成效。

一是校社共建。儿童之家与辖区2所小学、5所幼儿园签订了结对共建协议；与周边1所早教中心、2所艺术培训中心、2所大学开展了合作。

二是医社共建。儿童之家为提升家长对儿童的保健意识、加强对儿童的管理和服务，以普及儿保检查为目的，儿童之家与南岸区中医院儿保科达成结对共建协议。南岸区中医院儿保科资源定期、定时、定点向儿童之家开放，每月派志愿者到儿童之家开展免费的儿保检查1次、儿保知识普及讲座1次，保障了儿童的正常健康检查；此外，儿童之家也与周边6所医院签订了结对共建协议。建立了儿童之家在儿童保健服务方面的长效机制。

三是企社共建。为了提升儿童对事物的认知，普及常识，体验生活，儿童之家与辖区企业、公安、消防等单位达成结对共建协议，开展更多元化的活动。

四是社工参与。儿童之家的五个工作人员里有两名专业社工，他们长期参与相关服务活动的策划、实施、评估等内容，既保障了人员的稳定性，又确保了服务活动的可行性、有效性和可持续性。

专业力量、志愿服务协助提升整体服务水平

儿童之家结合社区实际，整合社区内各相关机构的服务资源，更便捷地为儿童之家提供专业化、科学化的服务。经过努力，各项工作卓有成效、有

序开展。

目前，儿童之家已与社区内的三家专业社工机构建立合作关系，专业社工加盟为辖区居民提供专业化、项目化、科学化服务，提升了东路社区儿童之家的服务水平。

儿童之家离不开社区本土草根社会组织和志愿者的参与和支持，通过横向与纵向交错的方式，儿童之家建立了邻里互助会和兴趣小组两种本土草根社会组织，将辖区全覆盖。儿童之家邀请辖区退休老师、有书画科普等知识特长的居民加入志愿者行列，壮大志愿者队伍，同时邀请在校大学生志愿者共同开展活动，现在有草根本土社会组织和志愿者共200余人，主要包括辖区居民、辖区社会单位、结对共建的学校与医院等志愿者。志愿者为儿童之家提供多元化服务，使儿童之家的早教资源更加丰富，社区少年儿童受教育水平得到进一步提升。

案例点评

南坪街道东路社区儿童之家是一所由社区主导、社工推动、社会组织参与的“三社联动”服务格局下的儿童综合服务机构，其在组织结构、经费来源以及资源整合等方面起着重要的示范作用。

1.组织结构完整，凸显了儿童保护和服务的双重功能

该儿童之家在组织结构上建立“工作领导小组”，统整儿童之家的运作和管理，下设儿童保护委员会、儿童信息委员会、儿童委员会和家长委员会四个职能队伍，对儿童的信息进行全面掌握，充分实施儿童保护功能，并重视在服务中儿童和家长的表达和参与。此种组织结构，凸显了儿童之家的保护和服务的双重功能。

2.经费来源多元，保障了儿童之家运作的稳定性和可持续发展

该儿童之家除了接收各级妇儿工委办、街道和社区的政策、场地、人员和经费支持外，还有获得当地民政局、基金会等的资金支持，特别是从社区公共基金中获得长期经费投入。多方投入既保证了儿童之家的稳定运行，也为其可持续发展提供了物质基础。有条件的儿童之家可参考借鉴。

3.资源整合高效，提升了儿童之家服务的整体水平

如前所述，儿童之家在“三社联动”服务格局下，整合社区内各项资源，实现“校社共建、医社共建和企社共建”，加之专业社会组织的加盟，其服务更加规范化、专业化。

用爱构筑孩子们的心灵栖息地

——四川省绵阳市安州区沸水镇妇女儿童之家

在四川省绵阳市安州区的龙门山脚下，有一口直径几米的泉眼，汩汩的泉水昼夜不停地从泉眼涌出，犹如煮沸的开水，故名曰“沸泉”。这里是古西充国的旧址，而其所在的乡镇也因这汪泉水而得名：沸水——顾名思义就是煮沸的水。

2008年5月12日14点28分，一场撕裂地表外衣的地壳运动毫无预兆地爆发，导致多个灾区山河破碎、家园坍塌、人心惶惶。沸水镇也在这场灾难中遭受重创。震后，重建新家园的巨大经济压力和重塑人们生活信心的精神压力，犹如两根沉重的担子，压在当地政府的肩上。

正在此时，国务院妇女儿童工作委员会办公室与联合国儿童基金会在沸水镇共同创设了儿童友好家园。家园的最初目的就是为灾区儿童提供紧急状态下的保护与服务，使孩子们能够从地震灾害影响中逐渐恢复过来。随着灾后重建的进程，家园又逐步向常态化的社区儿童保护服务体系转型和发展。2012年4月，沸水镇党委政府将家园作为镇妇女儿童之家建设项目，纳入社区重建计划，整合当地文化站资源重新建立了沸水镇妇女儿童之家。

家园概貌

沸水镇妇女儿童之家位于沸水镇白驹泉社区，共3层楼，室内外面积共计约1200平方米。场地建设投入达95万余元。在近几年的运行中，安州区妇联又陆续为其增添设施设备约5万余元。

家园室内总面积600平方米，一楼设有作品展示走廊（50平方米），图书室（40平方米），心理咨询室、办公室、档案室（各20平方米），亲子活动室（30平方米），低幼活动室（20平方米），残疾康复室（20平方米），桌面玩具室（15平方米），储藏室（20平方米）等；二楼设有亲子厨房、手工绘画室（各40平方米），自由活动走廊（40平方米）；三楼设有电子阅览室（25平方米）和会议室（50平方米）。

家园室外活动场地总面积也有600平方米。前院安装有儿童蹦蹦床、滑滑板、转盘、旋转木马等大型玩具，后院安装有秋千、跷跷板、乒乓球桌等健身器材，还有一块亲子耕种区域。

家园服务的总体情况

家园现有专职工作人员2名。他们周一、周二轮休，周三至周日全天上班，每周工作时间为48小时。

家园自2008年开办以来，来园儿童累计175200余人次、16100余人；家长累计100400余人次、36730余人；开展各类活动共计220余次。0—18岁的特需儿童（残疾、单亲、孤儿、贫困、留守）和特需妇女（残疾、离异、贫困、留守）是重点服务对象。活动内容涉及儿童保护、卫生保健知识宣传、家庭教育、青春期自我保护教育、防灾减灾安全教育、生活技能指导和心理行为指导等。

把孩子视为家园的主人，充分调动孩子参与的积极性

2009年年初，家园就成立了家长委员会和儿童委员会。家园还根据儿童自愿报名情况，由来园儿童推举产生了“小小管理员”。当家园组织开展大型活动时，孩子们都会积极出谋划策；当家园深入村组开展工作时，孩子们起到了沟通与协调的作用；当来园儿童较多时，孩子们还是非常重要的“小帮手”。家园会定期或不定期地召开例会，听取孩子们的意见和建议，让孩子参与到家园的管理中来。

孩子们才是家园的主人，这是家园一直以来的工作理念。家园通过鼓励儿童委员会和“小小管理员”的运作，创造机会让儿童能够参与到家园的需求评估、服务设计、服务提供、监测评估和决策过程中，纳入儿童的观点和行动，推动儿童参与权的实现。儿童参与是儿童权利的重要方面，家园在日常开放和主题活动中都充分注意发掘和支持儿童作为能动的社会成员加入各项服务活动中，确保儿童得到尊重、支持，能力得到提高，对家园的拥有感得到增强。在与家长交流的过程中，家园也鼓励家长让儿童在家里尽量有参与家庭决策的机会。

5个孩子们的第二个家

天文（化名），19岁的山村女孩，出生在沸水镇天佛村。忆起天文，唐园长依然对她有着很深刻的印象。初次认识天文，那是在2009年家园开展的一次公益活动上。小小的天文热心地帮着家园工作人员跑前跑后，主动积极回答老

师的提问，瘦弱的小个子有着与其年龄不相称的成熟。后来，家园工作人员通过走访了解，才知道到了这个小女孩背后的故事。

她是典型的“穷人孩子早当家”类型。天文的父亲是一名老实的农民，平时打打零工、种几亩薄田，收入微薄。因为父亲古板的“多子多福”思想，十多年间竟让他们家有了五个孩子。由于母亲是云南同缅甸交界地区的人，每次母亲都是怀着超生的孩子回娘家待产，生完孩子才带回沸水镇。当地政府同计生部门也“拿他们没有办法”。家里陷入了越穷越生、越生越穷的困境。

孩子们小的时候还能够勉强应付，只需要吃饱、穿暖就行。然而，时间的流逝让家庭的拮据、生活的艰辛完全暴露出来。父母外出务工，大姐出嫁，现在家庭的重担落在了天文身上，她不仅要照顾1个妹妹和2个弟弟，还要替父母照顾八旬的奶奶。

这4个懂事的孩子，除了要完成学业，放学后还要将自家的几亩自留地、几头猪和一群鹅照料起来。因为这是父母外出务工后，留给他们的小小“产业”。这些变现后，就成为他们的生活补助和学杂费。到2016年，天文父亲突发脑溢血，整个家庭瞬间被压垮。天文辍学，承担家庭重担，同时她的两个弟弟也只能有一个人上学。天文的境况，家园工作人员看在眼里，急在心里。通过多方筹措，募捐到2000元对其进行援助。但这只是杯水车薪，天文的家庭更多的是需要“造血功能”。

近年来，家园针对天文的家庭状况和个人情况给予了许多积极引导。天文因为家庭环境差而有深深的自卑情结。她虽然懂事，但是明眼人一眼就能洞穿她懂事的根本原因：生活的无奈让她过于心灵早熟，用稚嫩的肩膀承担起了很重的压力。从天文走进家园的那一刻起，她的内心开始发生变化。家园老师让她的懂事与成熟在家园里有了施展之地——帮助工作人员做好服务工作，让天文对自我价值得到肯定，收获别人的赞许。

正是因为天文在各种活动中的表现，家园向区妇联争取到定期对天文给予物质和金钱上的援助，还帮天文和妹妹上了户口。同时，天文也有了不少和别的儿童交流学习的机会，如参加青少年期心理健康讲座、防灾减灾活动等。天文在变得开朗的同时，也逐渐对家园产生信任。

如今的天文，虽然辍学在家，但依然坚持学习。她说：“我不能放弃学习，有机会我还要回去高考。”当她对着园长和工作人员说出这句话时，在她的心中，早已将家园当成了自己的第二个家。在天文的日记中，她写道：“7口之家，算是大家庭了；但是儿童家园则是更大的家庭，这个家很温暖。”

青春期，让我做你的妈妈

圆圆（化名），12岁的姑娘，家住沸水镇三合村。因为营养不良，她看起来极为娇小瘦弱。圆圆是一个单亲家庭的孩子，母亲在她很小的时候就患癌症去世。她跟着父亲相依为命。圆圆的故事正印证了那句“没妈的孩子像根草”。她邋遢的穿着、胆小如鼠的说话声，让她在学校里和生活中受尽了白眼。因长期同单身父亲独居，也有不少风言风语冒出来。

家园工作人员及安州区妇联在2008年地震后便注意到了圆圆，并给予她及父亲一定的经济资助，还为她联系到一名现役军人，每月为其提供固定生活资助。但凡家园开展大型活动，工作人员都会把圆圆和父亲接过来，让他们融入其中，希望圆圆能够通过参与活动，变得更自信、更阳光、更活泼。

随着圆圆的成长，青春期的话题不可避免。家园的几次“青春期女生自我保护”“青春期卫生知识”等讲座都让圆圆参与其中。但是圆圆天性内向，胆怯、言语较少，老师们很难确定其学习效果。更让老师揪心的是，圆圆已长大，她的父亲仍然没有同圆圆分床睡的想法。

经过多次沟通，圆圆的父亲道出了实情，家里没有多余的床。于是，家园工作人员通过努力为圆圆家送去了健身床和棉被等物品。

现在，家园工作人员依然会定期到圆圆家家访，对圆圆给予关怀，同时对父女分床睡的生活习惯进行督导。关于村里的风言风语，工作人员请示区妇联后，将圆圆带到当地卫生院进行了妇科检查。经查实，父女间的“不正当关系”纯属谣传。

唐园长每次在谈到圆圆时，都很感慨地说：“我多想做一下她名义上的妈妈，帮助她度过迷惘的青春期。我们家园的担子还很重。”

一个正在进行中的案例

“父爱如山”，说的是父亲那种无言、深沉的爱，伴随着孩子成长，却鲜有机会表露。可是案例的主人公却没那么幸运。滔滔（化名），7岁，家住安州区沸水镇水晶村。如果说一个正常的7岁孩子，应该过的是“等待着下课，等待着放学，等待游戏的童年”的生活，那么，滔滔就完全是一个“不正常”的孩子。他的“不正常”来源于父亲近乎偏执甚至变态的爱。

滔滔父亲原本是一名品学兼优的学生，在20世纪80年代，他是村子里少有的考上大学的孩子。但是因为家庭贫困，其大学刚入学不久就辍学了。然后这个年轻人就加入了浩浩荡荡的农民工行列。

滔滔父亲和母亲在生下滔滔后就离婚了。离婚的原因很简单：穷。滔滔父亲彻底绝望了，因为穷他放弃了学业，成了被抛弃的丈夫。内心的绝望和对妻子的憎恨彻底让这个男人变得怪异起来。他带着不到1岁的滔滔独自生活。他每天都待在家里，不与人交流，在他的心中，只要有人靠近，就会夺去他唯一的孩子，连爷爷奶奶都不能靠近滔滔。

所以，已经7岁的滔滔几乎同其他人零交流。他的语言能力发育得很差，只能说出几个“嗯”回答或者“呵呵”的憨笑，同时因为父亲的长期禁锢，滔滔很少离开那个被称为“家”的地方，因为见得少，他对周边环境的反应也变得比较敏感。

2016年3月，家园工作人员定期开展送服务下乡活动，从当地百姓的口中了解到了滔滔的故事。工作人员会同当地政府、村组干部对滔滔的情况进行调查，并同滔滔父亲及其爷爷奶奶进行沟通。滔滔父亲性格执拗，坚持要自己养孩子，而且也不同意将孩子送到学校读书。经过省妇联和区妇联多次出面，滔滔的奶奶终于同意将滔滔和父亲分离开来，让滔滔过上正常人的生活。但是，滔滔的爷爷拒绝了这一善意的做法。

滔滔的事情成为家园的一块心病。经过多次接触了解，家园工作人员认为，不是滔滔离不开爸爸，而是滔滔的父亲离不开这个孩子。因为学业的失利和爱人的背叛，让这个男人变得敏感、脆弱、神经质，他将滔滔视为自己存活下去的唯一勇气，而他不能离开这个家半步。他以这种偏执的父爱将这个孩子禁锢起来。

家园工作人员说道：“我们不能放弃，虽然每次进展都不大，但是我们为了这个孩子，依然会坚持做其家人的工作。只是孩子越长大，我们的任务就越艰巨。”

没有最好的结尾，只有更多的付出

家园服务的众多孩子中，以上三个个案仅是服务对象的一些典型代表。综观这三个个案，它们都没有一个皆大欢喜的结局。它们只是最真实、最本原地折射出家庭、社会中的一些问题。而生活在这种“不完美”境况中的孩子，才是家园服务者最重要的一份牵挂和责任。因为每个家庭的境况不同、父母认识不同、社会地位不同甚至经济水平不同，导致家园开展服务工作中遇到的每个案例都有其特殊性、复杂性。这种由多重复杂的社会问题造就的困境，并不是能够一蹴而就解决的。家园的工作者深深明白这个道理，因此她们才将更多的担当、更多的责任投入家园。“道阻且长”，不轻言放弃，正是家园工作者的工作状态和追求。

沸水镇儿童友好家园建立的初衷，是国务院妇儿工委办公室、联合国儿童基金会及省市妇儿工委办为了帮助灾区的妇女和儿童早日平复心灵重创，走上积极健康的生活轨道，而创建一个服务的体系。地震过去已经10个年头，各级妇儿工委办并没有停止支持，关爱一直持续不断，使得家园运行得越来越好。因为所有人深知，还有许多儿童需要爱，许多儿童需要一个温馨快乐、可以寄放心灵的家园。

案例点评

沸水镇儿童友好家园是国务院妇儿工委办公室建立的第一个儿童社区服务场所。从服务于地震灾区妇女儿童、平复她们的心灵创伤，到为妇女儿童建造一个温馨、快乐的持久家园，沸水镇儿童友好家园和妇女儿童之家是一个可贵的践行者。在她们的工作中，有两个突出的特色。

1.把服务对象变成小助手

在儿童友好家园和后来的妇女儿童之家，工作人员不仅帮助社区儿童解决户口等生活问题，而且提供机会、让儿童在帮助别人的过程中，获得价值，恢复自信。她们很早就建立了儿童委员会，并培养了一批批的“小小管理员”。这种做法，是社区服务“自助助人”精神的切实体现。

2.持续关注也是对儿童的一种帮助

儿童之家的工作者不是上帝，甚至也可能不是严格意义上的专业心理工作者、社会工作者等。他们是作为接受过一定培训的邻居大哥、大姐，出现在居民中间的。很多复杂问题她们也许也无能为力，但是只要关注到了，并且没有放弃，对于儿童来说，就是一种新的资源，乃至新的希望。个案3虽然是一个未完成的案例，但是，我们有理由相信，在家园的持续关注下，案主滔滔的情况会有所改善，并且应该越来越好。

青山无言，大爱无声

——四川省绵阳市安州区千佛镇儿童友好家园

初识千佛镇儿童友好家园

有这么一个地方，坐落于静静的山谷，远山、白云、蓝天是推开窗就能看见的平常景色。随着视线拉近，小广场上偶尔聚集了赶集或跳广场舞的人们，同不远处黛瓦白墙的政府办公楼下匆忙进出的人形成鲜明对比：一边是悠闲的群众，另一边是忙碌的基层干部。

走进千佛镇儿童友好家园，墙上挂满了孩子们和老师们的特色创作作品：剪纸画、年画、废旧物品手工物件，还有不少孩子们的小小手抄报、心愿卡……家园180平方米的室内空间，被秩序井然地分割为办公室（15平方米）、手工书画室（20平方米）、影视书屋（30平方米）、亲子游戏室（70平方米）和体育活动室（45平方米）。影视书屋有桌子三张、办公桌一张、翻板椅20张、书籍900册；体育活动室有乒乓球台一张；手工书画室有儿童桌6张、电子琴1架；亲子游戏活动室内有海洋球池、滑滑板、毛毛虫过山洞、积木、单人木马等。为保证儿童安全，书画室与亲子活动室均铺设软垫。

家园还有200平方米的室外活动场地，上有篮球架、秋千架、跷跷板等。

家园的成立背景

2008年5月12日，汶川大地震发生，千佛镇损失惨重。道路、景区、房屋、人员，均无幸免。一时间，千佛成了汶川地震“极重灾县”中的“重灾乡镇”。当时，各级政府、社会各界纷纷投入抗震救灾和恢复重建行动中，也向千佛镇伸出了援手。千佛镇儿童友好家园就是社会各界爱心人士、各级部门援助的产物之一。

千佛镇儿童友好家园于2008年6月在国务院妇儿工委办公室和联合国儿童基金会共同支持下建立。国务院妇儿工委办和联合国儿童基金会投入10万元的资金，购买了儿童活动设施设备，为受灾的孩子们提供游戏、娱乐、教育、生理、心理、卫生、安全等一体化服务。2011年7月，该儿童友好家园移交千佛镇政府管理，纳入乡镇妇女儿童之家建设项目。镇政府提供社区办公大楼一楼作为家园的活动场所，区妇儿工委办补充购买了价值5万余元的儿童游乐设施，区财政局为家园提供每年3万元的运作经费，并将家园的工作人员纳入政府公益岗位，给予生活补贴，确保家园持续运行。

家园的服务概况

千佛镇儿童友好家园所覆盖区域有常住人口约3400人，妇女约1500人，儿童约1300人（其中留守儿童145人，单亲家庭儿童17人，特需儿童11人）。家园自2008年建立以来，来园儿童累计10万余人次、1300余人；来园家长3万余人次、780余人；开展各类活动580余次。

千佛镇儿童友好家园的建立和运行，为当地儿童提供了一个安全、友好的活动空间。在这个3400余人的小镇上，各种娱乐设施和儿童活动区域是相对匮乏的。家园的运行，为孩子们提供了一个娱乐、学习、陪伴、社交的综合平台，得到家长和孩子们的欢迎与好评。同时，通过家园活动的开展，父母、亲属、教师及社区成员积极参与，儿童的发展环境也得到了改善，儿童优先、儿童保护的理念深入人心。最后，家园还培养和锻炼了一批本土社区儿童保护工作者。这群适应能力强、工作效率高、有爱心的知心阿姨们，不仅潜心服务于本地的儿童和家长，还多次赴外地交流学习，帮助云南彝良、四川雅安地震灾区做好灾后儿童友好家园建设工作。

让家园更接地气，充分调动社区志愿者参与

家园通过自荐和推荐等方式，成立了家长委员会和儿童委员会。家委会和儿委会的成员作为家园的固定志愿者，参与家园的管理。家园组织开展活动时，志愿者积极出谋划策；当工作人员深入村组开展活动时，志愿者起到了沟通与协调的作用；当来园儿童较多时，志愿者还成为非常重要的“小帮手”；家园定期或不定期地组织召开例会，听取志愿者的意见和建议，共同设计活动方案。寒暑假，家园还招募一些大学生志愿者及社会爱心人士，开展有关家庭教育、卫生保健等培训，丰富了家园的活动内容。

这样的方式，能够及时收集来自孩子和家长的意见，及时对家园的活动方案进行修正。同时，由于参与家园活动筹备、组织的多半是当地的志愿者，也拉近了家园同服务群体的距离，让家园更接地气。

针对孩子需求，开展多姿多彩的活动

家园的服务首先是针对儿童开展各种活动。为有效满足孩子们的不同需求，家园根据不同年龄段孩子的情况，经过充分准备开展侧重点不同的活动。对学龄前儿童（7岁以下），活动内容主要是亲子活动、游戏、日常看护。对7—14岁儿童及青少年，活动内容则主要是功课辅导、思维训练、益智游戏、娱乐活动及同伴交往。而针对婴幼儿家长，活动内容多为亲子教育、卫生保健知识宣传。对于青少年家长，家园提供的活动内容则侧重在心理调适指导、教育指导、技能指导、亲子关系培养等。

在活动形式上，家园既重视主题活动也注重日常活动，并且形式丰富多彩。

一是抓日常活动，确保儿童来园率。家园每天按时开园，根据儿童的需求开展丰富多彩的活动。如儿童互动的游戏有“抢板凳”“开火车”“丢沙包”“绑腿赛跑”等，指导家长的亲子游戏有“动物找家”“宝宝接力赛”“认知五官”“动物模仿操”等。家园工作人员还利用自身优势，力所能及地指导低年级孩子看书、写作业等。这些日常活动的开展达到了家长满意、孩子开心、社会认同的良好效果。

二是做主题活动，丰富家园活动内容。家园利用节庆日，精心设计和组织“迎新春”“感恩母亲节”“欢度‘六一’儿童节”“欢庆‘八一’建军节”“庆‘国庆’”“冬季亲子运动会”等主题活动。此外，按不同年龄段儿童的特点，组织开展了家教宣传讲座、儿童保护知识宣传、安全知识宣传教育、青春期儿童保护宣传、儿童健康检查等大型主题活动。一系列主题活动的开展，极大地提高了家园的社会效益，也得到了社会各界的认同和高度评价。

拓展家园服务范围，弘扬无私大爱精神

家园经常组织志愿者和儿童骨干到乡村（社区）妇女儿童之家示范点及边远村组，开展以儿童、青少年为主的青春期自我保护宣传教育培训活动、早期教育活动、家庭亲子活动等，拓宽家园服务范围，提高家长及社会各界对儿童保护知识的知晓率，增强儿童保护的责任感。

家园在每年的儿童节、春节期间，都会去关注、慰问特困和残疾儿童。在重阳节，会组织儿童到敬老院打扫清洁、表演节目。家园还组织儿童和家长们为青海玉树地震灾区捐款。通过这些活动，家园既宣传了儿童保护理念，促进了儿童身心健康发展，也使当地的家长和儿童明白“感恩、回报”的道理，让他们学习如何去关心他人、回报社会。

经历过“5·12”汶川大地震的家园工作人员，更深刻地理解付出与奉献的意义。她们更尊重生命的价值，也更珍惜每一个家庭寄予的希望。因此，她们总是以儿童优先视角来开展工作，用无私的爱来温暖每个孩子的心灵。在实际工作中，她们留下了许多感人的故事。

“别怕，有我在”

佳佳（化名），一个13岁的小姑娘，原本拥有一个幸福的四口之家，爸爸、妈妈和哥哥。地震发生时，佳佳同妈妈正在家里午休。大地突然剧烈摇晃，瓦片随之掉落，房屋在顷刻间倒塌。佳佳妈妈带着当时只有4岁的佳佳没能及时逃出房屋，于是她毅然将佳佳紧紧地护在怀里，任由椽子、水泥块砸在自

己身上……

那场地震以后，佳佳再也没有看到过妈妈，但是4岁的她也似懂非懂地明白所发生的一切。她开始害怕打雷闪电、害怕突然剧烈的震动、害怕突然出现的轰鸣声或尖叫声。她无数次在梦境中闪现那个午后的情景：房屋像一张筛子一样扣下来，而身边的妈妈紧紧抱着她，然后她感受到了脸颊有滚烫的红色液体淌下来……

家园的工作人员认识佳佳前，就已听说过佳佳妈妈为了保护孩子而牺牲自己的事迹。王园长初识佳佳时，只能静静地、细心地观察这个小女孩，不敢轻易触碰她内心脆弱的防线。她发现这个4岁多的孩子，一直不讲话，不喜欢陌生人的接近，同时对陌生环境或黑暗环境很恐惧。

家园工作人员通过走访了解到：佳佳一家的房屋在地震中毁了，爸爸带着两个孩子又没法外出务工，家庭收入大减，所以她们只能寄宿在亲戚家。佳佳爸爸疲于应对生活，也很少同两个孩子沟通，导致佳佳格外胆小、内向。

印象最为深刻的是2010年的一个夏天，孩子们正在家园开展暑期实践活动。突然一场不期而至的暴雨将孩子们堵在了家园里，天空中断续出现闪电、紧接着又是一阵噼里啪啦的雷声。不少孩子挤在一张小桌子旁，你看看我、我看看你。六岁多的佳佳“哇”的一声哭了出来，在房间里四处寻找藏身之处。家园的工作人员一把抱住佳佳，轻轻拍着佳佳说“别怕，有我在”。

在一次区妇联组织的心理抚慰讲座上，孩子们接触到了沙盘。佳佳走到沙盘前，第一个拿出来的竟是那座小房子，然后再是一个代表妈妈角色的模型。家园工作人员和心理老师明白佳佳内心深处的痛，在以后的辅导中对其进行了多次心理干预，让她重新构建对家的看法，逐渐走出内心阴影。

如今的佳佳，是一个活泼爱说笑话的女孩子，她还主动加入了小志愿者队伍，帮助更小的弟弟妹妹融入家园。有时候，她会调皮地称王园长为“王妈妈”。

孤独的“守望者”

小怡，9岁，是小学4年级学生。以前看到她时，她总是孤独地守望在家门口，期望着爸爸或者妈妈的身影走过来。其实，关于妈妈这个名词，小怡是从其他孩子的口中学来的，因为妈妈在生下她不久便因病过世了。嗷嗷待哺的小怡由年迈的外婆拉扯大，所以在她模糊的记忆中，没有一点妈妈的影子。

她觉得自己不同，是因为放学后，总有一群邻居家的孩子叫她“那个没娘的孩子”。稍微懂事后，她便跑去问外婆：妈妈去哪了？爸爸去哪了？外婆对于妈妈总是含糊其词，却告诉她爸爸去了很远的地方，要过年才回家。于是，小怡常常会在空闲时，站在自家院子望着远方，期望有一个叫作爸爸或者妈妈的人来到她身边。

5岁时，外出务工的爸爸才回家同小怡一起居住，但是这个孤僻的孩子因为触摸亲情的时间太短，还不知道如何表达自己对爸爸的感受，更因为日常生活中独来独往惯了，不喜欢与人交流。

家园工作人员了解到小怡的情况后，每次组织各种活动都让她融入其中。小怡孤僻，喜欢安静，家园会安排活泼好动的孩子同她合作完成活动任务。工作人员还定期上门对她的家庭情况进行了解，让她同家园人员变得熟络起来，建立起信任感。同时，对于她贫困的家庭情况，家园也联系了相关部门给予帮助。慢慢地，小怡的性格有很大改观，逐渐变得活泼、开朗起来。

自卑的“鼻涕王”

强强，13岁，家住千佛镇敬老院，就读于晓坝镇初中一年级。强强的妈妈是一名精神病患者，爸爸是一个残疾人，家中还有一名八旬的老奶奶。地震后，强强的妈妈就走丢了。从4岁开始，强强就因母亲角色的缺位，成为被伙伴取笑的对象。强强家的家庭重担全压在爸爸身上，爸爸靠着补鞋的手艺谋生，懂事的强强在放学后也会去鞋摊上帮爸爸搭把手。

由于爸爸身体残疾，奶奶年事已高，强强的个人卫生做得不是很好，加之强强常常流着鼻涕，所以孩子们都叫他“鼻涕王”。随着年龄增长，强强对这个称呼很敏感，他常常感到自卑，这种自卑情绪进而让他变得忧郁。

家园了解强强的情况后，及时同强强及其家人沟通，了解强强的内心想法并给予疏导；鼓励他在同伴中表现自己，积极参与家园的活动。工作人员还在私底下与强强的伙伴沟通，建议他们尽量不要用负面词语来为强强贴标签。当强强在学习或活动中取得进步时，大家都及时给予他正面的鼓励和积极心理暗示。同时，家园老师也劝导强强家人，帮助强强养成良好的个人卫生习惯，穿整洁的衣服进入校园。渐渐地，强强的自信心逐步建立起来。

案例点评

在“5·12”大地震中诞生的千佛镇儿童友好家园，到如今的妇女儿童之家，承载了伤痛、希望和大爱，见证了我国儿童之家的由来与成长。一直以来，它都展现了那种让人动容的、水滴石穿的精神。

1.识孩子所需，想孩子所想

家园在成立之初，紧扣地震灾区儿童及其家庭的需求和想法，为其提供集娱乐、学习、陪伴、社交于一体的综合平台，缓解了灾后救援和重建中孩子们面临的重要的环境、生活和社交压力。在由紧急状态的儿童保护向常态化的儿童保护与服务转型的过程中，不断拓展服务范围，尽其所能地为更多儿童和家庭服务。

2.有质量的陪伴，做到润物细无声

心理问题，不是无缘无故地忽然产生的；心理问题的解决，也不是一日之间，忽然解决的。问题的解决，往往靠日常生活中润物细无声的日积月累。千佛镇儿童友好家园，正是通过送到家门口的、融入日常生活的、多种形式的活动，解决了很多专业心理工作者或其他专业都未必能顺利解决的问题。案例1的孩子，目睹了怀抱自己的妈妈的死亡。案例2的孩子幼年丧母，父亲外出打工。案例3的孩子，父亲残疾，母亲有精神疾病，而且在地震中走失。这些掺杂着贫困、留守、灾后创伤、哀伤处理等综合因素的问题，在家园工作人员日复一日的耐心工作、悉心陪伴中，一个一个地出现了改变！正是“青山无言，大爱无声”！

助受伤的鸟儿向着幸福的方向飞翔

——四川省什邡市红白镇儿童友好家园

这里，是灾后重建创造出的人间奇迹中的一个小小角落。这个角落，位于全中国唯一用颜色命名的地方：四川省德阳市什邡市红白镇。从这里出发，到汶川特大地震震中所在地，直线距离仅20余公里。这里，是“5·12”大地震极重灾区里的极重灾镇。2008年5月12日，当天地变色，让全世界垂泪的时刻来临，大地颤抖，这里瞬间沦为一片废墟！

“5.12”汶川大地震后的红白镇

这个角落虽不起眼，却在这片受到地震伤害的大山里，见证着人间奇迹的诞生，存载着、讲述着、传递着人间有真爱的暖人故事。现在，就让我们来听听这些故事吧！

关怀陪伴，让折翅的鸟儿学会快乐地飞翔

12岁的黎明（化名），在红白中心学校读六年级时，因地震失去了右臂，生理和心理都遭受了严重打击。这个年龄段的孩子，自尊心特别强。因为担心被人嘲笑，他成天待在家里，不愿出门。家园了解到他的情况后，反复给他的母亲做思想工作，劝导她让黎明到家园来玩，让她告诉孩子，家园里有很多小

伙伴和玩具。

终于有一天，黎明自己一个人怯怯地过来了。家园的志愿者主动接近他，带他一起玩。失去右臂的黎明特别敏感。为此，志愿者像对待平常的孩子一样对待他，尽量让他感到自然一些，也悄悄提醒其他小朋友不要说让他敏感的话，不要嘲笑他。自从来家园玩过一次后，黎明喜欢上了这里，此后经常到家园来参加活动。他不仅学会了用左手打羽毛球、乒乓球，还学会了用左手进行电脑打字。晚上，和一群孩子在家园看动画片时，他“咯咯咯……”的笑声，是最响亮的。看到这一幕，黎明妈妈抹着泪说：“我已经很久没有看到孩子这么开心过了。”

和黎明类似，在学校里，有残疾的孩子穿戴假肢、上厕所等难题都需要靠自己解决。家园深切地认识到孩子们的不易与坚强。

为了帮助因灾致残的孩子，家园工作人员集思广益，特意设计了一个叫“灵巧的三脚猫”的游戏。参与游戏的不仅有黎明这样的伤残孩子和他们的父母，还有正常的儿童、家长和志愿者。大家一起帮助孩子们跃过一道又一道的障碍。

通过这样的游戏，让大人们感受到了孩子们的不容易；通过这样的游戏，也让家长们体会到在面对生活的困难时，只要有信心共同面对，就没有迈不过去的坎；通过这样的游戏，不仅拉近了亲子之间的关系，让孩子体会到父母仍然是爱他们的，也让家长体会到残疾的孩子仍然是可爱的，是懂爱的孩子；通过这样的游戏，让伤残的孩子知道，生活中，他们并不孤单，有亲人的关心，有同伴的爱护，有社会的支持。只需要把自己紧紧关

伤残儿童重拾信心的活动

闭的心门重新打开，生活依然美好、未来依然值得期待。

以黎明为例，在家园的帮助下，他逐渐变得乐观、开朗、自信。如今他在专门为地震致残学生提供教育的都江堰中学学习，表现很好，成绩优良。

震后，每当和黎明一样的残疾孩子在一起时，家园的工作人员和志愿者常常以《和你一样》的歌词共勉：你和我们一样，笑容在脸上，大声唱，为自己鼓掌；我和你一样，一样的坚强，一样的全力以赴追逐我的梦想。哪怕会受伤，哪怕有风浪，风雨之后才会有迷人的芬芳……

连接资源，助失独的家庭迎来明天的太阳

"5·12"地震让不少家庭成为失独家庭。震后，失独家长们再生育的愿望很强烈。可是，家园工作人员利用中午和晚上的时间对当地"5·12"再生育家长进行走访时，却发现了这样一个家庭：再生育诞生的小生命木木（化名）并没有给家庭带来欢乐和笑声，却让这个怀揣希望的家庭再次深受打击——孩子有缺陷，先天兔唇，唇裂、腭裂都比较严重，根本没办法吸奶。木木的父母不仅为孩子进食的问题犯愁，更担心孩子的未来。

在征得木木母亲的同意后，家园工作人员牵线搭桥，在爱心人士的帮助下，为木木订购了专门的奶嘴，解决了进食问题。工作人员还同时将孩子的情况告诉了在红白镇服务的华西医大的志愿者们，希望通过他们能给予孩子一些帮助。

没过多久，家园通过各方协助联系到了香港最好的医生，为木木做修复手术。2010年4月，木木的体重等身体状况达到手术要求后，顺利接受了手术，术后恢复良好。木木的妈妈含泪说，真不知道应该用什么语言来表达对家园工作人员、医生和志愿者们的感谢。

震后，家园就是这样为一个又一个的家庭带来关怀和希望，帮助受灾家庭走出悲伤，走出绝望，重建对生活的信心，满怀对未来的憧憬。

汇聚多方关爱，家园日渐成长

红白儿童友好家园是在“5 · 12”地震灾害后，由国务院妇女儿童工作委员会办公室与联合国儿童基金会共同援建的儿童保护综合服务机构。2008年9月初，家园在红白镇最大的星河小中安置点开园。刚刚成立时，家园仅有四间板房（活动室三间、办公室一间）。环境和设施都很差。2009年，为配合红白镇的灾后重建，家园又暂时搬迁到板房学校过渡。2010年5月，家园由过渡板房搬迁到红白镇综合文化站，免费使用场地资源。

板房时期儿童家园

2011年5月，国务院妇儿工委办和联合国儿基会援助项目结束后，什邡市委、市政府为了保证家园的可持续发展，每年为家园提供8万—10万元的人员工资和运行经费，并将其纳入市财政预算，确保家园3名工作人员的工资和日常活动的开展，以及设施设备的更新。什邡市政府妇儿工委办还协调红白镇人民政府为家园发展建立了部门协调机制，并落实镇妇联具体负责相关工作。什邡市政府妇儿工委办每1—2月对家园开展一次

现在的儿童家园

亲子活动室

工作督导，包括查资料、听汇报、看现场、入户走访等，并积极组织家园工作人员参加各级各类培训。

现在的家园，建筑能抗八级地震。园内外相加总计拥有1300平方米的活动面积。园内亲子活动室130平方米，划分为攀爬区、手工区、阅读区、认知区和办公室；多功能活动室有140平方米，内有乒乓球桌、乐器、沙池、大滑梯等设施。家园内的设施设备相对齐全，并拥有音乐器材、各类玩具、书籍、体育器材等儿童活动器材。

整合各方力量，开展丰富多彩的活动

家园在运作中，善用各方力量。自开园以来，清华大学、西南交通大学、西南石油大学的大学生志愿者与什邡籍大学生志愿者，都曾先后利用暑期到家园进行志愿服务。他们参与到家园的日常活动中来，与孩子们建立信任后，共同与家园工作人员一起为孩子们设计开展一些主题活动。

家园服务区域包括三个村和一个社区，共有1328个家庭、2980人，常住人口有2560人，流动人口440人。其中，18岁以下的儿童有419人，留守流动儿童数52人。

为方便儿童和家长获得服务，家园灵活调整开放时间。2008年建园初期，由于孩子们上午上课、下午放学早，大家忙于灾后重建，又都居住在板房。3口之家仅有一间板房居住，家里没有孩子们的活动场所，家园将每天的开放时间确定为14：00—18：00和19：00—21：00。2010年5月，家园搬迁到红白镇文化中心（红白镇综合文化站）后，孩子们回归到正常的生活和学习状态，加之再生育儿童较多，来园儿童以学龄前儿童为主，家园每天开园的时间改为8：30—12：00和14：30—18：00。现在，家园平均每周开放时间在49小时以上。

家园开园以来，来园活动的儿童累计50000余人次、接待儿童约1700余人，接待家长千余人；开展各类服务活动累计135次。2011年之前，家园主要是帮助孩子们从地震的阴影中走出来，来园的儿童主要是6—12岁儿童，并特别针对伤残儿童和有再生育意愿的家长开展活动。2011年，孩子们回归到正常的生活和学习状态后，家园主要针对学龄前儿童开展活动。

家园除了做好日常开园服务，还坚持在重大节日和寒暑假期间开展一系列寓教于乐的主题活动。如为儿童举办“爱的春天”书画展、“母爱不打折”亲子活动、“感恩北京红歌赛”“圣诞联欢会”“元旦节趣味体育会”等主题活动。这些活动不仅给儿童一个展示自我的平台，也增强了儿童之家的吸引力和凝聚力。

此外，家园针对家长开展了“孕期知识”讲座、“育婴课堂”“幸福使者母亲课堂”“儿童意外伤害应急处理培训”等系列活动，还开展了走访再生育家庭、慰问贫困母亲等活动。家园也为伤残儿童和留守儿童开展活动，如“灵巧的三脚猫”“留守不孤单”等活动，帮助孩子们树立生活的勇气和信心。为了弘扬尊老敬老的传统美德，家园为孩子和老人们共同开展了活动，如“敬老爱老”“让童心传承美德”等活动。

家园不仅为儿童及家长提供服务，还积极为社区其他人群提供服务，协助儿童和其他社区成员更好地融入社区。例如开展了“喜气洋洋迎新年游园活动”“2013我们一起过年迎新年游园活动”“2014马上有礼篝火晚会”“2015迎新年篝火晚会”等大型社区活动。

在服务方式上，除了来园活动服务，家园还开展外展服务。工作人员努力将服务对外拓展，不定期带上玩具、体育用品、糖果等深入偏远、交通不便的山区村组开展活动，惠及更多的儿童和家庭。在不同时节，家园组织儿童开展春游、爬山、放风筝、涂鸦、写生、滑板比赛等户外活动，丰富了儿童之家活动的内容与形式。

诞生在废墟上临时搭建的板房里的红白镇儿童友好家园，在来自社会各界的关爱中，与身心受伤的孩子们一天天成长，成为灾后重建创造出的人间奇迹中的一个爱的角落!

案例点评

红白儿童友好家园诞生在“5·12”汶川大地震废墟上临时搭建的板房里，它的成长见证了我国儿童之家的由来与发展。大地震给灾区人民带来巨大的心理冲击和创伤，众多在地震中失去孩子的家庭，更沉浸在无声的悲痛和无尽的哀思中。在此特殊背景下，红白镇儿童友好家园从一开始就定位清晰，努力“让这片受伤的土地上的人们重新迎着太阳，自由飞翔”。

儿童友好家园经过灾后家园重建到常态化运行的探索，已形成了针对性强、特色鲜明的服务内容和服务方式，建立儿童委员会和家长委员会并充分发挥了家园儿童委员会的作用，形成了多方社会力量参与，当地居民与外地志愿者齐心协力服务家园的良好局面，逐步形成了社区参与、社会参与，社区融合和社会融合的格局。

红白镇儿童友好家园是我国史无前例的灾后重建的一个小小的窗口，也是我国儿童保护与服务一道特别的风景！

破茧中成长

——四川省雅安市芦山县清仁乡儿童之家

雅安市芦山县芦溪村向阳组的小余（化名）拿着新裙子和书包在身上比画着，用期盼的眼神望着家园的阿姨，脸上洋溢着无法掩饰的幸福笑容。

小余生长在一个困境家庭。父亲是智力二级残疾，奶奶患有腰椎和颈椎疾病，母亲因无法承受家庭重担离家出走至今未归。家庭的重担便落在了年迈的爷爷身上。全家人的生活来源仅仅依靠爷爷打零工得来的微薄收入，一家人的穿衣全靠邻居赠送，日常生活十分拮据。

清仁儿童之家得知小余的情况后，在新年来临之际，组织人员到小余家里为她和家人送去节日祝福和生活关心，让这个天真无邪的孩子感受到幸福和温暖。

家园的诞生

清仁儿童之家坐落于四川省雅安市芦山县清仁乡大板村村民服务中心一楼。说起它，还有一段不短的经历。

2008年“5·12”汶川大地震后，国务院妇儿工委办公室和联合国儿童基金会在四川省创建了40个儿童友好家园，雅安市芦山县清仁乡横溪村儿童友好家园便是其中之一。3年项目结束后，2011年这个家园交由当地政府接管。

2013年“4·20”芦山地震发生，联合国儿童基金会与四川省妇儿工委办迅速反应，在灾后第7天恢复对横溪村儿童友好家园的支持。由于当时处于紧急救援与灾后安置阶段，家园工作人员多采取流动服务、外展服务的形式，面向横溪村周边的更多村组的儿童与家长开展服务。由是，横溪村儿童友好家园遂更名为清仁乡儿童友好家园。

两项目结束之际，家园工作人员得到国务院妇儿工委办领导的指导和芦山县妇联的支持，清仁乡儿童友好家园的3名工作人员自筹资金在当地民政局登记成立了民办非企业单位——芦山县儿童友好家园，致力于在全县范围可持续地推广和发展家园服务。

经过政府的招投标购买服务，芦山县儿童友好家园承接了“清仁儿童之家”项目。该项目属于巩固类项目，原招标文件中的选址地点位于横溪村。但承接方根据实际情况与购买方协商后，在实施项目之初便将项目实施点变更到了大板村。

家园概貌

清仁儿童之家所在的大板村地处农村，距离芦山县县城约有2公里。儿童之家与大板村村委会在同一楼上，旁边与信用社办公楼相邻，另一边则是一条乡村公路，周围都是农田和农房。从乡村公路到儿童之家是一个丁字路口，距离80米，相对比较安全又便捷。

大板村现有常住人口1964人，家庭数654户，几乎没有流动人口和流动家庭。18岁以下的儿童有近600人，留守流动儿童140余人。居民中年轻力壮的中年人大多在工厂务工，村民人均年收入8000元。儿童之家的服务范围覆盖了大板村近300名儿童及其家庭。

在芦山县妇联的协调下，清仁乡政府为清仁儿童之家提供了免费活动场地，位于大板村村民服务中心一楼。室内面积20余平方米，有图书阅读区域和桌面游戏区域各10平方米，配备了各类图书、绘本、玩具、体育用品、儿童桌椅板凳等开展服务和活动的设备，还有饮水机、文件架等硬件，一次性投入共1.2万元。儿童之家还整合村上的农家书屋资源，为前来家园活动的儿童和家长提供各类书籍。家园的室外活动总面积为150余平方米，大部分是水泥硬化地面。家园为儿童配备了他们非常感兴趣的乒乓球桌、篮球架等体育设施。

民非机构对家园的运营管理

执行“清仁儿童之家”项目的民非机构是芦山县儿童友好家园。该机构由芦山县妇联主管。机构拥有核心管理团队，由3名考取助理社会工作师资格证，且拥有8年社区儿童服务工作经验的机构发起者组成。核心团队会直接督导儿童之家的2名专职工作人员。

室外文艺活动	在过渡房中开展活动
室外主题活动	室内手工活动

1.工作人员基本情况

经过公开招聘，杨某和殷某成为了清仁儿童之家的专职工作人员。清仁儿童之家每周开园时间不少于30个小时，采取轮休的方式，保证每天都有工作人员为来园儿童和家长提供服务。还有志愿者参与到儿童之家的工作中。常规志愿者12名，包括儿童委员会、家长委员会成员。他们为家园活动的开展提供意见和建议，让工作人员能够更多地了解到来自儿童和家长的声音，了解到活动开展后的效果。

2.经费情况

清仁儿童之家的经费来源于政府购买服务，接受购买服务的形式为公开招投标，中标金额10.3万元。儿童之家自开办以来已经投入总经费5.8万元，其中人员经费2.8万元，设备设施1.2万元，服务活动经费1.6万元，其他0.2万元（主要用于日常办公经费和水电开支）。

3.主管部门支持

主管部门芦山县妇联除了帮助协调儿童之家的场地，也协调儿童之家与当地政府、村两委之间的关系，解决实际问题和困难。妇联还对儿童之家的日常管理运作开展督导和培训，也会定期或不定期组织日常管理运行团队召开例会。

4.制度建设

清仁儿童之家制定了《来园儿童登记表》《卫生管理制度》《设施设备及玩具管理制度》《会议、学习制度》《安全管理制度》《儿童委员会工作职责》《工作评估制度》《儿童行为规范》《家长委员会责任制度》《志愿者职业道德规范》《志愿者考勤制度》《档案管理制度》等多项制度。儿童每次来园都需填写《来园儿童登记表》，可以全面监测儿童的来园人数、人次、年龄段等。

家园服务的开展

清仁儿童之家的服务，总地来说是将紧急援助状态下的儿童保护服务转型为常态化的社区儿童服务，使其成为一个综合性的社区儿童保护平台。清仁儿童之家所提供的服务都是基于《儿童权利公约》的原则和精神，并致力于保障和实现社区儿童的生存、发展、受保护和参与的权利。

1.以需求为导向

清仁儿童之家在启动之初就把针对当地儿童和家长的需求调查放在重要位置。通过开展需求调查，工作人员比较准确地掌握了儿童和家长对于儿童之家所提供各项服务的需求，并根据这些需求来设计和提供相关的服务。

在项目实施期间，工作人员进行了定期回访和调查，及时发现新的需求，并更新儿童之家的服务。如此，做到了儿童之家的服务能够与时俱进，反映出不断变化的社区、家庭和儿童的状况。

节假日、寒暑假和周末，往往是儿童前来活动的高峰期。家园在活动的时间设计上，也特别注重将这些时段列为主题活动开展的时间段。另外，家园也会针对寒暑假制定夏季和冬季作息时间，根据儿童、家长的时间灵活调整开放时间和开展亲子活动的时间。

2.全面开展服务

清仁儿童之家比较规范地开展了多方面的服务。

（1）卫生保健服务

卫生保健服务是清仁儿童之家提供的基本服务内容之一。其服务对象主要是0—18岁儿童及其家长。服务内容包括：向儿童提供卫生、安全和适宜的活动场所，最大限度地保护儿童的健康和安全；开展健康教育活动，向儿童宣传科学的健康知识，促进儿童健康行为的养成；向家长提供疾病防治、伤害预防、营养、生长发育等方面的知识和指导，提升家长的育儿能力。

(2) 常规游戏与活动的组织开展

“心灵手巧 变废为宝”活动

游戏活动是儿童最喜欢的一种活动，是促进儿童学习和成长的重要内容与形式。清仁儿童之家工作人员在日常服务的提供过程中，保证了常规性游戏活动的开展，并在此过程中充分观察、了解儿童的需要和特点，提高游戏活动的针对性和实效性。比如在新学期开学之际，家园组织儿童用废旧的报纸制作包书皮，一方面增强了儿童的环保意识，另一方面也提升了儿童的动手能力。同时，通过活动后的分享环节，一些儿童领悟到某些事物之所以称之为“废物”，是因为它已不能再发挥自身价值，但这并不表示它不再有利用价值。还有些儿童认为，只要我们用心，不仅会降低废物的产生，而且还会变废为宝，为生活增添乐趣。

(3) 生活技能指导

生活技能，指人的社会心理和人际交往技能，包括评判性思维和创新性思维、沟通能力等。它可以帮助人们决策和解决问题，与他人有效沟通和建立健康的关系，同情他人，自我控制情感、调节情绪，使

自己健康地、有意义地生活。培养儿童的生活技能有助于儿童承担责任，选择健康生活，抵制消极压力，能够最大限度地减少有害行为。

清仁儿童之家向社区儿童提供服务，针对不同年龄阶段儿童的特点，进行活动设计，并通过开展适合儿童特点的各类活动，鼓励和帮助儿童学习相关的生活技能，健康而快乐地成长，帮助提高社区儿童的生活能力。

听园长说

我们在2016年12月10日开展了“故事分享”主题活动。刚开始，一说到讲故事，有的孩子腼腆，不好意思当着大家的面去讲；有的想讲，但不知道怎么讲。于是，我们的工作人员开始鼓励大家：“如果大家愿意，可以拿着故事书或者绘本，读给其他小朋友听也是可以的。”于是，有小朋友愿意尝试一下，他给我们带来的是《坐井观天》，读得很通顺流畅，也引发了大家的思考，为什么青蛙看到的天空只有井口那么大？大家对井口到底有多大，各抒已见。此次活动，不但为儿童提供了一个展现自我、提高语言表达能力的舞台，也为腼腆、胆小不敢说话的孩子搭建了锻炼的舞台，让他/她能够大胆表现。

（4）对特需儿童的保护

作为大板村的儿童服务和资源中心，清仁儿童之家的工作人员在每天的服务提供过程中都能够接触到各类儿童，尤其是那些家庭困难或者自身有残疾的儿童。通过与这些困境儿童接触，工作人员及时发现他们的具体情况，并针对这些特别状况制定出相应的应对措施。

（5）家庭教育支持

很多时候，人们往往把家庭教育简单地理解为父母对孩子的说教，而忽视了家长对孩子潜移默化的影响。家庭教育不仅包括家长有意识地对子女施加的影响，也包括家庭生活气氛、家庭环境、家长关系及素质等潜在因素的影响。

清仁儿童之家在实施家庭教育支持的时候，首先会通过需求调查，了解当地家庭教育中存在的误区；再使用个案辅导、小组分享、培训宣传的方式，提高家长对子女教育的义务感和责任感，帮助家长们正确地看待和对待孩子。另外，在具体实施家庭教育支持时，工作人员会根据不同年龄段的儿童家庭来进行指导。

（6）转介服务

儿童之家除了利用自身的服务资源直接满足儿童和家长的服务需要外，某些时候、对于儿童和家长的某些需要，将其转移介绍给其他相关服务机构和人员，由他们来满足其服务需要。儿童之家转介的服务类型包括，医疗卫生、教育、福利保障、司法保护以及其他转介服务。

社区参与和社区融合

清仁儿童之家在开展工作中，注重调动社区的参与并与社区紧密融合，展现出很强的能动性。

1.来自儿童和家长的力量

清仁儿童之家的儿童委员会由所在社区的儿童代表组成，根据当地社区的实际情况确定为9—11人。同时考虑性别、年龄段等因素，尽量保证男女比例平衡，年龄分布均匀、具有较全面的代表性。

当家园组织开展大型活动时，他（她）们都会积极出谋划策。而当家园深入村组开展工作时，他（她）们也起到了沟通与协调的作用。当来园儿童较多时，他（她）们还成为了非常重要的“小帮手”。家园定期或不定期地组织召开例会，听取他（她）们的意见和建议，让他们参与到家园的管理中来。通过鼓励儿童委员会的运作，创造机会让儿童参与到家园的需求评估、服务设计、服务提供、监测评估和决策过程中，纳入儿童的观点和行动，推动了儿童参与权利的更好实现。

家长委员会的构建方面，由当地社区儿童的家长代表组成，同时根据当地社区的实际情况和规模，确定为7—9人。另外，家长代表的构成还考虑了性别、职业、学历等因素，尽量具有较全面的代表性。

家长委员会也是连接儿童之间以及儿童与社区之间的有效力量。当家园需要在家长中进行宣传，或者需要与更多的家长进行沟通时，家长委员会都会起到桥梁的作用，有效地帮助家园推动与大家的融合。

在组建儿童委员会和家长委员会时，儿童委员会的儿童代表考虑到了尽量避免与家长委员会的家长代表来自相同的家庭。儿童之家在开展各项工作时注意到充分吸取儿童委员会和家长委员会的意见和建议，定期或不定期召开例会，并与其建立良好的沟通关系，让儿童和家长全面参与儿童之家的运行，让儿童之家真正成为儿童的家园。

2.来自社区的力量

清仁儿童之家在开展活动时，根据活动的类型积极调动了其他组织机构及个人的各种资源。比如在开展“庆国庆游园活动”时，家园考虑到届时参加

活动的儿童和家长数量较多，于是提前和乡群团组织社会服务中心联系，调动爱心使者的力量，共同开展活动。在这样的活动上，家园的人力资源不足的问题得到了解决，也使活动更有秩序和质量。

案例点评

清仁儿童之家一路经历了“5·12汶川大地震”和“4·20芦山地震”，从紧急援助状态下的儿童服务转型为常态化的社区儿童服务，又面临震后再次紧急援助状态下的儿童服务，再到常态化的社区儿童服务这一曲折的历程。正是这个曲折的过程锻造了一个综合性的乡村社区儿童保护平台。

清仁儿童之家的服务体现了《儿童权利公约》的原则和精神。儿童通过参与儿童之家的活动来学会和增强相关的社会交往能力及自我发展技巧，这方面的服务是对正规和主流教育的有益补充，是对农村缺乏公共设施、特别是缺乏儿童教育和娱乐设施的有力补充。为特需群体（如残障儿童、留守儿童、单亲家庭儿童）提供专门的支持服务，标志着农村儿童保护水平的提升。

尤为突出的是，清仁儿童之家是在国家“两纲”和相关政策的推动下，整合群团力量，通过政府购买服务，由民非机构芦山县儿童友好家园按项目制来运行。这是一种创新的、专业化的运作模式。

清仁儿童之家的服务开展，大大提高了农村社区的互动和融合程度，也有效培养和促进了社区志愿者和志愿精神的发展。清仁儿童之家已成为社区和谐稳定发展的纽带，成为儿童、老人和妇女有效参与社区事务和乡村文化建设的重要平台，形成社区积极参与的氛围，有力推动了和谐社区和平安社区的建设。

多元创新 丰富内涵

——贵州省贵阳市白云区大山洞社区儿童幸福家园

罗磊的“变形记”

罗磊（化名），12岁，是大山洞社区私立学校四年级的学生。他刚到家园来的时候，头发染成黄色，耳朵上戴着炫酷的耳钉，身着奇装异服。在大人们看来，他是个绝对的“问题”孩子。家园的“爱心妈妈”通过细心观察，发现原来罗磊是一个父母不在身边，常年与外公外婆一起生活的留守儿童。很多时候，老人家只顾宠着外孙，没怎么严加管教，才形成了现在的模样。“爱心妈妈”对这个孩子进行了一对一的辅导，并选其担任家园儿童委员会委员，帮助“爱心妈妈”们做一些家园的日常管理工作。慢慢地，罗磊有了明显的变化——头发变回黑色了，耳钉也取下来了。学校的校长和老师反映，罗磊的学习有明显进步，在班上的表现也更加积极和活泼了。一切都在向着好的方向发展。

罗磊在大山洞社区儿童幸福家园的帮助下完成了真正的“变形”。爱心妈妈的陪伴、关心和照顾，就像是一缕温暖的阳光，照在大山洞社区每个需要帮助的孩子的成长路上。

爱的缘起

大山洞社区下辖四个居委会，面积3.2平方公里，总户数为13745户，人口为3.8万人。辖区有小学3所，幼儿园2所，启智学校1所。18岁以下人员7367人，其中14岁以下儿童5030人，留守儿童22人，残疾儿童9人。

大山洞社区儿童幸福家园由白云区妇联、大山洞社区联合创建，依托国务院妇儿工委办和“国际计划（中国）”共同实施的“儿童幸福家园”项目展开运营，于2013年3月21日正式开园。家园创建之初，就配备两名“爱心妈妈”专门负责相关事务，一名负责家园的日常管理，另一名负责组织开展各项服务活动。

爱心妈妈——赵妈妈

赵妈妈，是一名退休人员，也是大山洞社区“儿童幸福家园”的第一位“爱心妈妈”。“一个普通平凡的退休工人、老共产党员，在短短时间里，做了很多很好的事情，一个个鲜活的事例，可以看见她做人的高度，不计较收入的奉献精神，这就是正能量。”用这句话来形容爱心妈妈赵世荣十分贴切。作为志愿者的她除了做好幸福家园的工作外，还热心社会公益事业，在社区领导的大力支持下，积极配合社区居委会，组织开展各项精神文明创建、公共文化服务。作为爱心妈妈的她，带着许多孩子走出迷茫，得到孩子的真正认可和信赖。她说：“要用一颗慈母的心，大爱的情怀关爱孩子的健康成长。”当然，她也正在做着自己所说的。

爱的建制

1.以“四个保障”促进家园建设

作为国务院妇儿工委办和“国际计划（中国）”在贵州省的首批项目，家园积极创新工作思路，以“四个保障”促进建设：

一是经费保障。2012年以来，各方共投入100万余元，用于家园的软硬件投入，先后建立了儿童游戏室、图书室、作业室、心理咨询室、书法室、绘画室、摄影室、音乐室、绿色上网室、陶艺吧、科普馆等17个功能室，并配备了外伤急救包、取暖器、消防设施等。

二是组织保障。家园强化自我管理，拟定管理制度和服务标准；成立家长委员会、儿童委员会；制订年度活动实施方案，确保活动有序开展。

三是资源保障。社区结合实际，整合资源，坚持优质服务资源下沉，将辖区18间办公用房和4个临街门面资源全部收回，建成供儿童活动的场所；同时，还在青少年儿童居住较集中的小区，规划建立了儿童健身区、运动区等。

四是人员保障。家园配备了2名专职“爱心妈妈”，组建了530多名的“爱心爸爸、妈妈、爷爷、奶奶”及在校大学生志愿者队伍，为社区0—18岁儿童和他们的家长提供综合服务。

儿童家园的存在，让孩子们拥有了在学校、家庭之外的另一个温馨所在。

美兰和家园的缘分

白云一小小学6年级学生美兰（化名），由于家长的教育方法不当，小小年纪的女孩子就跟社会上的一些不良少年混在一起。她不想学习，不想回家，甚至想离家出走。美兰的父亲长年在外打工，母亲管教不得法，几度想放弃。2014年“五一”节期间，美兰跟一些男孩子离家出走几天未归。学校老师着急，家长着急。经过多方寻找，才将她找回来。由于美兰的行为在学校造成了很坏的影响，学校为了帮助她向社区请求援助。社区安排家园的“爱心妈妈”与学校配合，对美兰进行教育。在“爱心妈妈”细心的引导和耐心的帮助下，美兰有了很大的变化。她的学习成绩逐步提高，母女关系也有了较大改善。

2.以“五个方面”建立工作机制

社区按照各级妇儿工委办的工作要求，结合实际情况，创新推出五个方面的工作机制，保障家园规范有序运行。

一是“日照料”。家园的2名“爱心妈妈”实行轮岗坐班制，让儿童来园就能得到照顾；贵州师范大学求是学院的志愿者到家园“支教”，本社区大学生居民在假期也经常来家园提供志愿服务。

二是“周活动”。家园坚持做到“一月一主题，周周有活动”，年初搞好月主题规划，月初安排好周活动计划，提早做好活动准备，做到“早谋划”“早安排”“早总结”。

三是“月家访”。针对辖区留守儿童、残疾儿童等特殊群体，家园通过“一对一”结对方式，爱心人士和志愿者每月都进行入户访问，了解他们的实际困难和需求，及时采取措施解决困难。

四是“建台账”。首先，家园对来园参加活动的儿童建立台账，进行分类指导、管理和服务。其次，家园建立特殊儿童、留守儿童台账，与家长保持联系，进行重点关注和扶持。最后，建立儿童生日台账，对经常来园儿童，在生日时送上小礼物，让他们感受到关爱。

五是“延时制”。家园开放时间为每天上午9：00—下午6：00，让放学的孩子们，有地方可以活动，帮助解决了“上班族”群众的后顾之忧。

社区里一个叫巧儿（化名）的小女孩，是一个典型的留守儿童。父母长期在外打工，她与爷爷奶奶一起生活。她还有一个残疾的弟弟和一个妹妹。作为大姐的她从8岁就承担起了家务活，每天买菜做饭，以及照顾弟妹。在她年幼的脸上已经看不到童真的快乐。巧儿每次来到家园都只在门口看着其他小朋友快乐地玩耍，自己从不参与。不是她不愿意，而是自卑情绪在作祟。“爱心妈妈”耐心地与她交流，鼓励她和小伙伴一起玩耍。渐渐地，她把“爱心妈妈”当作了自己的亲人，把家里情况告诉了爱心妈妈：她说自己很难过，因为她很快就不能去学校上学了。爱心妈妈问清情况后，并告诉她，等她妈妈回到白云一定请她来找爱心妈妈。后来，巧儿的妈妈真的来到了家园，爱心妈妈给巧儿的母亲做了很多思想工作，让巧儿的母亲明白“再苦不能苦孩子，再穷不能穷教育”。巧儿的母亲终于同意让孩子继续读书，并给孩子承诺，最少也要让孩子念完初中。巧儿非常高兴地回到了校园，过上了快乐的学习生活。

3.以“五爱活动”创新服务内容

家园在活动开展过程中，创新推出“五爱活动”，让辖区的少年儿童受教、受益、受助、受启发。

一是“爱心积分”。家园组织儿童参加义务劳动、照顾辖区老人、担任文明监督员等公益活动，给予爱心积分、发放爱心积分卡，凭卡兑换学习用品。目前，2500余人参加了家园组织的公益活动，共发放“爱心积分卡”13000余张。

二是“爱心连线”。社区积极与各类企业和新闻媒体“连线”，争取对特殊困难儿童家庭支持帮扶。“爱心连线”开展以来，共连线成功150余人，帮助困难家庭50余户，捐物捐款达2.5万余元。

三是“爱心淘宝”。家园将特殊儿童、困难儿童的需求打包成“爱心商品”，挂到“淘宝网”上进行“出售”，并组织爱心人士进行购买，所得财物全部交给困难儿童家庭，成为首家在淘宝网上将社区困难儿童的需求打包成爱心商品出售的社区。

四是“爱心救助”。家园对有困难的流动儿童及其家庭进行爱心救助，让流动人口家庭的儿童也享受到和本地居民同样的服务和待遇。

五是“爱心公益”。社区以“六联六推”，连线辖区的各类企事业单位，组织党员志愿者、绿丝带志愿者、医疗志愿者、心理志愿者、失独家庭志愿者等志愿者队伍81支3500余人到家园进行文化支教，并定期到独居老人及留守儿童中进行日间照料和心理疏导。

4.以“六个载体”开展服务活动

家园通过“六个载体”开展了一系列有利于儿童健康成长的活动。

一是以节日活动为载体，培养儿童传统美德。家园利用传统节日开展各类活动，如“缅怀革命先烈，听那过去的故事”“端午知多少”“中秋节来历及习俗”“小小福星送祝福”“九九又重阳·浓浓敬老情”“国学经典诵读”等活动。

二是以实践活动为载体，提升儿童安全意识。家园举办“消防模拟演练”“地震知识知多少”“用电安全”“小小交通引导员”“提高安全意识·保护自己安全”等活动，通过体验式学习逐步树立安全防范意识。

三是以游戏活动为载体，培养儿童人文情怀。家园通过诸如“我的活动我做主”“小小裁判长”“我是小区楼栋长”“灵活小巧手”“变废为宝”等活动，让孩子的想象力和创造力得到充分发展，使他们自觉创造规则、遵循规则、学会做人、信守诺言、体验社会上的各种角色，培养孩子的人文情怀。

四是以主题活动为载体，培养儿童良好品德。家园通过开展“我向山区希望工程一元捐献爱心”“道德讲堂我来说”“廉政书签我来做”“我爱家园爱劳动”“我为小树除杂草”“文明礼仪大家学”“排队日、让座日、步行日”公益宣传等活动，培养良好的道德品质。

五是以关爱活动为载体，培养儿童自立精神。家园也高度重视对儿童的爱心和自立精神的培养，开展了“手拉手共成长”“农民工孩子在家园过生日”“心换心”“爱心妈妈到我家”“慰问百岁老人”“我的事我做主”等活动。

六是以学习活动为载体，培养儿童进取心。家园通过组织各类文体活动，培养儿童的进取心，如“读一本好书、讲一个好故事、写一笔好字、唱一首好歌、朗诵一段经典”、开展了“十佳小小书法家”“十佳小小舞蹈家”“十佳小小歌唱家”“十佳小小绘画家”等评比活动。

给特殊儿童过生日

向山区“希望工程”献爱心活动

科普馆深受家长和儿童的喜爱

爱心妈妈带儿童玩陶泥

诗歌朗诵活动

案例点评

大山洞社区儿童幸福家园在经费、组织、资源、人员方面的保障不断强化，活动载体丰富，工作机制健全，工作措施不断创新，在短短的几年时间里就成为了众多“儿童幸福家园”的佼佼者。

1.强化保障水平，确保家园长效运行

作为国务院妇儿工委办和“国际计划（中国）”在贵州省的首批试点项目，家园以“四个保障”——经费保障、组织保障、资源保障、人员保障促进发展，确保了工作的有序推进。

2.丰富活动载体，增添家园活力

家园通过“六个载体”开展了一系列有利于儿童健康成长的活动。一是以节日活动为载体，培养儿童传统美德。二是以实践活动为载体，培养儿童安全意识。三是以游戏活动为载体，培养儿童人文精神。四是以主题活动为载体，培养儿童美好品德。五是以关爱活动为载体，培养儿童自立精神。六是以学习活动为载体，培养儿童进取心。这些活动让孩子们的课余生活不断丰富，同时也增添了家园的活力。

3.健全工作机制，确保家园规范运行

大山洞社区结合社区实际情况，创新推出“日照料”“周活动”“月家访”“建台账”“延时制”一套完整的工作机制。这一系列的工作机制，保障家园规范有序运行。

4.创新工作措施，不断丰富家园内涵

家园在活动开展的过程中，创新推出“五爱活动”“爱心积分”“爱心连线”“爱心淘宝”“爱心救助”“爱心公益”，让社区儿童受教、受益、受助、受启发，不断丰富家园的内涵。

“两专一强”守护“流动花朵”

——云南省昆明市西山区福海街道船房社区儿童之家

明媚的阳光下，一簇簇稚嫩的花朵散落在城市中，他们随父母的流动而迁移。他们在这里学习，在这里生活，在这里长大……他们被形象地比喻为“流动的花朵”。云南省昆明市西山区福海街道船房社区儿童之家致力于为这些流动花朵播撒一缕阳光，浇灌一丝雨露……

功能定位：儿童、家长两手抓

西山区福海街道船房社区，地处昆明市西南城乡接合部，是该市最大的城中村。辖区面积1.8平方公里，常住人口43272人，出租房25556幢，外来人口8万余人，流动儿童约占社区总人口的10%。为帮助这些“流动的花朵”，船房社区依托昆明市公安局西山分局青少年社会工作服务站成立儿童之家，并于2013年8月正式运行。2014年10月，西山区政府投入20万元专项资金，对儿童之家进行整体提升改造，进一步提升和拓展了其“家”的功能，以更专业的社会工作理念和方法为城市流动儿童、青少年及其他社会弱势群体提供包括卫生、保健、营养、教育、娱乐、运动、游戏、心理辅导等在内的综合服务，并开展儿童自我保护、伤害预防等具有针对性的教育宣传活动，更大程度上满足社区儿童的身心发展需求。同时，儿童之家也向家长提供家庭教育、儿童权益保护等方面的服务和帮助，为儿童健康成长营造良好的家庭环境。

环境创设：划分七大功能区

船房社区儿童之家紧邻船房小学和社区居委会，非常方便孩子们放学后来园活动。儿童之家有宽敞明亮的活动室，设置了七大功能区：手工区、绘画区、电脑操作区、心理辅导区、作业区、辅导室、庇护室。孩子们可根据自身需求找到合适的活动场地。

规范管理：建立八项制度

为规范儿童之家的管理运作，社区着力制定了一整套规章制度，如儿童之家建设规划和年度计划、儿童之家建设与管理办法、工作人员考核办法、责任追究制度、活动制度、心理咨询制度、健康教育制度、代理家长制度等。通过制度的约束，确保儿童之家建设有条不紊地进行。儿童之家每周一至周五15：00—18：00开放，周六、日全天开放。到儿童之家活动的孩子平均每天有70—80人。安全起见，儿童之家活动室每个角落都安装了监控，便于工作人员观察孩子们的一举一动，以免出现安全事故。

人员构成：构建2+1专业工作者队伍

为了让孩子们得到更加精心的照顾，社区挤出经费，聘请了2名具有本科学历的专职人员（其中一人已经考取了社工资格证）负责儿童之家的日常管理，开展各类文体活动、安全教育、生活技能指导并负责儿童之家资料建设等事务。除此之外，儿童之家专门聘请了昆明市12355青少年热线的专业心理辅导老师，每周五开展以沙盘游戏为主的心理辅导，及时发现社区青少年的心理需求，同时也帮助他们缓解潜在的心理困扰。专业的队伍、精准的服务、丰富的活动，为孩子们构建起一个充满关爱的家园。

社工心语

社工是一份用生命影响生命的工作，我深感自己的责任所在，也许我们能给到他们的帮助很有限，但是我希望通过我们的努力，让孩子们在家园中，能够感受到阳光和雨露，愿他们都能拥有快乐难忘的童年生活，绽放自己的光彩！

社会支持：搭建多方参与的支持网络

船房社区引入两个社会组织参与儿童之家工作，有针对性地为社区流动儿童开展常态化、长期性的专业服务。例如，开办“英语学习”“美术天地”“音乐之声”等小课堂；组织卫生健康讲座；开展贫困儿童家访等活动。

儿童之家还与云南大学合作，由云南大学提供专业咨询、培训评估、志愿服务及课题研究的专业团队，帮助规划、实施、督导与评估儿童之家的服务，使社区流动儿童更好地融入城市，健康成长。

儿童之家为有志于加入关爱流动人口行动的志愿者提供了一个服务平台。目前，已建立起几支长期合作的志愿者队伍，他们分别来自云南青少年发展中心、云南大学社会工作专业和云南大学滇池学院社会工作专业。志愿者队伍定期到儿童之家开展服务。志愿者的参与增进了社区流动儿童与大学生们互相交流的机会，形成“大手拉小手”的氛围，让流动儿童“身流心定”，真正感到心有人爱、身有人护、难有人帮。

“音乐之声”小课堂活动

英语学习小课堂互动

个案服务显成效

儿童之家针对社区里需要给予个别化辅导的儿童及家庭开展持续的个案辅导服务，倾听他们的声音、了解他们的诉求、同理他们的境况、改善他们的现状。

晓英的课后辅导

晓英（化名），8岁，就读于船房小学二年级。父亲在老家，晓英跟母亲居住在昆明。母亲以摆摊卖水果或蔬菜维持生计。她于一年级下学期与儿童之家结缘。来家园之前，她放学之后和母亲一起在路边一边摆摊一边写作业。刚开始，母亲不放心，每天都会送她来家园，到时间又把她接回去。慢慢地，儿童之家的工作人员和她母亲建立了良好的关系，她不再亲自接送晓英，还与我们留了电话号码、加了微信，每天都会把语文作业发给我们，由我们告知晓英。晓英在这段时间里也有明显的变化。刚开始，晓英汉语拼音基本不认识，不会的也不敢问。工作人员鼓励她多问，给她补习，一段时间的共同努力之后，她的成绩有了较大起色。现在。她越来越好，胆子也越来越大，能够主动和别人交往，愿意和我们交流生活中的事情，有时候会主动帮忙打扫卫生。

贞贞与“悄悄话室”

贞贞（化名） 现就读于船房小学四年级，二年级时开始来儿童之家活动。

三年级下学期，贞贞的父母离异。在父母离异之前，贞贞学习成绩很好，很活泼外向，积极外出参加活动，父母也会一起陪着她去。去年，父母离异后的一段时间内，工作人员观察到她一度心情非常低落。一个偶然的机会，工作人员在悄悄话室和贞贞谈心。

工作人员运用理性情绪疗法，安抚她的情绪，告诉她父母离婚和她没有关系，现在父母关系恶化和她也没有关系。离婚是大人之间的事情，无论离不离婚，父母都会一直爱她。经过疏导，贞贞的情绪慢慢平复了。

可是在那段时间，处在那样纷扰复杂的环境中，贞贞的成绩还是下降了很多。有一次，她数学只考了六十几分，不敢拿去给妈妈签字，找到工作人员。贞贞眼泪大颗大颗地掉下来，哭着跟工作人员讲了很多心事，关于父母争吵的种种事情在她的心里留下了很多伤害。工作人员一直陪伴着她，倾听她的述说，同理她的感受，给她支持。如今她也慢慢习惯了父母离婚之后的生活。每周都会来儿童之家。

小组活动促交往

每个人都希望自己善于交往、都希望通过交往建立良好的关系，良好的关系可以让人在温馨怡人的环境中愉快地学习、生活和工作。船房社区来了许多外地的孩子，他们都不太善于表达，儿童之家开展了“人际交往”小组活动，共分为七个小节。

小组活动以“我们是小组”为起点，先让孩子们对“团队”形成概念，小组成员之间彼此认识熟悉，建立初步信任关系，并一起建立小组契约——“彩虹的约定”。接下来，以“我们都一样”主题活动，启发孩子们认识到每个人都会犯错，犯错误了不要紧，但要敢于承认错误，双方继续友好交往。第三节活动主题为“宽容是一缕阳光”， 让孩子们知道宽容不是软弱、怯弱的表现。相反，它是有度量的表现，是建立良好人际关系的润滑剂，帮助孩子们在生活中学会欣赏、包容他人。第四节活动为“说一不二”，让孩子们明白诚实守信对人际关系的重要性，做一个诚实、守信用的人，只有这样才能赢得别人的尊重和肯定。第五节活动为“换位思考”，让孩子们互相宽容、理解他人，多站在别人的角度考虑问题，知道换位思考的重要性。第六节活动为“主动大方”，鼓励孩子们在交朋友的时候要主动热情，先向对方表达友善和乐于交朋友的态度，这样才能与人建立深厚的友谊。第七节活动为“美妙的旋律”，让孩子们学会倾听别人的发言，养成良好的倾听习惯，并让其意识到“听”不仅要用耳，还要用心。

青春期教育有特色

人一生中会面临许多不同阶段，而青春期是生命周期中变化最大的阶段，是一个人从依赖到独立、寻求自我认同、建立价值观的重要时期，可能伴有情绪起伏、自我价值怀疑、身份认同、课业压力等挑战。儿童之家借助台湾某机构的“青春启航”课程，基于生命教育理念，以性教育为内涵，帮助六、七年级孩子们了解青春期不同性别的身心变化与发展历程，能正向面对与接纳自己的独特发展。让孩子们知道每个人都是独一无二的、有价值的，并且能正向看待自己与他人的生命。并帮助孩子们在两性关系中了解如何保护自己，遇到难题时如何寻求资源来帮助自己。

儿童组织增能力

《儿童权利公约》中规定儿童享有四大权利，即生存权、受保护权、参与权、发展权。儿童参与权是指能够形成自己看法的儿童有权对影响儿童的一切事项自由发表自己的意见，并得到倾听与尊重。

儿童之家为船房社区儿童能充分行使儿童参与权，开展儿童委员会能力建设小组，培养其五个维度的能力——图书管理能力、卫生清洁能力、纪律督查能力、物资管理能力、学习管理能力。

该小组通过组建“爱的成长”队，增强儿童委员会的团队凝聚力；给儿童委员会成员分发笔记本，让他们养成记录的好习惯。儿童之家还设计并开展各类游戏活动、情景扮演活动，让儿童委员会成员认识到自己是有能力的，发现自身潜力，增强自信心；以“儿童之家是我家”为主题用默剧表演的形式让成员们思考自己能为儿童之家做什么。经过大家一起讨论，最后把儿童委员会能为儿童之家做的事归为五类：图书管理、卫生清洁、纪律督查、物资管理、学习管理。然后，通过一个个主题活动，培养和增进这五种能力，并在儿童之家的服务活动中发挥作用。例如，儿童委员会成员一起画了船房社区资源图，并在上面标注出危险的地方，以提醒其他儿童少去这些地方。

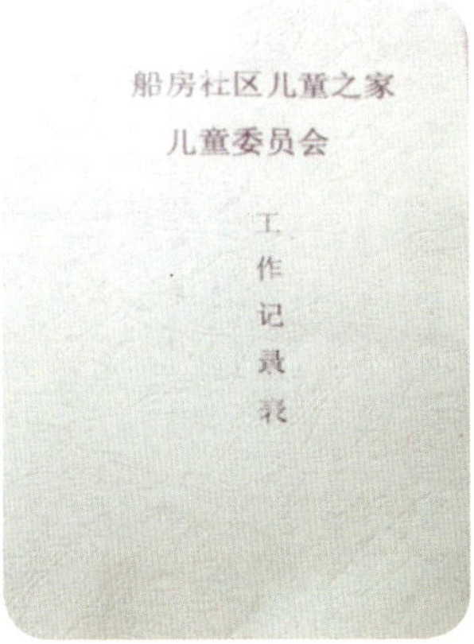

家长学校提素质

为增长流动妇女的科学育儿知识，提高她们的法律知识和维权意识，儿童之家开设了家长学校，定期或不定期地对流动儿童的妈妈或爸爸开展儿童早期教育、妇女权益保护、居家绒线绣等培训；邀请从事专业教育工作30多年、有着丰富家庭教育经验的云南省特级教师开办题为《如何做一个合格的家长》的系列知识讲座，使家长们了解如何正确教育自己的子女，陪伴孩子健康成长。

案例点评

船房社区儿童之家以专业的社会工作理念和方法为城市流动儿童及其家庭提供多元化的社会服务，在其发展过程中充分体现了人员队伍和服务提供的专业性以及较强的资源整合能力，简称“两专一强”。

1.人员队伍专业化

社区为该儿童之家配备两名具有社会工作专业背景的专职工作者，并动员专业心理咨询人员以及高校社工专业师生、邀请社会组织人员参与相关工作，充分体现了工作者队伍的专业化倾向。

2.服务提供专业化

该儿童之家围绕社区流动儿童及其家庭不同类型的需求，运用专业理念（如增能、陪伴等）和工作方法（如个案服务、小组活动和领袖培育等）为其提供多元化服务，让孩子们有地方可以玩、有人可以倾诉、有活动可以参与，困惑得以消除、问题得以解决、家庭得以和谐。

3.资源整合能力强

儿童之家不仅得到社区的大力支持，为其配备专职工作者和专项工作经费，还得到专业社会服务组织的加盟以及众多高校师生的青睐，充分体现出其具备较强的资源整合能力。

把我家说给你听

——云南省保山市龙陵县龙江乡弄岗社区儿童之家

你听孩子们说“家”

去了儿童之家后，看电视、玩手机的坏习惯慢慢改了，大姐姐、大哥哥牺牲休息时间来帮助我们，我们都特别喜欢他们。是他们告诉我们，得到他人的帮助和能够帮助他人都是特别开心的事。在儿童之家还能与爸爸妈妈一起做游戏，这是从来没有过的感受，真开心，特别喜欢儿童之家。

“家”有宝贝

云南省保山市龙陵县龙江乡弄岗社区儿童之家位于弄岗社区弄岗小组中心，紧临社区活动中心、学校、卫生室，周围有两个傣族小组。周围环境安全，内部安全防护到位。周边社会秩序井然，无安全隐患。

阅读区

游戏区

儿童之家分室内和室外活动场所，共800多平方米。其中，室内活动空间有100多平方米，分为阅读区、游戏区、培训室，配备有图书1000余册、电脑一台、电视机一台及供儿童游乐的象棋、跷跷板等玩具；室外活动场地约700平方米，建有篮球场、乒乓球台及部分健身器材。

儿童之家现有专职工作人员1人，志愿者若干。专职人员由弄岗社区村民委员会聘用。志愿者通过发放招募倡议书、发放聘书、动员爱心人士等方式招募，共34人，主要为一些有闲暇时间的在职人员、回乡大学生及本地爱心人士。

“家”有“家规”

儿童之家成立了“弄岗社区儿童之家建设工作领导小组”，由社区支部书记任组长，妇委会主任为副组长，学校、卫生室、大学生村官及儿童之家负责人任小组成员。在领导小组的带领下，儿童之家制定并实施了相应的规章制度，包括儿童之家工作规程、儿童之家工作人员职责、儿童之家日常管理制度、儿童来园登记制度、活动记录制度、志愿者登记制度、留守儿童帮扶机制等。这些制度的建立和实施保障了儿童之家的有序运行，使日常开放和主题活动的开展做到有规可循、有据可依。

为培养社会工作者，提高服务质量，儿童之家承接中央“三区人才”资助计划项目，引入专业师资为社区培育本土社工。2016年，保山学院社会工作系的四名学生同一名带队老师作为“三区计划”社会

工作人才培养项目工作组正式进驻弄岗社区，对弄岗社区儿童之家及工作人员展开为期一个月的专业理论培训、专业技术支持、专业服务方面督导等支持性服务，并以小组工作的方式开展了“人际交往能力提升小组”。

为确实起到给儿童提供需求服务的作用，在领导小组的带领下，通过对在校儿童、部分家长开展摸底调查，了解社区儿童需要及现状，制订相应的活动方案。工作领导小组成立后又相应地成立了儿童委员会及家长委员会，其都在服务管理中发挥了十分重要的作用。

根据弄岗社区的实际情况，儿童之家确定了合适的开放时间：星期二、四为下午3点半到晚上7点开放；周六、周日为中午11点到下午6点开放。每周共计开放时间为22小时，确保孩子来了有地方玩，家门开了有人来。

“家”是温暖的港湾

弄岗社区儿童之家于2013年年底策划建设，2014年5月正式挂牌开放。由县妇儿工委、乡政府、社区借助国家儿纲项目和关工委留守儿童之家建设等项目共同建设，场地直接使用弄岗社区活动场所，分室内和室外活动场，场地建设资金80万元；设备设施15万元。

自儿童之家举办以来，来园儿童共计有1200余人次、320余人，主要年龄段为3—14岁。来园家长600余人次、

280余人。累计开展各类活动60余次。活动类型有亲子活动、心理支持、儿童安全知识培训、家庭教育指导、家庭才艺展演、作业辅导、手工、绘画、书法、舞蹈等。

儿童之家是一个平台，借着这个平台开展了诸多丰富多彩的活动。

一是开展儿童心理支持培训。邀请国家二级心理咨询师、保山市妇联副主席开展心理支持活动。让孩子们在玩中学、学中玩的同时，普及了相关知识，促进了儿童的心理健康发展。

二是开展户外主题活动。根据儿童及家长的需求，儿童之家组织开展了亲子活动、才艺展示，给孩子们提供了锻炼、展示、提升自己的舞台以及获取相关知识、结交朋友的平台。同时，以“培养良好行为习惯”和“安全知识”为主题，结合地方文化保护和传承开展文化培训以及展开疾病预防、健康体检、交通安全、禁毒防艾知识的宣传、咨询和指导。还邀请了社区傣族文化艺术传承人员为社区儿童进行傣族文化艺术项目培训，包括花棍表演运动培训、傣族语言培训、傣族特色文化培训，加强儿童民族认同力和凝聚力，促进儿童德、智、体、美、劳全面发展。

你听家长们说“家”

儿童之家开办以来，各级政府加大了对儿童之家的投入。社区也十分支持儿童之家的运行。孩子们很喜欢这里，我们家长也很感谢社区有这样一个专门为孩子开辟的空间。自从有了儿童之家，解决了孩子们下课之后无人辅导的难题，培养了孩子好好学习的习惯，还培养了孩子们其他的兴趣爱好。把孩子送去儿童之家特别放心。儿童之家一有活动，孩子们都特别开心。我们作为家长陪着孩子们参加到儿童之家的活动中去，一起完成一些任务，让我们和孩子的距离拉得更近，让我们了解孩子们真正想要的。而且，孩子们在参加活动之后把爱看电视、爱玩手机的坏习惯也改了不少。

三是开展家庭教育服务。儿童之家邀请县妇女儿童师资库教师、社区民警、医务人员等为儿童开展家庭教育、安全防护、健康教育等知识讲座，教会家长在日常生活中如何培养孩子、呵护孩子，引导家长自觉学习和理解“春蕾计划”教育理念和内涵，并将其转化为以科学正确的观念引导孩子的实际行动，进一步营造关心儿童、爱护儿童、保护儿童的社会环境，为社区儿童成长撑起一片安全健康的天空。

案例点评

弄岗社区儿童之家自创办以来，通过“家规”保障家园活动的顺利开展，逐步建立自身优势和特色。

1.宽敞的活动空间，为儿童营造良好的环境氛围

儿童之家分室内和室外两大活动场所，共800多平方米。其中，室内活动空间100多平方米，设有图书室、游戏室、培训室；室外700多平方米，建有篮球场、乒乓球台及各类健身器材。宽敞的活动场地和标准的设备设施给孩子们提供学习、娱乐、运动和社交的多功能一体化空间满足不同年龄段儿童及家长的不同需求。

2.完备的工作机制，给孩子提供优质服务

弄岗社区儿童之家在场地设备都有保证的基础上建立健全的工作机制，成立工作领导小组、家长委员会以及儿童委员会。在活动方案的制订以及活动开展过程中他们都参与其中。这就能够更好地知道孩子及其家长的需求，能够对症下药，根据相应的需求制订活动方案，从而达到服务目的，提升服务质量。

发挥余热　守护孩子

——云南省景洪市嘎洒镇曼达村儿童之家

在温暖、自然、友善的傣族居家文化中，孩子是最珍贵的宝贝，他们的需要、权益和情感一直居于傣族家庭和村寨的首位。可是，在社会变革中，傣族村寨的婚姻家庭也正在发生着变化，特殊境遇下产生缺憾的家庭日趋增多。孩子在成长中面临许多困惑与艰难。为了保护村寨的孩子，嘎洒镇曼达村的老人们自发地行动起来，成立了儿童之家，与孩子相互守望，相互温暖，共同成长。

儿童之家的创办：老人齐呼吁

曼达村位于云南省西双版纳州景洪市嘎洒镇西部，随着经济的快速发展、交通的日趋便捷、人员的不断流动、毒情的肆意蔓延，原本平静的小山村变得嘈杂混乱，吸毒人员增加，贩毒问题也随之衍生。毒品不仅给曼达村的名声抹了黑，还影响了村民的家庭和生活，有的家庭因此家破人亡、妻离子散。曼达村老年协会的爷爷奶奶们目睹毒品侵蚀造成的家庭悲痛，看着年幼的孙辈逐渐失去澄澈的环境，他们忍不住高呼：“我们再也不能袖手旁观！”

2012年，曼达村老年协会151名会员发出呼声，他们倡导佛寺僧侣、老人、妇女共同守护这些孩子们，守护他们美好的童年，与孩子相互陪伴共同成长，做一件对村寨和后代有意义的事情。曼达儿童之家自此开始孕育。

为了圆老人们的心愿，还孩子们一片“净土”，给孩子们一个乐园，州、市妇联、州妇女儿童心理法律咨询服务中心等相继进入曼达村，立足村庄现状，展开深入调研——对老人和小孩面临的风险、存在的需求、当下的顾虑以及对未来的期望等进行了平行摸排，掌握了真实准确的需求信息。根据需求，明确了儿童工作的基本思路：老人们发挥有耐心、有爱心的特点和有时间的优势，时常陪伴孩子们左右；妇女发挥能歌善舞、能言会道的优势，向村民宣传毒品的危害、组织孩子们开展活动，让孩子们学会思考、正确选择自己的人生道路……由此建立起共同关注儿童问题的工作格局。

就这样，曼达老年协会在各级妇联、老龄委、州妇女儿童心理法律咨询服务中心及社会各界人士的支持下，在原曼达小学基地上新建居家养老中心，以老人带动儿童的模式建立了儿童之家，并于2014年1月正式开园。儿童之家从最初的5个孩子发展到今天的68个。

虽然曼达村儿童之家设置在居家养老中心，但是有1间专门的活动室，且养老中心的室外露天舞台和篮球运动场等场地，也十分便于儿童开展游戏、娱乐、体育等各类活动和集会所用。曼达村儿童之家配备了4名兼职工作人员，由老年协会理事长和3名副理事长担任，全面负责儿童之家的管理运行，依托老年协会、妇女小组和其他各类志愿者队伍开展服务工作，建立儿童委员会、家长委员会参与儿童之家自治、自主服务。

儿童之家的发展：多方共发力

为了让孩子放学回家后有安全的庇护，2012年，老年协会决定带上孩子一起参加老人们的活动。鉴于孩子们喜欢体育、游戏类活动的特点，老人们不仅带着孩子学会了气排球、门球、篮球、陀螺、地掷球等操作技法，还跟着老人学唱章哈、做健身操、跳民族舞蹈。时间一长，孩子们自发组建起了儿童文艺队。他们自编自演，跟老人们同乐互赏。此外，孩子们教老人使用智能手机拍照、上网、发微信、玩电脑。尽管这样，依然存在隔代沟通的问题，老人的余热还不足够满足孩子们多样的需求。

老年协会想尽各种办法，请求多方协助，为孩子搭建更广阔的成长平台：

求助妇联系统和妇女儿童心理法律咨询中心的专业人员，为老人讲解儿童保护相关的政策法规，教给老人们和孩子沟通的方法和技巧。

邀请青年志愿者进村，和孩子一起制订假期计划，开展打扫村寨卫生、栽花种草、参观佛寺、读书分享等活动，陪孩子们度过假期时光。

连接社会组织资源，定期为孩子们开展具备一定专业性的成长发展类活动。

组织老人和妇女定期宣传毒品的危害、戒毒的方法，还孩子一片净土。

随着各类活动的深入开展，孩子们收获的成长、聚集的正能量，老人们看在眼里，喜在心里。

我们有一个梦 亲手栽种菩提树

市妇联负责人说："让每一个孩子都发光。群众是真正的英雄，村民与孩子相互陪伴、守望、共同成长，社会组织项目助力，妇联、政府积极推动，是边疆少数民族地区儿童之家建设的有效模式。"

老人说："别再让毒品害了我们的孩子，让每个孩子都被关怀照顾，不再孤单，做个好人。"

孩子说："我们有一个温暖、美丽、分享、快乐、生机勃勃的家园，希望有更多人的爱和支持。"

社会组织说："每个孩子都是宝贵的，让每一个孩子都有温暖、慈爱、友善之家。"

党委政府说："家是最小国，国是千万家。国与家连在一起，创造地球的奇迹。"

儿童之家的服务开展：丰富接地气

曼达村儿童之家定于周一至周五16：00—20：00，周六日和寒暑假8：00—17：00开放。自举办以来，来园活动的儿童累计3500余人次、100余人；家长累计1500余人次、80余人；其他村民累计2000余人次、150余人。开展各类服务活动累计百余次。据介绍，来儿童之家活动的儿童多为3—13岁的留守儿童和贫困儿童。

周一至周五，是儿童之家的自由活动日，孩子们放学后，陆续到家园看书、做作业、集体活动，和老人、妇女们一起在广场上打球、跳舞。每周六、日，儿童之家至少组织1次亲子阅读活动；每个月与留守流动儿童家长、监护人及班主任至少进行一次沟通，了解其在学习、生活、心理等方面的动态。对于需要特别关爱的儿童，儿童之家开展心理辅导和结对帮扶。围绕法定节庆日，儿童之家组织开展全村村民集体参与的庆祝活动。以下为最具特色的几类主题活动。

1.傣族文化传承

儿童之家尤其重视傣族文化的学习，每个周末都开展傣族文化的文字、历史、农耕、建筑、手工艺术等课程，让孩子和家长能寓教于乐，共同成长。儿童之家每个季度都会组织孩子们写下自己的心愿贴于心愿菩提树上，并把每次换下的心愿纸用相册存好。孩子们会不时地拿出来看看和对比，也会为实现心愿而更加努力。

2.禁毒防艾宣传

儿童之家以“我爱我家，禁毒防艾，传递正能量”为主题，通过组织村民免费体检、发放宣传展品、面对面宣讲、定期答疑解惑、快板说唱以及歌舞表演等方式普及禁毒防艾知识，提高村民禁毒意识，号召广大村民积极参与到禁毒防艾活动中。珍爱生命，远离毒品。持续不断的宣传活动将禁毒防艾宣传渗透至孩子们和村民心中。例如，在儿童之家的引荐下，州、市、镇领导走访了多户毒品受害家庭，为孩子们送去慰问品和慰问金，并坐下来与孩子们谈心。妇联为全村孩子带来“我爱我家，禁毒防艾”“如何正确认识自己的身心发展”，特别是如何防止性侵害等内容的互动课，用“说学逗唱”的游戏方式，让孩子们在轻松愉快的氛围中学有所获。

这里是孩子们的港湾，我们要用心呵护我们的孩子

玉朵（化名），今年11岁，3年前父母离异。父亲常年不回家，母亲随继父贩毒，被捕入狱。玉朵随外公外婆生活，读书由外公接送，外婆在家忙家务。没有父母关爱的玉朵整日郁郁寡欢。

玉凡（化名），父母离异后又各自组成家庭，10岁的她面对突如其来的家庭变化以及复杂的人际关系不知所措，虽然爷爷奶奶、外婆外公百般呵护，可看到同龄的孩子有爸爸妈妈在身边，她总是躲在自己的世界里伤心落泪……

在儿童之家活动中，工作人员通过观察和了解发现了玉朵和玉凡面临的困境，他们用爱的陪伴、用心的倾听、用实际行动……陪伴她们度过最难的日子，让她们感受到无论任何困境，依然还是有这么多爱她们的亲人和家人。

儿童之家的服务成效：以点带面，广受好评

曼达村儿童之家是西双版纳州首家依托老年协会、妇女小组等基层群众组织自发创建的“儿童之家”，承载着全州、全市以及各族群众的美好期待。

2016年，曼达村儿童之家被评为“省级示范儿童之家”。借鉴曼达村儿童之家的成功经验，其举办和运作模式得到大力推广借鉴。如今，类似的儿童之家在景洪市已有10余家，它们在各级妇儿工委办的支持引导下，立足本土区域现状、传承傣族传统文化、引入外在支持机制，共建民间自主发育、社会多方参与的少数民族地区儿童保护工作新格局。

案例点评

曼达村儿童之家是当地基层组织自发保护儿童、关爱儿童的行动结果。它萌芽于曼达老年协会对儿童的守望，成长于当地妇联系统、社会组织和爱心村民的共同协助，发展于对傣族文化的传承和对儿童保护行动的坚守。

1.民间组织自发的力量，同样掷地有声

曼达村老年协会的老人们主动发起关爱与保护全村儿童的行动，妇联组织、佛教协会、社会组织等联合助力儿童保护。这是令人欣喜的所在。因为儿童之家，孩子们有了安全的活动空间；通过儿童之家，各项关爱与保护儿童的行动得以有效开展；依托儿童之家，毒品危害得以减轻。

2.因地制宜提供服务，较好地回应儿童需求

曼达村的历史文化和现实状况有其独特性，村里老人身先士卒发起保护孙辈的呼吁与行动。针对村里毒品泛滥、艾滋病肆虐、留守儿童和贫困儿童众多的现状，老人们自知力量薄弱，有意识地从民族文化传承、专业力量助力、志愿服务添彩、结对帮扶献爱、主题活动增能等不同角度引入资源，共同做好儿童保护工作。这些举措是对该村独特环境下儿童保护问题的有效回应。

离亲不离情，享乐家门口

——陕西省宝鸡市凤县凤州镇龙泉湾社区儿童幸福家园

家园的创办

陕西省宝鸡市凤县凤州镇龙泉湾社区儿童幸福家园于2013年12月开园，由凤县人民政府投资建设，是该县2013年“十大惠民工程”之一，由凤县妇联和凤州镇人民政府共同承建。家园设址于龙湾社区居委会办公地点，在原有场地资源基础上改建而成。建设初期，当地政府投入30万元用于场地改建，10万元用于设备设施购置。

家园的设施设备

龙泉湾社区儿童幸福家园活动区域分室内、室外两个功能区。室内活动区一共有三层楼。

一楼设有办公室和亲情聊天室，占地26平方米。亲情聊天室内配备电脑两台。也就是这两台电脑可以让孩子们通过网络与在外务工的父母视频聊天、

“见面”，可以向父母说说自己的学习、生活情况，看着父母的脸听听父母对自己的期望与嘱咐。亲情聊天室让孩子们能够更加直观地感受父母对他们的爱，感受家的温暖。

亲情聊天室

室内活动室

二楼是活动室和学习培训室。其中，活动室占地52平方米，配备了儿童书籍、儿童玩具、游戏器材用于开展亲子游戏活动。学习培训室占地52平方米，主要用于家庭教育、卫生保健、儿童安全保护、儿童监护人培训等。

三楼设有儿童成长书屋，占地156平方米，藏书1万余册，配备桌椅200余套，设置小型舞台1个。家长、孩子随时可以在这里阅读报纸杂志、借阅图书、收看远程教育节目。在重要的节假日，还可以在这里组织文艺会演。

学习培训室

室外活动踩气球游戏

家园室外活动场地占地1260平方米，有儿童游乐滑梯、篮球场、乒乓球台、羽毛球场等体育设施，有踏步机、仰卧板等健身器材。除此之外，社区内有一个残疾人康复中心，里面的餐厅、休息室也可为家园开展活动提供便利。

家园的工作机制

为了确保家园的良性运行和可持续发展，村两委成立了儿童幸福家园工作委员会。村党支部书记担任工作委员会主任。此外，还有副主任2名和委员4名，具体负责家园的各项工作，本村一名大专毕业的年轻专职工作人员（简称“专管员”）具体负责儿童活动的开展，妇代会主任兼任家园的爱心妈妈。在周末假日等休息时间，由县妇联招募的关爱留守儿童志愿者队伍协助专管员、爱心妈妈开展各类丰富多彩的活动。

专管员为聘用的公益性岗位，月补贴300元，按季度发放。爱心妈妈每协助组织开展1次活动，给20—30元误工补贴，补助按年度发放。其余工作人员均由社区常设干部兼职，按所任社区职务享受工资待遇。

家园的运行经费

家园的运行经费主要通过上级部门拨付专项资金、社会捐助等方式获得。一是县财政设立儿童幸福家园专项基金，定期拨付到家园。二是每年“六一”、暑假、春节等节假日，都会有爱心人士、帮扶单位前来慰问，同时送来慰问品和慰问金。

例如，2013年是家园的开园年份，一年总运行经费为8万元，主要用于基础设施建设；2014年，家园总运行经费为8万元，其中人员经费1200元、服务活动经费5000元、添置滑滑梯、制度、图书等设备设施5万元。2015年，家园申报陕西省妇女儿童民生项目“儿童成长家园”，争取到了项目资金15万元，添置了电脑、打印机、儿童玩具等，还修建餐厅、改建休息室等，让家园的环境越来越好。由于家园活动经费一般是采取年初向主管单位申报，不定期实报实销的方式，因而不存在经费不足的问题。

家园的服务人群

龙泉湾社区位于凤州镇中心地带，是全镇医疗、卫生、商业的聚集点。家园建立后，服务覆盖7个村民小组，319户家庭，1256人。其中儿童201人，留守儿童65人。同时，家园服务范围已辐射到相邻的龙口社区、凤州、白石铺等村，受益儿童达到620人。家园在每次开展活动前，均由专管员和爱心妈妈制订合理的活动方案，提前3天利用社区宣传栏、印发通知等方式向社区居民进行宣传，邀请居民参与。目前，家园在社区居民中的知晓率达到95%以上。

家园的服务提供

儿童幸福家园周一至周五每天开放至少4小时，节假日平均每天开放6小时。农忙和冬季寒冷时节临时调整。家园要求工作人员严格遵守《儿童幸福家园实施方案》《儿童幸福家园组织管理职责》以及《家园管理制度》等，以保证制度规范引领，更好地夯实工作基础，确保家园工作的正常开展。

儿童幸福家园专管员和爱心妈妈重点履行“八个一”职责，即每周为孩子辅导一次作业，让孩子听一次知识讲座，与孩子进行一次快乐阅读，和孩子进行一次沟通交流，帮孩子与家长进行一次电话联系，教孩子制作一个手工饰品，给孩子讲一个名人故事，陪孩子进行一次户外锻炼，保证了留守儿童在幸福家园内健康快乐地成长。

1.创设活动载体，丰富服务内容

儿童之家紧扣重要节庆日，创设活动载体，丰富活动内容。元旦期间，巾帼志愿者走进家园，为孩子送去新年礼物，陪孩子们一同制作新年贺卡；“三八”期间，镇村妇代会成员与儿童一起游戏娱乐；“六一”前夕，县委、县政府主要领导带领妇联和相关企事业单位负责人，走进家园开展走访慰问活动；暑假，与家园结对帮扶的县级部门巾帼志愿者和爱心妈妈走进家园，开展暑期安全教育、青少年法律知识讲座和暑期“圆梦之旅”等活动；春节前后，对不能返乡的留守儿童父母，通过拨打亲情电话和网上视频对话等形式，拉近留守儿童与在外父母的距离。

2.搭建交流平台，开展家庭教育培训

家园为社区家长搭建交流平台，组织家长开展家庭教育、法律维权、生产技能等培训，提升家长科学文化素质；同时积极开展亲子互动游戏，增进家长与孩子之间的感情。

3.开展关爱帮扶活动，弥补亲情缺失

家园通过开展丰富多彩的关爱帮扶活动，使留守儿童在游戏中学习、在活动中成长，既开阔了眼界，增长了见识，又弥补了亲情缺失。同时，由县妇联牵头，团县委、县文明办、教体局、卫生局、关工委携手推进，在全县范围内招募600余名关爱留守儿童志愿者服务队伍。他们放弃周末假日的休息时间，活跃在家园的活动现场，不仅与留守儿童开展各类丰富多彩的活动，而且每次不忘带去“爱心小礼物”，有的还携带自己的孩子一同参与活动，并且与留守儿童做游戏、交朋友。2015年暑假前夕，凤县妇联联合团县委在宝鸡文理学院招募了5名大学生志愿者，从7月20日开始到家园开展为期10天的暑期志愿服务活动。大学生辅导孩子们做作业，与孩子们一起玩游戏、阅读课外书籍，教授他们声乐、书法、剪纸、手工等技能。为期10天的志愿服务活动结束后，家园又招募了返乡的大学生接替开展活动。

4.多方支持，成为家园的坚强后盾

自从社区建立儿童幸福家园以来，村党支部高度重视此项工作，将其列入村党建工作的亮点工作之一和党建工作同安排、同部署。每逢节假日开展活动，村两委会一班人全力投入，共同配合，积极协助整治环境卫生，为儿童活动提供便利和保障。家园得到其他社会组织及社会人士的支持，来自宝鸡市、凤县的爱心人士、爱心企业家们为家园捐赠了现金和衣物，与家园结对帮扶的县级单位不定期到家园慰问等。

案例点评

龙泉湾社区儿童幸福家园在基本设施、经费来源以及服务提供等方面均有其值得借鉴之处。

1.设施设备齐全，管理规范

龙泉湾社区儿童幸福家园各个活动室内设备设施配备完善，能够给孩子提供一个较好的学习娱乐环境，让孩子们在这里得到较好的服务。在硬件设备有了基本保障的基础上，同时得到上级部门的重视，为其建立一套独立的运作体系并配套规范的管理制度。这是一所家园得以运行的前提保障。

2.经费来源有保障，可持续发展后劲足

龙泉湾社区儿童幸福家园的经费主要来源于上级部门划拨专项资金、社会捐助等。县妇儿工委办在政策、信息、项目、资金等方面给予家园倾斜和扶持。有了上级的重视和活动所需的足够资金，确保了家园的可持续发展。

3.规范服务提供，履行“八个一”职责

龙泉湾社区儿童幸福家园通过创设服务载体、搭建交流平台、开展关爱帮扶以及整合社区资源等方式为社区儿童及其家庭提供多元化的服务，严格履行“八个一”职责，从不同层面满足儿童及家庭的多样化需求。

打造快乐家园　温暖孩子心灵

——甘肃省兰州市城关区酒泉路街道畅家巷社区儿童快乐家园

家园的环境与设施

畅家巷社区位于兰州市中心区域，隶属于酒泉路街道办事处，交通便利。辖区总面积0.25平方公里。现有居民4545户，常住人口13212人，其中妇女6458人，儿童1921人。

书画角

图书阅览室

儿童快乐家园设址在畅家巷社区居委会办公楼里，周围有兰州一中、实验小学、畅家巷小学等省市级重点中小学。家园的建设主要遵循“五有四统一”原则，即有固定的活动场所，有开展活动的必要设备，有健全的管理制度，有丰富多彩的活动，有一定的经费保障；统一名称、统一标志、统一标准、统一上墙工作牌，并有一套分门别类、翔实的工作档案。

在省、市、区妇联和街道党工

委、办事处的大力支持下，为家园配备标牌1块，电脑、电视机、DVD机、电子钢琴、投影仪等设施若干，选配符合儿童阅读需求的书刊一千余册；并配备适量的乒乓球、羽毛球、跳绳、跳棋、象棋等文体活动器材。家园室内活动总面积为200平方米，分为四点半小课堂、多功能活动室和休闲阅览大厅三个功能区域。四点半小课堂面积15平方米，内设学习桌椅、黑板、书柜等；多功能活动室面积55平方米，内设电脑、投影仪、音响、电子数码钢琴、镜面墙、舞蹈把杆、凳子等；休闲阅览大厅面积130平方米，内设绿色网吧电脑5台，图书角藏书1000余册，报纸杂志30余种，均为免费借阅。此外，家园还设有“谈心角”（为儿童提供心理咨询和帮助）和“书画角”（为喜爱传统字画的儿童提供交流平台）。

家园的工作者队伍

儿童快乐家园的管理运营、日常活动经费及人员工资均由街道党工委统一安排，有全套完整的管理制度。家园现有工作人员3人，均为兼职。社区副书记兼任家园教师，开展具体的管理工作。家园发动辖区内的中小学校、幼儿园、社区卫生服务站、律师事务所等单位的志愿者以及社区“五老队伍”、大学生志愿者担任兼职教师，组建了一支具有较高社会责任心、具备一定管护能力、相对稳定的志愿者队伍。目前，在册志愿者40余人，其中大学生志愿者26人，社会公益组织8人，社区“五老”志愿者6人。大学生志愿者和社会公益组织主要负责家园四点半小课堂及寒暑假小课堂教学，社区“五老”志愿者主要负责儿童课后看管和绿色网吧学习监督工作。

家园的常规服务

儿童快乐家园开放时间为：周一至周五，早上9点至下午6点。节假日休息。每周开放45小时。

家园常年开设四点半小课堂，解决社区双职工及流动家庭儿童不能按时接管问题。同时，由大学生志愿者为儿童提供放学后的课程辅导，全年累计135小时，受益儿童1100余人次。家园依托社区多功能活动室开展寒暑假小课堂，由公益组织开设书画、围棋、国学、英语、瑜伽、文学、地理等课程，全年累计学时40小时，参与儿童数7000人次/年。家园还为辖区青少年儿童办理免费图书借阅卡200余张，面向全体社区居民全年提供保健知识讲座，举办免费体检12次。为了让居民群众更好地了解家园活动，工作人员充分利用辖区内的标语、黑板报、宣传栏等宣传工具对家园和举办的各项活动进行宣传，积极引导社会各界加入关爱儿童的行列，形成一种良好的社区氛围。

家园的特色服务

儿童快乐家园立足实际，整合资源，发挥社区优势，以关爱辖区儿童为目标，以创建“快乐儿童家园”为载体，紧紧围绕“一公里惠民”工程，通过开展多项活动，为孩子们建设“六类”家园。

1.“阳光家园”——设立快乐课后班

家园针对社区部分家庭子女放学后疏于照顾的问题，设立快乐课后班。家园将多功能活动室作为社区儿童放学后读书、写作业的地方，工作人员实行“错时上下班”，尽心做好管理和服务工作，保证孩子们的安全。家园招募志愿者辅导孩子功课，为孩子提供一个安全、放心，可以学习交流的空间，解决了社区中双职工家庭的孩子下午四点半放学后无人接、无人管、安全无保障的问题。每天下午放学后，家园就热闹了起来，孩子们来到这里写作业、看书、借书。来这里的孩子都说：“我们喜欢在这里学习、活动，不仅有老师可以辅导我们的学习，而且这里书很多，能让我们学到不同的知识。”为了使流动儿童进一步融入社区、融入孩子们当中，家园组织流动儿童与常住儿童开展了一帮一互助活动，不仅增加了又一次结识新伙伴的机会，而且更增强了他们之间“互帮、互学、互助”的关系。

一帮一互助活动

2.“爱心家园”——真心关爱，无限沟通

围绕建设“爱心家园”，儿童快乐家园将儿童的救助工作纳入社区总体工作规划，重点做好中小学生的帮困救助工作。在城市低保工作中，优先解决中小学特困未成年人的保障问题，并围绕贯彻落实党和国家的民生政策，对符合条件的特困青少年一律发放了取暖补贴、物价补贴。

家园还主动了解儿童所思、所想、所盼，并对他们用心、用情去进行帮助。家园对困境儿童建立帮扶机制，采取招募“爱心妈妈”“爱心奶奶”“爱心爷爷”或者安排邻居、居民代表与其结成帮扶对子等方法，解决他们在生活、学习中的困难和问题，为孩子的健康成长筑起一道安全屏障，也促进了社区的和谐与稳定。同时，在儿童工作开展的过程中，社区干部和许多儿童家长成为朋友，也经常关心他们的生活，了解他们的需求，解决他们的问题。

3.“康乐家园”——营造健康快乐新生活

在突出“健康、快乐”这一主题的同时，家园积极组织成立了党员医疗义诊服务队，在每个楼栋、单元设立了“健康片医”，免费为儿童检查身体，并与卫生服务站协商，定期举办健康知识讲座，为儿童建立了健康档案，定期组织儿童进行健康体检和医疗便民服务。家园还定期对孩子们进行心理疏导，倾听孩子们的心声，做好心理辅导，帮助孩子们树立正确的人生观、价值观。

畅家巷儿童快乐家园心理辅导课

4.“学习家园”——丰富辖区儿童暑期生活

家园开办“假期小课堂”，通过该平台，组织大学生、外教志愿者以及社区“五老”队伍担任兼职教师，开办兴趣英语、外教口语、美术绘画、音乐欣赏、安全知识等多门课程，不仅丰富了儿童的校外生活，也为他们的成长成才提供了“加油站”和“催化剂”。假期小课堂还多次组织课外实践活动，带领儿童参加“军营一日游”“我是小小邮递员体验日”“亲手包元宵”等社会实践活动，帮助孩子们开阔眼界，增强他们的动手动脑能力。目前，参与活动的外来务工人员子女已达到了1000余名。假期小课堂活动受到了家长以及儿童们的广泛好评，为孩子们建立了一个“学习家园”。

5.“和谐家园”——强化对辖区儿童的保护

围绕建设“和谐家园”，家园将儿童的安全作为重中之重，从儿童最容易涉足的场所抓起，协调公安、文化等部门，重点做好网吧等场所的监管，倡导绿色上网，有效杜绝儿童涉黄。家园从儿童最容易受到伤害的时段抓起，每天在上学、放学的时段，派综治员在校园周边、斑马线进行巡查值守。特别针对近期校园伤害案，家园协调公安、城管等部门，在中小学校、幼儿园派驻保安，并每周开展一次联合执法，清理和整顿校园周边环境，切实为社区儿童营造平安有效的学习生活环境。

6.“红色港湾”——爱国教育在家园

儿童快乐家园针对儿童特点、不断创新活动载体，丰富活动内容，开展爱国大讲堂系列活动。家园组织社区内关爱儿童成长的老干部、老专家、老模范、老教师、老战士为主的“五老”志愿者队伍，开展“听知心爷爷讲一课”活动，不定期给孩子们讲课，用典型事例、典型人物教育他们，加强中华民族优良传统教育和中国革命传统教育，增强爱国情感。

家园还依托八路军驻兰办事处等爱国主义教育基地，坚持开展爱国主义和革命传统主义教育。每年在五四、七一、国庆等节庆日，家园都组织社区儿童参观八路军驻兰办事处，听革命故事，观看红色影视作品，受红色教育，引导他们实现从感性认识到理性思考的升华。

案例点评

畅家巷社区儿童快乐家园在酒泉路街道党工委及办事处的指导下，依托社区开展多项儿童保护与服务工作。它在制度建设、服务提供以及资源整合等方面都有一定的保障，为社区儿童建立了一个温馨家园。

1.制度建设规范，确保了家园稳定运行

家园的管理运营和日常活动经费及人员均由街道党工委统一安排，有全套完整的管理制度，确保了家园的规范管理和可持续发展。

2.服务内容多元，为社区儿童打造了特色家园

家园在确保基本服务常态化的基础上，力求为社区儿童打造一个特色家园。这个家园有六大特色，它既是阳光家园、爱心家园、康乐家园，也是学习家园、和谐家园和红色港湾。

3.资源整合有效，形成关爱儿童的社区氛围

家园确定社区副书记兼任家园的教师，开展具体管理指导工作，并发动辖区内的中小学校、幼儿园、社区卫生服务站等单位的志愿者以及社区“五老队伍”、大学生志愿者等组建了一支具有爱心、责任心、有能力的志愿服务队伍。这样多方面整合资源与社会服务的力量，形成一种良好的关爱儿童的社区氛围，扩大了儿童快乐家园的影响力。

“三把大伞”撑起孩子的一片天

——宁夏回族自治区银川市金凤区福通社区儿童之家

福通社区儿童之家的服务对象是银川市金凤区最早的一批廉租房住户家庭及其子女。其中，低保家庭、流动家庭、残疾家庭是该社区最为困难的三类家庭。福通社区儿童之家通过“摸排备案”“团队优化”“精准帮扶”三把大伞与规范的管理体系相结合，给孩子，尤其是困难家庭孩子一个温暖、宽松的社区环境，为社区儿童撑起了一片天。

儿童之家的创办：困境儿童及家庭的需求突出

小花（化名）一家是福通社区的一户廉租房住户。从小花两岁开始，父母就常年外出务工，小花一直由六十多岁的奶奶照顾。但是到了假期，小花也不愿意待在家里，经常自己跑出去在街上找伴。

由于福通社区长久以来都没有固定的儿童活动场所，一般的公共场所孩子也不敢进，因此，每年寒暑假，随处可见一些像小花一样的孩子在福通社区的街道上、广场里打闹嬉戏、四处乱跑。但这一切自从2014年福通社区儿童之家成立就开始改变了。通过社区网格化管理，儿童之家工作人员入户摸底了每一个家庭的情况并告知每一位家长，福通儿童之家作为公益儿童活动场所全天对外开放了。

福通社区总面积约1.2平方公里，现有嘉润花园、福通小区一期、二期A、B、C小区，共五个小区。福通社区情况比较复杂，拥有金凤区最早的一批廉租房住户，是以拆迁房住户以及新外来务工人员为主的综合性社区，有大量的随迁子女，他们的父母外出打工居多，子女留守现象普遍。居民总户数3916户、9610人，其中党员55人，老年人870人，残疾人112人，低保户53户，流动家庭23户，儿童569人，流动儿童18人。

经银川市妇儿工委办、金凤区妇联考察，在深入开展需求调研的基础上，结合福通社区2012年以来开展儿童工作的实际情况，整合社区活动场地资源，2014年8月成立了福通社区儿童之家。社区为儿童之家单独设立357平方米的活动场所并配套一系列儿童活动物资。儿童之家运作经费主要由上级部门拨款，偶尔有一些企业赞助。截至目前，儿童之家共投入资金近20万元（各级妇联投入4万元，各相关部门投入近16万元），软硬件建设得到了极大的提升。

儿童之家外景

多功能大厅

社区图书室

室内运动场地

“第一把伞”——摸底排查与跟踪帮扶实现社区儿童全覆盖

为了进一步让广大社区居民、群众更好地了解儿童之家的功能并主动参与其中，儿童之家在建设之初就开展了广泛的问卷调查，收集社区儿童基本情况，征求社区居民的意见和建议。根据大家的需求再结合辖区的实际情况，对儿童之家进行准确定位，精准地为服务对象提供服务，满足他们的需求，解决他们的问题。

根据网格化管理要求，福通社区的网格员每年至少要对每户居民入户2次，对孩子及家庭情况进行跟踪，对有特殊需求的孩子进行登记，并由工作人员及时拉进儿童之家的QQ和微信群，随时保持线上联系。结合银川市未成年人保护电子档案系统，由儿童之家汇总社区困难家庭儿童基本信息，并入户进一步调查和帮扶。通过每年定期的摸排工作，福通儿童之家可以说对社区每名儿童的信息和每家每户的情况“了如指掌”，实现了全覆盖和备案，为进一步开展儿童及困境家庭的帮扶工作提供了基础。

“第二把伞”——优化服务团队，实现人财物高保障

正如儿童之家负责人所言：“我们在人员配备、年龄结构、文化层次方面非常重视，因为在像儿童之家这样带有公益性质的社区服务中，来自政府和社区的财力支持总是有一定限度的，社区工作人员的精力也是有限的。因此，我们更加重视儿童工作者的个人素质、能力和热情，这为我们儿童之家开展服务和帮扶活动打下了重要的人力基础。”为不断提升儿童之家运行效果，金凤区政府克服当前人员编制紧缺问题，为福通社区儿童之家建设了一支“伞状结构”的服务团队，即采取专职工作人员与社区工作人员相互支持、互相补充的

形式，以1名专职人员、1名公益性岗位人员[1]为“支点”，挂钩8名社区服务站兼职负责人形成“伞骨”，连接社区志愿力量支持为“伞面”。为社区低保、流动、残疾和一般儿童撑开一把开展儿童保护和维护儿童权益的“大伞”。

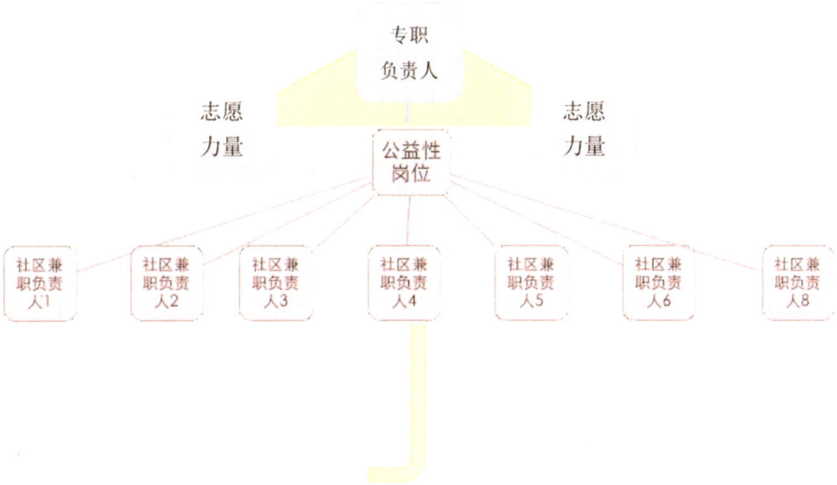

福通社区儿童之家服务团队“伞状结构”示意图

儿童之家负责人一方面统筹协调日常管理、活动开展以及对外联络和宣传倡导工作，另一方面负责各类专业性服务和大型活动的策划、组织、实施、培训、评估和备案。公益性岗位工作人员具体负责儿童之家的日常管理并协助活动策划和实施。社区兼职负责人提供人力、场地、物资等其他方面的支持。同时，在具体活动举办中，儿童之家本着“资源共享、阵地共建、因地制宜”和资源效用最大化的原则，不断推进妇女儿童组织网络化管理，组建儿童之家志愿服务队。每支志愿者队伍有负责人，定期开展儿童关爱、留守儿童探望、特殊困难家庭帮扶等志愿服务活动。

在人员经费上，儿童之家采取“优先解决好一名专职工作人员待遇问题”为抓手，招聘了当地1名经验丰富、具有爱心和责任心的本科生作为专职工作人员

1　银川公益岗制度：银川市金凤区公益性岗位由就业局拨款，将参照有关标准将1个名额划分到了金凤区妇联。考虑到金凤区福通社区妇女儿童服务人数多、工作量大的情况，妇联将这个公益岗设在了福通社区儿童之家。

来管理儿童之家，每月工资2100元，由政府财政拨付。在此基础之上配备了1名公益性岗位人员，采取两年一聘的合同制，每月1480元（当地最低工资标准），从失业登记人员中筛选，由财政拨付。同时，采取与社区服务站挂钩的工作方式，配备了8名社区兼职负责人。整体团队年龄结构以20—40岁具有丰富经验的女青年为主，学历文化处于中上水平，其中本科学历3人，专科学历6人，高中学历1人。

“第三把伞”——按需开展分层分类精准服务

福通社区儿童之家采用妇联主管、社区运作、社会参与的“三位一体”服务格局，在当地政府财政经费的稳定支持下，聘用专职工作人员与公益性岗位人员负责具体运作，并借力社会组织、辖区中学以及志愿者队伍的优势，向社区儿童及家庭撑起一片别样的天空。在实际工作中，一方面，社区通过儿童之家为儿童及其家庭提供更为便捷、直接的服务；另一方面，社区儿童及其家庭也主动通过儿童之家来满足自己的需求。

每天的9：00—18：00都是儿童之家的开放时间，儿童、家长及社区居民可随时前来活动、咨询和反映情况。儿童之家根据社区儿童及家庭的情况，对其需求进行分层分类，设计不同形式不同类别的项目或活动展开精准服务。

“四点半”课堂活动

读书交流会

针对社区多数儿童的需求，儿童之家开设“四点半课堂”，实行工作人员轮班制，组织来园儿童完成课后作业、自由阅读、分享一日趣闻等；周六日和节假日，儿童之家举办趣味游戏、体育活动、才艺比赛等不同主题的活动，培养儿童广泛的兴趣爱好，吸引儿童、家长和社区居民也参与其中。

针对社区多数家庭的需求，儿童之家举办家庭教育系列活动，包括专家讲座、经验交流、亲子活动等多种形式，增强家长的家庭教育能力，促进亲子关系和谐。

针对特定时间段的儿童需求（如寒暑假），儿童之家举办各类主题活动，让孩子们的假期不再流浪于街头，而是团结在家园。这些活动包括“暑期课堂”“暑期小影院”“最美孝心少年评选”“环保服装秀”“幸福童年照片展”等，让假期生活丰富又多彩。

针对社区特定儿童及家庭的需求（如留守儿童、流动儿童、贫困家庭儿童、低保家庭、残疾家庭等），儿童之家提供个别化的辅导和有针对性的帮扶。例如，社区有单亲家庭47户。儿童之家通过摸底排查和长期跟踪，为他们制订个别化的帮扶方案并陆续实施，开展了社会心理支持、单亲家庭联谊等活动。对于一些力所不能及的服务，儿童之家将其转介至专业机构接受服务。再比如，社区里有很多低保户和残疾人家庭，儿童之家为这些家庭连接资源，为其提供物质帮扶，缓解家庭经济困难。

服务对象小科的故事

小科（化名）是一个女孩儿，父母双亲残疾。如今在福通社区的廉租房家中用具都是亲朋好友热心相送的。现今父亲年事已高，母亲自己却也生活不能自理。小科自出生以来先天性脊椎发育不良，个头矮小，在成长过程中一直很自卑。儿童之家的工作人员通过摸底知晓了小科的情况，在第一时间为小科的家庭申请了低保和残疾津贴。我们发现，小科上中学以后心理发生了一些变化，变得不愿意回家，不愿意和父母待在一起。我们专门找了这里心理协会的一个老师——我们的一位志愿者同志给小科专门做了心理支持。并且在妇联的协助下给小科申请了学费。现在的小科除了完成学业，也愿意并且能够开始照顾母亲，帮助母亲处理一定的家务了。

此外，儿童之家结合当地回族群众较多的实际，还开设了阿语的学习以及麻绣编织等课程；并且每周都安排了丰富多彩的活动内容，进一步提升了儿童之家的认同率和凝聚力。

“撑起蓝天”——制度与规范管理并重

上述分层分类精准服务离不开一套规范制度的保障。儿童之家围绕“管理”和“服务”两个核心制定了较为完备的管理制度。

在日常管理运作方面，儿童之家制定了“入园须知”“儿童监护人须知”“管理员工作制度”“安全制度”等规范，设立《儿童之家设备清单》，详细标注购买时间、使用地点和使用状况、填表人、负责人信息登记。

在服务开展方面，儿童接受有关服务前，儿童之家向儿童和家长解读并要求签订《家长知情同意书》。双方同意后，儿童之家为每个儿童建立档案，详细记录参与活动情况和成长改变状况。

在服务及活动宣传上，儿童之家把现代信息技术手段与传统服务方式相结合，使用QQ群、微信群、社区小报、宣传栏等多种宣传手段，有效实现社区留守、孤残、贫困等弱势儿童有呼必应、有问必答、有难必帮、有险必救，使儿童之家真正成为社区儿童保护体系建设的有力支撑并得到长效发展。

案例点评

福通社区是一个保障房社区，回迁房家庭和流动人员家庭居多，在家庭经济生活和儿童教育等方面与别的社区有较大差异，需求类别也更为不同。社区儿童之家立足现状、紧贴需求，通过“摸排备案”“团队优化”“精准帮扶”三把大伞与规范的管理体系相结合，为社区儿童撑起了一片天。

1. 扎实、细致展开摸底排查，对儿童及家庭需求全面掌握

该儿童之家借助社区网格化管理的体制与机制，充分发挥网格信息员的信息排查和跟踪服务作用，做到“每户必入、每家必访、户户建档、有效跟踪”，从而有效掌握了社区儿童及家长的基本情况与特殊需求，为实现分类帮扶打下了重要基础。

2.优化、筑牢工作者队伍，集多方力量实现人员保障

该儿童之家争取到当地政府、妇联以及社区的大力支持，优化人员队伍，构建起一支以专职人员和公益岗位人员为中心、社区工作者为辅助、广泛吸纳社会志愿力量的优秀服务团队，保障儿童之家的可持续发展。

3.分层、分类开展工作，实现服务精准化

该儿童之家较为精确、有针对性地将一般性儿童服务和特殊性儿童服务区分开来，按照不同类别设计服务项目或活动，实现了服务工作的精准化。这一点尤为值得学习借鉴。

塞上乐园

——宁夏回族自治区中卫市中宁县石空镇丰安社区儿童之家

2014年10月，宁夏回族自治区中卫市中宁县石空镇丰安社区的家长和孩子们收到了一个好消息——社区儿童之家开园了。

儿童之家的创建

丰安社区位于石空镇西街工业城街道，东邻石空中心医院，西连倪丁村，南靠黄河，北接包兰铁路中宁火车站，地处交通、商业和学校的中心地带。虽为一个小镇，却异常繁华喧闹，人口密集且流动量十分大。久而久之，这里也成了流动人口聚居地。

社区多数家长忙于生计，忽略了孩子的教育和陪伴，常常会导致孩子出现一些问题。为了给孩子们提供健康成长的环境，同时减轻家长的负担，县委县政府联合县上各单位集资筹建社区为民场所，由县妇联牵头开办儿童之家。社区专门腾出150平方米房间作为儿童之家活动场地，每日早8：00至晚18：00开放，不分季度，从未间断。

儿童之家现有工作人员3名。其中，1名为负责人，全面负责儿童之家的日常管理、活动开展和对外联络等工作；另外2名为工作员，具体从事儿童之家的安全管理、卫生管理、服务策划、活动开展等工作，有时也提供一些针对困境儿童及其家庭的外展服务。参与儿童之家活动的志愿者有100多名，他们是提升服务水平和工作活力的重要依靠力量。丰安社区通过政府购买服务、社会捐赠等方式为儿童之家筹集运行经费。以2015年为例，该年度儿童之家运行总经费为9万元。其中，人员经费7万元，服务活动经费1万元，添置设施设备费用1万元，平均每月7800元。

儿童之家一角

儿童之家的管理

2014年至今，儿童之家工作在制度建设方面做出了一系列的探索和创新，形成了五大方面的制度规范。

一是儿童之家从自身使命、职责和愿景的角度，建立《儿童之家章程》，为儿童之家建设与发展提供基本依据。

二是从保护硬件设施的角度，儿童之家建立了固定资产管理制度、安全卫生管理制度等多项制度，对设施设备起到基础保护作用。

三是儿童之家从对工作人员进行规范、有效管理的角度，制定《工作人员管理制度》。该制度包含工作人员职责、工作流程、聘用管理、行为规范、考勤与奖惩等多项内容，规范了工作者的工作态度、行为，建立了有效的评聘和赏罚机制。

四是儿童之家从日常管理的角度，建立包含办公会议制度、重大决策集体研究制度、财务管理制度、档案管理制度、证书管理制度等，确保日常工作得以有序开展。

五是儿童之家从提升服务质量的角度，制定相关服务制度，如承诺服务制度。

儿童之家的服务

快乐的时光似乎总是过得很快，对于孩子们而言，儿童之家给社区的孩子带来了许多美好的回忆，儿童之家自身也获得了长足发展。

学习天地——四点半课堂。为了减轻家长的负担，帮助孩子们有效地利用好每天放学至晚饭前的这段时间，儿童之家借助四点半课堂，为学龄阶段的儿童提供以课业辅导为主、兴趣培养为辅的教学活动。工作人员以年龄年级为标准将儿童进行分组，每组10个人左右，分别对他们进行语数外的补习、课后作业的辅导以及疑难问题的解答。在这个过程中，帮助孩子们明确学习目标、端正学习态度、培养学

小叶子与四点半课堂

习兴趣、养成良好的学习习惯。

“叮叮叮叮……”放学铃声响起，小叶子（化名）收拾好书包，然后和小伙伴一起手拉手走进了离学校不远的儿童之家，笑着和站在儿童之家门口的工作人员打招呼。一进入四点半课堂，小叶子就在四年级区域内的座位上坐下拿出课本和作业本开始认真学习，偶尔举手小声向工作人员询问不懂的问题。

能工巧匠——串珠活动。儿童之家根据社区内儿童和居民的需求，邀请社区串珠协会的志愿者教给孩子们手工串珠的技法，培养他们的动手能力。串珠活动每周六下午举行。一段时间之后，孩子们不仅学会了串珠，还开始尝试各类手工品制作，例如手工编织物等。

串珠活动人人乐

儿童之家邀请社区串珠协会的志愿者为孩子们教授串珠技法。孩子们早早地就坐在活动室安静地等候。每个人的桌子上摆放着各种各样的珠子和鱼线。志愿者首先教孩子们认识不同珠子的作用，一步步向孩子们演示穿串和打结的方法，然后手把手地教他们串联。孩子们一手拿珠子，一手拿鱼线，学得很认真。通过两个多小时的互动，孩子们都串出了自己的作品，有动物、有花朵……

小玲说：“以前在学校除了学习之外，很少有课外活动。自从志愿者姐姐们定期教我们串珠技巧后，不仅让我在学习的时候能够放松，而且提升了我动手实践的能力。”

未成年人心理健康知识家长讲解班

一米阳光——心灵呵护。都说孩子的心灵最纯真，为了呵护这份纯真，必须要将儿童的身体和心理放在同等重要的位置。儿童心理的健康发展对于孩子的健康成长起着重要的作用。儿童之家结合社区儿童的需求，“双管齐下”开展心理素质拓展、关爱留守儿童心理健康服务。一方面，工作人员在日常随时关注孩子的情况，及时疏解孩子的心理困扰；另一方面，儿童之家聘请专业心理疏导师为家长讲解未成年人心理健康方面的知识，唤起家长对孩子心理健康状况的关注和呵护。

杨奶奶家的支持故事

杨奶奶今年74岁，育有两子。大儿子在外地常年不回家，也不赡养她。小儿子结婚几年后染上了毒品，正在戒毒所强制戒毒。小儿媳因此离家出走，杳无音讯，留下一儿一女由杨奶奶照顾。两个孩子年龄小、淘气。小孙子经常逃学、打架，有时还扬言不想活了。小孙女也因为父母长期不在身边，无人辅导功课导致学习一落千丈；加上杨奶奶年龄大，没有经济来源，生活特别拮据，无力抚养两个孩子。社区工作人员经常在节假日为她送去米油和慰问金，但这也是杯水车薪。一日，儿童之家工作人员走访杨奶奶。杨奶奶情不自禁地哽咽，一把鼻涕一把眼泪地向工作人员诉苦。通过她的倾诉，工作人员得知两个孩子近期情绪低落，竟有轻生念头。鉴于事情的紧迫性，工作人员立即开会讨论，制订了干预和疏导方案。他们缺乏父母的关爱，工作人员就为他们提供父母般的关怀；他们的作业没人辅导，工作人员就充当辅导老师为其辅导作业……经过一段时间的陪伴、开导，渐渐地，两个孩子的情绪状况有所改观，学习也能跟上班级步伐，小男孩还当上了班里的体育委员。

特定帮扶——残疾儿童关爱。关爱帮扶特殊困难残疾儿童一直是丰安社区的一项重要工作。作为社区工作的重要力量，儿童之家经过全员协商，对社区里的特殊困难残疾儿童提供一定的关爱和帮扶。首先，他们制订详细的摸底排查计划，深入社区残疾儿童家庭进行深入访谈，了解他们的问题与需求；其次，对于有需求的儿童，明确需求并分类；最后，根据需求类别，提供直接服务或间接服务。儿童之家负责人说："每个孩子都是天使，应该生活在充满爱和关怀的环境里，而我们工作人员正在充分地理解和践行这个信念。我们虽无法回应他们的所有需求，但我们会结合周边的资源尽力保障孩子的需求。"

田女士一家的帮扶之路

家住石空镇西街的田女士有三个孩子，其中一个患有先天残疾，无法直立行走。两年前，田女士的丈夫因意外去世，自此三个孩子全靠田女士一人抚养。田女士无奈道："在今年5月份之前，我和三个孩子的日子真的是很艰难。我要照顾孩子，还要工作养家。那段时间感觉天都快塌下来了，生活和工作太不容易。"

儿童之家工作人员在充分了解到田女士家的情况后，深知这个家庭的多重问题并非靠儿童之家一己之力能解决，需要更多组织的介入。于是，儿童之家将田女士转介给社区，共同为田女士提供服务，帮助其渡过难关。

转介之后，社区了解了他们的困难，将残疾儿童康复申请审批表等资料交到家人的手中，并详细地为田女士解读了贫困残疾儿童救助与康复民生政策，给予一次性综合帮扶，为其发放医疗救助和帮扶资金，还配发了残疾辅助器具。自此，田女士家的状况慢慢开始得以好转。

案例点评

丰安社区儿童之家建立后，在“管”和“用”两个方面展开了卓有成效的探索与实践。

1.“管”——制度建设较完备

该儿童之家从不同层面，建立了由宏观至微观，从管理到服务的一系列较为完备有效的制度规范，明晰了家园的定位与宗旨，实施了家园的硬件设施设备管存，规范了家园的日常管理和工作人员管理，提升了家园的服务质量与水平。

2.“用”——服务提供有实效

该儿童之家针对社区儿童及家庭的不同需求类型，提供分类服务，确保服务的全纳性、可及性和有效性。诸如四点半课堂、手工制作课程、社会心理支持以及特困残疾儿童家庭帮扶等活动，涵盖了从普通儿童和家庭到困境儿童及家庭，从基础学业辅导、游戏娱乐、兴趣培养到个别化辅导和多方形成合力帮助特定人群等多样化服务。这些服务活动在一定程度上实现了儿童之家作为社区儿童及家庭的综合性服务平台功能。

后记

《儿童之家案例集》历时一年半，终于付梓出版。在国务院妇女儿童工作委员会办公室的组织协调和联合国儿基会的大力支持下，完成了向全国各地征集筛选案例，开展调查研究补充案例材料，精选修订完善案例，撰写案例点评，统稿排版校对润色等多个环节，精选编辑出60个案例。

陈涛、王小兰、焦健、张雪梅、朱晓宇、刘正奎、尚琪等专家分工负责每一个案例的审阅、修订、完善和点评，为此付出了大量时间和精力。陈涛、王小兰对全部案例进行了统稿和修订。中国社会科学院大学（原中国青年政治学院）的研究生周元馨、张植晟、罗婷婷、雷俊成、彭奇艳、张志远、张宁、程畛、杨红、汪龙鑫、熊屹、李知行、孙安琪等也为案例集的编写做出了贡献。地方各级妇女儿童工作委员会办公室与专家组通力协作，使这部案例集得以编写完成。各地儿童之家的管理人和工作人员从案例集编写一开始就参与其中，案例集离不开他们的精彩实践和宝贵经验。联合国儿童基金会为案例集的编写和印刷提供了保证，并给出了具体而有价值的指导意见。全书最终由国务院妇女儿童工作委员会办公室审定。在此，谨对所有参与者的辛勤劳动、大力支持和帮助指导表示诚挚的感谢！

希望这部案例集能够帮助读者对儿童之家有更为全面生动的了解，对有志于从事儿童之家建设、运行和管理的人们有所帮助。愿所有儿童之家的工作者们，携起手来，砥砺前行，为孩子们共同创建更美好的家园，为社区和社会进步贡献出我们的一份力量！

《儿童之家案例集》编写组

二〇一八年十一月